터키와 점점 친해지는
샤크르 샤크르 터키어

터키와 점점 친해지는

샤크르 샤크르
터키어

이용성 지음

이담
Books

서문

수많은 부족 집단이 정복과 동화를 거쳐 자신의 언어와 문화를 유라시아를 가로질러 확대하고 전파한 결과 오늘날 태평양 연안에서 발트 해 연안까지, 북극해 연안에서 페르시아 만 연안까지 이르는 아주 넓은 지역에서 대략 1억 5천만~2억 명의 사람들이 튀르크계 언어들을 사용하고 있다.

튀르크계 언어로는 터키어를 비롯하여 아제르바이잔어, 튀르크멘어, 우즈베크어, 카자흐어, 키르기스어, 타타르어, 바시키르어, 야쿠트어, 추바시어, 크림 타타르어, 투바어, 하카스어, (현대) 위구르어, 카시카이어, 할라지어 등 30여 개의 언어와 방언이 있다.

이들 튀르크계 언어들을 모두 가리키는 낱말이 영어로 Turkic이고 이 중에서 터키어는 Turkish라고 하여 구분한다. 튀르크계 언어들을 한국어, 만주-퉁구스계 언어들, 몽골계 언어들과 더불어 "알타이어족"으로 분류하는 학자들이 있는가 하면, 이들 사이의 친족관계가 아직 증명되지 않은 것으로 보는 학자들도 있다. "알타이어족" 중 튀르크계 언어들이 사용 지역도 가장 넓고 사용자 수도 가장 많다.

튀르크 족의 조상은 흉노의 일부였을 것으로 추정된다. 튀르크 족은 6세기 중엽에 오늘날의 몽골을 중심으로 돌궐제국을 세움으로써 튀르크라는 이름으로 역사에 분명히 나타났다. 돌궐제국은 이른바 튀르크 룬 문자로 된 여러 비문을 남겼는데, 이것은 최초의 튀르크어 문헌 자료일 뿐만 아니라 유목 민족이 남긴, 현존하는 가장 오래된 문자 기록이기도 하다.

돌궐제국이 745년에 같은 튀르크계의 위구르 족에게 멸망하고, 위구르제국은 840년경 튀르크계의 키르기스 족에게 멸망하였다. 위구르 족이 몽골 고원을 떠나 주변으로 이주한 뒤 몽골 고원은 힘의 공백 상태가 거의 1세기 지속되다가 점차 동북쪽에서 들어온 몽골 족에게 점유되어 오늘에 이른다.

튀르크계 종족들의 주력은 몽골 고원을 떠나 점차 서쪽으로 이주하여 여러 종족과 혼합되어 오늘날 볼 수 있는 터키인, 우즈베크인, 카자흐인, 타타르인, (현대) 위구르인, 아제르바이잔인 등 많은 민족으로 발전하였다. 튀르크 족은 950년경에 이슬람교를 받아들였고, 오늘날 튀르크계 종족들의 대부분은 이슬람교를 믿는다. 그리하여 터키어를 비롯하여 튀르크계 언어들의 대부분에서는 아랍어와 페르시아어 차용어가 많다.

터키어는 튀르크계 여러 언어 중에서 가장 사용자 수가 많다. 터키어는 주로 터키와 북 키프로스에서 사용된다. 과거에 오스만튀르크제국의 영역이었던 불가리아, 그리스, 마케도니아, 코소보, 루마니아, 아제르바이잔 등에도 사용자가 있다. 도이칠란트를 비롯한 여러 나라에서도 수백만 명의 터키 이민자가 터키어를 사용한다. 2009년에 6천5백만 명이 터키어를 모어로, 2천만 명이 제2 언어로 사용한 것으로 알려져 있다.

터키어는 11세기 말에 아나톨리아를 정복하여 셀주크튀르크제국(11~14세기), 오스만튀르크제국(1299~1922)을 세운 오구즈(Oghuz)튀르크 족의 언어이다. 오구즈튀르크 족은 특히 오스만튀르크제국 시절에 아나톨리아와 발칸 지역에 있는 그리스인, 아르메니아인, 쿠르드인, 아랍인, 페르시아인, 라즈(Laz)인, 체르케스(Cherkess, Circassian)인, 알바니아인, 보스니아인 등 여러 종족 집단들과 혼혈하였다. 현대 터키인은 이러한 혼혈 과정의 결과이고, 지금도 혼혈은 계속되고 있다. 이처럼 터키는 서로 계통이 다른 여러 민족과 언어가 공존하는 나라이다. 여러 계통의 사람들이 하나로 통합되어 지금은 통계상 국민의 80%가량이 터키어를 모어로 사용한다.

이 책은 터키어를 처음 배우는 사람들을 대상으로 한다. 15개의 장면을 통하여 일상적인 상황에서 실제 사용될 수 있는 쉬운 문장들을 익히게 짜여 있다. 뒷부분에서는 터키어 문법을 상세하게 설명하였다. 문법 설명 부분까지 나오는 모든 터키어 낱말은 어휘집에 실었다. 따라서 이 책은 대학교에서 한 학기에 터키어를 익히기에 알맞다. 독학으로 터키어를 배우려는 사람도 이 책을 사용할 수 있다.

한국전쟁 때 우리나라에 와서 도와준 터키 군인들이 불러서 우리에게 잘 알려진 터키 노래 <Üsküdar'a Gider İken '위스퀴다르에 갈 때에'>, 다른 제목으로는 <Kâtibim '나의 서기'>의 노랫말과 그 번역을 마지막 부분에 실었다.

터키어 녹음에 참여한 터키인 유학생인 한국 외대의 F. Ayça Şen과 서울대의 Dursun Eşsiz, 서울대 언어학과 박사과정의 송지은에게 감사한다. 이 책의 출간을 맡은 한국학술정보(주)의 채종준 대표이사님과 직원 여러분께 감사한다. 이 책이 모든 사람들에게 유용하게 사용되기를 바란다.

2012년 5월
이용성

일러두기

이 책에서는 되도록이면 각주를 달지 않았다. 참고문헌에 모든 자료를 제시하였다. 터키인 유학생인 F. Ayça Şen 양과 Dursun Eşsiz 군에게서 녹음한 자료들은 다음과 같다.

    제1장 4. 언어적 특징 중

        (2) 터키어의 기본 특징

        (3) 문자

    제3장 전체

    제4장 기본 문법 중

        1. 모음 ~ 6. 복수 어미

    제6장 전체

강독자료를 위하여 터키의 관련 출판사 등에 연락하여 아래와 같이 사용 허락을 받았다. 허락을 해 준 데에 대하여 감사하는 바이다. 아직 답신을 하지 않은 출판사 등은 묵인한 것으로 간주한다. 각각의 강독자료에 대하여 끝에 그 출처를 밝혔다.

(1) AJS Music Company: 여자 가수가 노래하는 Üsküdar'a Gider İken

(2) Yapı Kredi Culture, Arts and Publishing: 이솝우화

(3) Morpa Kültür Yayınları: 나스렐틴 호자 일화

(4) 월간지 Yedikıta: Tarihte Bu Ay

CONTENTS

돌궐 시대의 투뉴쿠크 비문 (몽골 울란바토르 인근)
(제1 비문(오른쪽) 및 제2 비문(왼쪽))

돌궐 시대의 투뉴쿠크
비문(제1 비문; 몽골
울란바토르 인근)

이스탄불(보스포루스 대교와 연락선들)

아프욘카라히사르(Afyonkarahisar) 인근의 옛 전쟁터 코자테페(Kocatepe)에
세워진 아타튀르크의 동상

앙카라 풍경

앙카라 대학교 인문대학

앙카라의 중심지 크즐라이(Kızılay)에서

이스탄불(터키 국기를 팔러 다니는 사람)

이스탄불 대학교 앞 광장

이스탄불(술탄아흐메트 모스크)

이스탄불(유럽 연안의 에미뇌뉘)

이스탄불(보스포루스 해협 입구)

이스탄불(성 소피아 사원)

이스탄불(아시아 종착역인 하이다르파샤 역)

이스탄불(이집트 시장의 다양한 로쿰)

이스탄불(카팔르 차르시(Kapalı Çarşı, Grand Bazaar)에서)

이스탄불의 중심지 탁심(Taksim) 광장

이스탄불(이스티클랄 거리(İstiklâl Caddesi; istiklâl '독립'))

앙카라(터키 언어 협회 건물)

터키의 대표적인 후식인 바클라바(baklava)

피데(Pide)

후식의 하나인 카다이프(kadayıf)

아다나(Adana) 케밥

다진 고기와 달걀이 있는 피데(Kıymalı yumurtalı pide)

Chapter 1

터키어란?

1. 언어 계통

(1) 터키어는 튀르크계에 속한다

터키어는 튀르크계 언어의 하나이다. 오늘날 태평양 연안에서 발트 해 연안까지, 북극해 연안에서 페르시아 만 연안까지 이르는 아주 넓은 지역에서 대략 1억 5천만 ~ 2억 명의 사람들이 튀르크계 언어들을 사용하고 있다. 이들을 모두 가리키는 낱말이 영어로 Turkic이고 이 중에서 터키어는 Turkish라고 하여 구분한다.

튀르크계 언어로는 터키어를 비롯하여 소련에서 독립한 튀르크계 여러 나라에서 사용되는 아제르바이잔어, 튀르크멘어, 우즈베크어, 카라칼파크어, 카자흐어, 키르기스어, 러시아 연방에서 사용되는 노가이어, 돌간어, 바시키르어, 쇼르어, 알타이어, 야쿠트어, 추바시어, 출름 튀르크어, 카라차이-발카르어, 쿠므크어, 타타르어, 토파르어, 투바어, 하카스어, 중국에서 사용되는 살라르어, 서부 유구르어, (현대) 위구르어, 우크라이나에서 사용되는 크림 타타르어, 몰도바와 우크라이

나에서 사용되는 가가우즈어, 리투아니아에서 사용되는 카라임어, 이란에서 사용되는 아이날루어, 카시카이어, 할라지어, 호라산 튀르크어 등 30여 개의 언어와 방언이 있다. 이 중에서 터키어와 가까운 관계에 있는 것이 가가우즈어, 아제르바이잔어, 튀르크멘어, 호라산 튀르크어, 카시카이어, 아이날루어이다.

(2) 튀르크어의 분류

① 튀르크어의 분류 방법

튀르크계 언어들의 일부는 서로 이웃하여 사용되고 있지만, 상당 부분은 서로 아주 멀리 떨어진 지역에서 사용되고 있다. 이러한 까닭에 튀르크계 언어들 사이에는 상당한 차이가 있으리라는 것은 분명하지만, 그 차이는 그리 크지 않다. 주로 음운적인 차이가 난다. 그러므로 현대 튀르크계 언어들을 분류하기 위해서는 음성적 기준들이면 충분하고, 형태적 기준들은 보조적으로 사용될 수 있다. 탈랴트 테킨 (Talât Tekin)은 1991년에 다음의 6가지 음운 기준에 의해 12그룹으로 분류한 바 있다:[1]

1. r = z 및 l = š 대응 관계: 추바시어 täxxăr = 공통 튀르크어 toquz '9', 추바시어 xĕl = 공통 튀르크어 qïš '겨울'
2. 어두음 h-의 보존 유무: hadaq ~ adaq, atax, azaq, ayaq '발(足)'
3. 어중 및 어말의 /d/음의 발전 상황: adaq, atax, azaq, ayaq 등등
4. 다음절 낱말들에서 어말의 소리떼 /ïγ/의 발전 상황(고대 튀르크

---

1) Talat Tekin (1991), "A New Classification of the Turkic Languages", *Türk Dilleri Araştırmaları* I: 5-18.

어 taɣlïɣ '산이 있는'): taɣlïɣ, taɣlïq, tawlï, taɣlï, daɣlï, tūlu, tōlū 등등

5. 단음절 낱말들에서 소리떼 /aɣ/의 발전 상황(고대 튀르크어 taɣ '산'): taɣ, daɣ, taw, tō, tū 등등

6. 어두음 t-의 보존 또는 유성음화: taɣlï, daɣlï 등등

위의 기준들을 적용하면 현대 튀르크계 언어(및 방언)들은 다음의 12 어군으로 분류될 수 있다:

I. r/l 어군:

추바시어(Chuvash)

II. hadaq 어군:

할라지어(Khalaj)

III. atax 어군:

야쿠트어(Yakut), 돌간어(Dolgan)

IV. adaq/daɣlïɣ 어군:

투바어(Tuvan), 토파어(Tofa)

V. azaq/taɣlïɣ 어군:

하카스어(Khakass); 출름 튀르크어(Chulym Turkic)의 중류 출름 (Middle Chulym) 방언; 쇼르어(Shor)의 므라스-상류 톰(Mrass-Upper Tom) 방언; 서부 유구르어(西部裕固語, Western Yugur, Yellow Uyghur); 푸위 키르기스어(Fuyü(富裕) Kirghiz)

VI. ayaq/taɣlïɣ 어군:

알타이어(Altay)의 북부 방언들(= 쿠만드(Kumandy) 방언, 찰칸두 (Chalkandu) 방언, 투바(Tuba) 방언); 출름 튀르크어의 하류 출름(Lower Chulym) 방언; 쇼르어의 콘도마-하류 톰(Kondoma-Lower Tom) 방언

VII. ayaq/tūlu 어군:

알타이어(Altay)의 남부 방언들(= 알타이 키지(Altay-Kizhi) 방언, 텔렝기트(Telengit) 방언, 텔레우트(Teleut) 방언)

VIII. ayaq/tōlū 어군:

키르기스어(Kirghiz, Kyrgyz)

IX. ayaq/tayɨïq 어군(= 차가타이(Chaghatay) 어군):

우즈베크어(Uzbek), (현대) 위구르어((Modern) Uyghur)

X. ayaq/tawɨï 어군(= 큽차크(Kypchak) 어군):

타타르어(Tatar), 바시키르어(Bashkir), 카자흐어(Kazakh), 카라칼파크어(Karakalpak), 노가이어(Nogay), 카라임어(Karaim), 크림 타타르어(Crimean Tatar), 쿠므크어(Kumyk), 카라차이-발카르어(Karachay-Balkar), 우즈베크어의 큽차크 방언(Kypchak Uzbek)

XI. ayaq/tayɨï 어군:

살라르어(Salar)

XII. ayaq/dayɨï 어군(= 오구즈(Oghuz) 어군):

터키어(Turkish), 가가우즈어(Gagauz); 아제르바이잔어(Azerbaijani); 튀르크멘어(Turkmen); 카시카이(Kashkay) 방언, 아이날루(Ainallu) 방언, 손코르(Sonkor) 방언, 아프샤르(Afshar) 방언; 호라산 튀르크어(Khorasan Turkic), 아무 다리야(Amu-darya) 유역의 방언들, 우즈베크어의 오구즈 방언(Oghuz Uzbek)

이 6개의 기준을 적용하여 얻은 12 어군은 다음과 같이 도표로 나타낼 수 있다:

번호	특징											
1	r, l	z, š										
2	ø-	h-	ø-									
3	r	d	t	d	z	y						
4	-a	-uɣ	-ï	-ïɣ		-u	-ū	-ïq	-ï			
5	u/äv	aɣ	ïa	aɣ		ū	ō	aɣ	aw	aɣ		
6		t-		d-		t-						d-
어군	I	II	III	IV	V	VI	VII	VIII	IX	X	XI	XII

위에서 볼 수 있듯이, 터키어는 XII. ayaq/daɣlï 어군(= 오구즈 (Oghuz) 어군)에 속하는 언어이다. 한편 현대 튀르크계 언어(및 방언) 들은 다음과 같이 분류될 수도 있다:[2]

I. 불가르(Bulghar) 분파

추바시어(Chuvash)

II. 아르구(Arghu) 분파

할라지어(Khalaj)

III. 서남 어군(= 오구즈(Oghuz) 어군)

1. 서부 하위어군

터키어(Turkish), 가가우즈어(Gagauz), 아제르바이잔어(Azerbaijani)

2. 동부 하위어군

튀르크멘어(Turkmen), 호라산 튀르크어(Khorasan Turkic)

3. 남부 하위어군

카시카이어(Kashkay), 아프샤르어(Afshar), 아이날루어(Ainallu)

---

2) Lars Johanson (1998), "The History of Turkic", in Lars Johanson & Éva Á. Csató (eds.), *The Turkic Languages*, London & New York: Routledge, pp. 81-83; 김주원 외(2008), 『사라져 가는 알타이언어를 찾아서』, 파주: 태학사, pp. 67-68, 95-133.

4. 고립어

살라르어(Salar)

IV. 동남 어군(= 차가타이(Chaghatay) 어군, 카를루크(Karluk) 어군)

우즈베크어(Uzbek), (현대) 위구르어((Modern) Uyghur)

V. 서북 어군(= 큽차크(Kypchak) 어군)

1. 서부 하위어군

크림 타타르어(Crimean Tatar), 우룸어(Urum), 카라임어(Karaim), 카라차이-발카르어(Karachay-Balkar), 쿠므크어(Kumyk)

2. 북부 하위어군(= 볼가-우랄(Volga-Ural) 하위어군)

타타르어(Tatar), 바시키르어(Bashkir)

3. 남부 하위어군(= 아랄-카스피(Aralo-Caspian) 하위어군)

카자흐어(Kazakh), 카라칼파크어(Karakalpak), 노가이어(Nogay), 키르기스어(Kirghiz, Kyrgyz)

VI. 동북 어군(= 시베리아(Siberian) 어군)

1. 남부 하위어군

알타이어(Altay), 하카스어(Khakass), 쇼르어(Shor), 출름 튀르크어 (Chulym Turkic), 투바어(Tuvan), 토파어(Tofa)

2. 북부 하위어군

야쿠트어(Yakut), 돌간어(Dolgan)

3. 고립어

서부 유구르어(Western Yugur), 푸위 키르기스어(Fuyü Kirghiz)

위의 분류에 따르면, 터키어는 서남 어군(= 오구즈(Oghuz) 어군)의 서부 하위어군에 속하는 언어이다.

② 주요 튀르크어의 소개

튀르크계의 주요 언어들을 간략히 소개하면 다음과 같다:

I. 서남 어군(= 오구즈(Oghuz) 어군)

(a) 터키어(Turkish): 터키 공화국, 불가리아, 북 키프로스 등. 튀르크계 여러 언어 중에서 사용자 수가 제일 많다. 사용자 대부분은 이슬람교를 믿는다.

(b) 가가우즈어(Gagauz): 몰도바 남부, 우크라이나 서남부 등. 터키어와 매우 비슷하여 터키어의 방언으로 보는 학자들도 있다. 가가우즈 족은 크리스트교(러시아 정교)를 믿는다.

(c) 아제르바이잔어(Azerbaijani): 아제르바이잔공화국, 이란 서북부의 아제르바이잔 지방 등. 사용자 대부분은 이슬람교(시아파)를 믿는다.

(d) 튀르크멘어(Turkmen): 튀르크메니스탄, 이란 북부. 튀르크 조어(Proto-Turkic)의 장모음을 체계적으로 유지하고 있다. 사용자는 이슬람교를 믿는다.

(e) 살라르어(Salar): 중국 칭하이(青海)성. 사용자는 이슬람교를 믿는다.

II. 동남 어군(= 차가타이(Chaghatay) 어군)

(a) 우즈베크어(Uzbek): 우즈베키스탄, 아프가니스탄, 타지키스탄, 키르기스스탄 등. 이란계 언어의 영향으로 모음 수가 줄어들었다. 3인칭 소유 어미에 있는 n이 탈락하였다. 사용자는 이슬람교를 믿는다.

(b) (현대) 위구르어((Modern) Uyghur): 중국 신장위구르자치구. 3인

칭 소유 어미에 있는 n이 탈락하였다. 사용자는 이슬람교를 믿
는다.

III. 서북 어군(= 큡차크(Kypchak) 어군)

(a) 타타르어(Tatar): 러시아 연방의 타타르스탄, 바시코르토스탄
등. 사용자는 이슬람교를 믿는다.

(b) 바시키르어(Bashkir): 러시아 연방의 바시코르토스탄 등. 사용자
는 이슬람교를 믿는다. 타타르어와 매우 비슷하다.

(c) 카자흐어(Kazakh): 카자흐스탄, 중국 신장위구르자치구 북부 등.
사용자는 이슬람교를 믿는다.

(d) 카라칼파크어(Karakalpak): 우즈베키스탄의 카라칼파키스탄 자
치 공화국 등. 카자흐어와 매우 비슷하여 카자흐어의 방언으로
보는 학자들도 있다. 사용자는 이슬람교를 믿는다.

(e) 노가이어(Nogay): 러시아 연방의 북부 코카서스. 사용자는 이슬
람교를 믿는다.

(f) 쿠므크어(Kumyk): 러시아 연방의 다게스탄 공화국. 사용자는 이
슬람교를 믿는다.

(g) 카라차이-발카르어(Karachay-Balkar): 러시아 연방의 북부 코카
서스. 사용자는 이슬람교를 믿는다.

(h) 크림 타타르어(Crimean Tatar): 우크라이나의 크림 반도, 우즈베
키스탄의 페르가나(Fergana) 계곡. 큡차크 어군과 오구즈 어군
의 특징을 모두 지니고 있다. 사용자는 이슬람교를 믿는다.

(i) 카라임어(Karaim): 우크라이나의 크림 반도, 리투아니아. 리투아
니아에서만 잔존하며 절멸 위기에 있다. 사용자는 유대교를 믿
는다.

(j) 키르기스어(Kyrgyz, Kirghiz): 키르기스스탄, 중국 신장위구르자
치구 등. 남부 시베리아의 알타이어 남부 방언들과 비슷한 점이
많다. 카자흐어의 영향을 많이 받았다. 사용자는 이슬람교를 믿
는다.

IV. 동북 어군(= 시베리아(Siberian) 어군)

(a) 알타이어(Altay): 러시아 연방의 알타이 공화국. 남부 방언들은
키르기스어와 비슷한 점이 많다. 전통 종교를 믿는다.

(b) 하카스어(Khakass): 러시아 연방의 하카시아(Khakassia) 공화국.
사용자는 전통 종교와 크리스트교(러시아 정교)를 믿는다.

(c) 쇼르어(Shor): 러시아 연방의 케메로보(Kemerovo) 주. 절멸 위기
에 있다. 출름 튀르크어와 같은 언어로 보는 학자들도 있다. 사
용자는 크리스트교(러시아 정교)를 믿는다.

(d) 출름 튀르크어(Chulym Turkic): 러시아 연방의 톰스크(Tomsk)
주, 크라스노야르스크(Krasnojarsk) 지방. 쇼르어와 같은 언어로
보는 학자들도 있다. 절멸 직전이다.

(e) 서부 유구르어(Western Yugur, 西部裕固語 = 황 위구르어(Yellow
Uyghur)): 중국 간쑤(甘肅)성. 사용자는 불교(라마교)나 샤머니
즘을 믿는다.

(f) 투바어(Tuvan): 러시아 연방의 투바 공화국, 몽골, 중국 신장위
구르자치구 북부. 몽골어의 영향을 많이 받았다. 사용자는 불교
(라마교)를 믿는다.

(g) 토파어(Tofa, Karagas): 러시아 연방의 이르쿠츠크(Irkutsk) 주.
투바어와 매우 비슷하여 투바어의 방언으로 보기도 한다. 절멸
직전이다. 사용자는 크리스트교(러시아 정교)를 믿는다.

(h) 야쿠트어(Yakut): 러시아 연방의 사하(Sakha = Yakut) 공화국. 튀르크 조어(Proto-Turkic)의 장모음을 체계적으로 유지하고 있다. 몽골어의 영향을 많이 받았다. 사용자는 전통 종교와 크리스트교(그리스 정교)를 믿는다.

(i) 돌간어(Dolgan): 러시아 연방의 타이미르 반도. 야쿠트어와 매우 비슷하여 야쿠트어의 방언으로 보는 학자들도 있다. 사용자는 크리스트교(러시아 정교)를 믿는다.

V. 할라지어(Khalaj): 이란의 콤(Qom) 주와 마르카지(Markazi) 주. 튀르크 조어(Proto-Turkic)의 장모음을 체계적으로 유지하고 있다. 절멸 위기에 있다. 이슬람교를 믿는다.

VI. 추바시어(Chuvash): 러시아 연방의 추바시 공화국, 타타르스탄 공화국, 바시코르토스탄 공화국 등. 튀르크 조어의 *z과 *š에 대하여 각각 r과 l이 사용되는 등 튀르크계의 언어 중에서 가장 독특하다. 사용자는 크리스트교(러시아 정교)와 전통 종교를 믿는다.

튀르크계 언어들을 한국어, 만주-퉁구스계 언어들, 몽골계 언어들과 더불어 "알타이어족"으로 분류하는 학자들이 있는가 하면, 이들 사이의 친족관계가 아직 증명되지 않은 것으로 보는 학자들도 있다.[3]

---

3) 김주원 외(2008), 『사라져 가는 알타이언어를 찾아서』, 파주: 태학사, pp. 13-34.

2. 약사

오늘날 볼 수 있는 다양한 튀르크계 사람들은 정복, 상호작용 및 동화를 통하여 과거에 많은 부족 집단이 자신의 언어와 문화 요소를 유라시아를 가로질러 확대·전파한 결과 나타났다. 튀르크어 사용자들의 조상은 흉노의 일부였을 것으로 추정된다.

튀르크 족은 6세기 중엽에 오늘날의 몽골을 중심으로 돌궐 제국을 세움으로써 튀르크라는 이름으로 역사에 분명히 나타났다. 돌궐족은 7세기에 50여 년간 중국 당나라의 지배를 받다가 7세기 말에 다시 제국을 세웠다. 이 제2 돌궐제국이 이른바 튀르크 룬 문자로 된 여러 비문을 남겼는데, 이것은 최초의 튀르크어 문헌 자료일 뿐만 아니라 유목 민족이 남긴, 현존하는 가장 오래된 문자 기록이기도 하다.

제2 돌궐제국은 745년에 같은 튀르크계의 위구르 족에게 멸망하고, 위구르제국은 840년경 튀르크계의 키르기스 족에게 멸망하였다. 위구르 족이 몽골 고원을 떠나 주변으로 이주한 뒤 몽골 고원은 힘의 공백 상태가 거의 1세기 지속되다가 점차 동북쪽에서 들어온 몽골 족에게 점유되어 오늘에 이른다.

튀르크계 종족들의 주력은 몽골 고원을 떠나 점차 서쪽으로 이주하여 여러 종족과 혼합되어 오늘날 볼 수 있는 터키인, 우즈베크인, 카자흐인, 타타르인, (현대) 위구르인, 아제르바이잔인 등 많은 민족으로 발전하였다. 튀르크 족은 950년경에 이슬람교를 받아들였다. 오늘날 튀르크계 종족들의 대부분은 이슬람교를 믿는다. 그리하여 터키어를 비롯하여 튀르크계 언어들의 대부분에서는 아랍어와 페르시아어 차용어가 많다.

터키어는 11세기 말에 아나톨리아를 정복하여 셀주크튀르크제국 (11~14세기), 오스만튀르크제국(1299~1922)을 세운 오구즈(Oghuz)튀르크 족의 언어이다. 오구즈튀르크 족은 특히 오스만튀르크제국 시절에 아나톨리아와 발칸 지역에 있는 그리스인, 아르메니아인, 쿠르드인, 아랍인, 페르시아인, 라즈(Laz)인, 체르케스(Cherkess, Circassian)인, 알바니아인, 보스니아인 등 여러 종족 집단들과 혼혈하였다. 현대 터키인은 이러한 혼혈 과정의 결과이고, 지금도 혼혈은 계속되고 있다.

3. 사용 지역과 사용자 수

(1) 사용 지역

터키어는 튀르크계 여러 언어 중에서 가장 사용자 수가 많다. 터키어는 주로 터키와 북 키프로스에서 사용된다. 과거에 오스만튀르크제국의 영역이었던 불가리아, 그리스, 마케도니아, 코소보, 루마니아, 아제르바이잔 등에도 사용자가 있다. 도이칠란트, 프랑스, 네덜란드, 오스트리아, 우즈베키스탄, 미국, 벨기에, 스위스, 오스트레일리아 등에서도 수백만 명의 터키 이민자가 터키어를 사용한다. 터키, 북 키프로스, 남 키프로스에서 공식어일 뿐만 아니라, 터키어 사용자들이 집중되어 있는 코소보의 Prizren 지구와 마케도니아의 몇몇 지역에서도 공식어이다.

(2) 사용자 수

2009년 6천5백만 명이 모어로, 2천만 명이 제2 언어로 사용한 것으로 알려져 있다. 터키 인구의 93%가 모어로 사용한다고 한다. 2001년도 인구조사에 따르면 불가리아의 전체 인구는 7,932,984명이고 이중에서 터키인이 9.4%를 차지한다. 터키어가 점차 불가리아어로 대체되고 있다. 자칭 북 키프로스 튀르크 공화국의 주민 232,371명(2006)의 거의 대부분이 터키어를 모어로 사용한다.

2011년 11월 18일 자 터키 일간지 악샴(Akşam '저녁')의 제7면 기사를 보면 2006년 12월 31일 현재 터키 외의 지역에 거주하는 터키인의 수는 다음과 같다:

도이칠란트 2,463,277명	불가리아 800,000명
네덜란드 626,990명	프랑스 490,046명
미국 250,000명	오스트리아 228,182명
영국 203,335명	그리스 180,000명
벨기에 169,165명	키프로스 146,442명
사우디아라비아 120,000명	스위스 110,678명
오스트레일리아 103,946명	

4. 언어적 특징

(1) 표준어와 방언

　오스만튀르크제국 시절(1299~1922)에 튀르크 문학은 페르시아의 영향을 크게 받았다. 오스만튀르크제국의 공식적인 문어를 오스만튀르크어(Ottoman Turkish)라고 부르는데, 이 언어는 튀르크어, 페르시아어 및 아랍어가 혼합된 것으로 일반인은 이해하기가 힘들었다. 일반인이 사용한 언어를 바탕으로 현대 터키어가 성립되었다.

　현대 표준 터키어는 이스탄불 방언을 바탕으로 발전하였다. 1923년에 터키 공화국이 세워질 때에 이스탄불의 보스포루스 해협에 거주하는 귀부인들이 사용하고 있던 방언을 바탕으로 하는 문어이다. 오늘날에는 앙카라의 국립극단 배우들이 사용하는 언어가 표준어라고 보는 것이 정확할 것이다.

　터키어는 서로 차이가 크지 않은 많은 방언으로 이루어진다. 크게 루멜리(Rumeli) 방언 그룹과 아나톨리아 방언 그룹으로 나뉜다. '로마인, 즉 비잔티움인의 땅'을 뜻하는 루멜리(Rumeli; < Rum '로마인, 즉 비잔티움인' + el '땅, 나라' + -i '3인칭 소유 어미')는 15세기부터 발칸반도의 남부를 지칭하는 말이다. 아나톨리아(Anatolia, Anadolu) 방언은 동부 아나톨리아 방언, 동북부 아나톨리아 방언, 서부 아나톨리아 방언으로 크게 나뉘고 이들은 다시 수많은 군소 방언으로 나뉜다. 그리스에서는 터키에서 이주한 사람들이 사용하는 카라만 방언(Καραμανλήδικα(Karamanlidika))이 있다. 터키에서는 어릴 때부터 표준어로 교육을 받기 때문에 군소 방언들은 점차 사라지고 있다.

(2) 터키어의 기본 특징

터키어의 기본 특징으로는 모음조화와 교착성, 어두 자음군이 없다는 점, 문법상의 성이 없다는 점, 관사가 없다는 점, 후치사를 사용한다는 점, 수식어가 피수식어보다 먼저 온다는 점, 기본 어순이 한국어처럼 주어—목적어—동사라는 점 등을 들 수 있는데 이러한 특징은 다른 튀르크어뿐만 아니라 기타 "알타이 언어들"에서도 발견된다.

터키어 표준어에는 a, e[ɛ, e], ı[ɯ], i, o, ö[œ], u, ü의 8 모음이 있다. 고유어 낱말들에 있는 모음은 단모음이고, yumuşak(부드러운) g로 불리는 ğ로 표기되는 ɣ의 상실로 비롯된 2차 장모음들이 있다. 그리고 아랍어와 페르시아 차용어들은 장모음을 지닌 경우가 많다. 모음들은 전설과 후설, 고음과 저음, 원순과 평순의 대립이 있다.

터키어는 교착어여서 접사, 특히 접미사나 어미들을 자주 사용한다. 접미사를 이용하여 낱말을 파생시키는 예를 보면 다음과 같다:

yat- '눕다'

yatak '침대' (< yat- + -ak)

yatalak '마비되거나 불구가 되어 침대에서 일어나지 못하는 (사람)'
　　　(< yat- + -alak)

yatay '수평의' (< yat- + -ay)

yatık '(한편으로) 기우는' (< yat- + -ık)

yatılı '기숙의' (< yat- + -ılı)

yatkın '(한편으로) 기운; (너무 오래 누워 있어서) 신선하지 않은,
　　　(품질이) 나빠진, 상한' (< yat- + -kın)

yatır- '눕히다' (< yat- + -ır-)

yatırım '눕히기; 예금, 투자' (< yat- + -ır- + -ım)

yatırımcı '예금자, 투자자' (< yat- + -ır- + -ım + -cı)

yatış- '진정하다, 누그러지다' (< yat- + -ış-)

yatıştır- '진정시키다, 누그러뜨리다' (< yat- + -ış- + -tır-)

그리하여 가장 긴 터키어 낱말로 흔히들 농담 삼아 인용하는 Çekoslovakyalılaştıramadıklarımızdanmışsınız '당신은 우리가 체코슬로바키아사람으로 만들 수 없는 사람들 중 하나이시군요'와 같은 긴 낱말들이 나올 수도 있다.

터키어는 한국어와 마찬가지로 문법상의 성도 없고 관사도 없다. 한정 목적어는 대격 어미를 사용하여 나타낼 수 있다.

단순한 터키어 문장에서 어순은 한국어에서처럼 대개 **주어-목적어-동사**이다. 수식하는 말이 수식되는 말 앞에 온다. 어떤 낱말이나 구의 중요성을 강조하기 위하여 어순을 바꿀 수 있다.

2인칭 단수(즉, 너)에 대한 정중한 표현으로 2인칭 복수(즉, 너희)를 사용한다. 더 정중하게 표현하기 위하여 복수 어미를 붙인 형태(즉, 너희들)을 사용할 수도 있다.

터키어에서 강세는 대개 마지막 음절에 있다. 다만 일부 복합 어미, 이탈리아어와 그리스어 차용어, 감탄사, 부사, 고유명사는 그렇지 아니하다.

터키어에는 6개의 격이 있다: 주격(더 정확히는 절대격), 속격, 대격, 여격, 처격, 탈격. 명사나 대명사에 격 어미를 붙이면 된다. 이들 격 어미는 모두 모음조화의 적용을 받는다. 복수 어미 -lar/-ler는 격 어미 앞에 온다.

한국어와는 달리 터키어에는 인칭 어미와 소유 어미가 있다. 서술어 다음에 있는 인칭 어미만 보면 주어를 알 수 있으므로 문장에서 굳이 주어를 사용하지 않아도 된다. 터키어에는 소유 어미가 있어서, 인칭별로 '나의 ~', '너의 ~', '그의 ~', '우리의 ~', '너희의 ~', '그들의 ~'를 뜻한다.

(3) 문자

튀르크 족은 10세기 중엽에 이슬람교를 받아들였다. 그리하여 오랫동안 아랍 문자를 사용하였는데, 아랍 문자는 터키어의 8모음을 제대로 표시할 수 없는 등 터키어 표기를 위해서는 적합하지 않았다. 그리하여 라틴 문자를 개량한 29개의 글자(21개는 자음, 8개는 모음)로 이루어진 터키어 문자가 1928년 11월 1일에 정식으로 채택되어 사용되고 있다.

글자	IPA	이름	한국어	예	글자	IPA	이름	한국어	예
A	a	/a/	a	ㅏ	ada '섬'	M	n	/m/	me	ㅁ	kim '누구'
B	b	/b/	be	ㅂ	baba '아버지'	N	n	/n/	ne	ㄴ	ne '무엇'
C	c	/ʤ/	ce	ㅈ	cam '유리'	O	o	/o/	o	ㅗ	on '열, 10'
Ç	ç	/ʧ/	çe	ㅊ	çiçek '꽃'	Ö	ö	/œ/	ö	ㅚ	ön '앞'
D	d	/d/	de	ㄷ	deniz '바다'	P	p	/p/	pe	ㅍ	parmak '손가락'
E	e	/e/	e	ㅔ, ㅐ	etek '치마'	R	r	/ɾ/	re	ㄹ	resim '그림'
F	f	/f/	fe	푸	fare '쥐'	S	s	/s/	se	ㅅ, ㅆ	sen '너'
G	g	[g], [ɟ]	ge	ㄱ	gazete '신문'	Ş	ş	/ʃ/	şe	시	şu '저(것)'
Ğ	ğ	/ɣ/	yumuşak ge	없음	ağaç '나무'	T	t	/t/	te	ㅌ	taş '돌'
H	h	/h/	he	ㅎ	hafta '주(週)'	U	u	/u/	u	ㅜ	uzun '길다'
I	ı	/ɯ/	ı	ㅡ	yıldız '별'	Ü	ü	/y/	ü	ㅟ	ütü '다리미'
İ	i	/i/	i	ㅣ	yedi '일곱, 7'	V	v	/v/	ve	부	var '있다'
J	j	/ʒ/	je	지	jambon '햄'	Y	y	/j/	ye	ㅣ	yok '없는'
K	k	[k], [c]	ke	ㅋ	kedi '고양이'	Z	z	/z/	ze	ㅈ	zor '어렵다'
L	l	[ɫ], [l]	le	ㄹ	yol '길'					

자음을 나타내는 글자의 이름은 ğ만 빼고는 모두 자음 + e이다. 모음을 나타내는 8글자는 a, e, ı, i, o, ö, u, ü이다.

영어에서 사용되는 라틴 문자와 비교하면, q와 w 및 x가 없음을 알수 있다. 이들은 각각 k, v, ks로 나타내면 되기 때문이다.

c는 [dʒ]를 나타내므로 영어의 j에 해당한다.

ç는 [ʧ]를 나타내므로 영어의 ch에 해당하는데, 알바니아어 알파벳에서 차용한 것이다. g는 영어와는 달리 언제나 [g]로 발음된다.

ğ는 어두에 올 수 없다. 후설모음 a, ı, o, u 다음에 사용될 때에는 ğ를 발음하지 않는 대신에 앞의 모음을 길게 발음한다. 전설모음 e, i, ö, ü 다음에서는 ğ를 y처럼 발음한다.

영어를 비롯하여 여러 언어에서는 I, i가 사용되지만 터키어에서는 I, ı 및 İ, i로 사용된다. I, ı는 한국어 모음 '一', İ, i는 'ㅣ'에 해당한다.

주로 페르시아어나 프랑스어 차용어에서 사용되는 j는 프랑스어와 마찬가지로 [ʒ]로 발음된다.

n은 g와 k 앞에서 [ŋ]으로 발음된다.

ö는 스웨덴어 알파벳에서 차용한 것이다.

ş는 [ʃ]를 나타내므로 영어의 sh에 해당하는데, 루마니아어 알파벳에서 차용한 것이다.

ü는 도이치어 알파벳에서 차용한 것이다.

모음 a, i, u 위에 ^ 부호를 붙이는 경우가 있다. 주로 혼동의 염려가 있을 때 사용되는데, 장모음을 나타내는 경우가 많다. â가 g, k, l 다음에 사용되면 앞의 자음이 구개음화된다는 것을 나타낸다. 그래서 ya로 읽는다.

Chapter 2

터키 개관

1. 지리와 자연 환경

(1) 위치와 면적, 지형

터키는 서남아시아의 아나톨리아(Anatolia; 터키어로는 Anadolu(아나돌루)) 반도와 동남유럽의 발칸반도의 동 트라키아에 걸쳐 있다. 국토의 97%는 아시아, 3%는 유럽에 있다. 아나톨리아 반도와 동 트라키아 사이에는 마르마라 해, 보스포루스 해협(터키어로는 Boğaziçi(보아지치) 또는 İstanbul Boğazı(이스탄불 보아즈 '이스탄불 해협')) 및 다르다넬스 해협(터키어로는 Çanakkale Boğazı(차낙칼레 보아즈 '차낙칼레 해협'))이 있다. 아나톨리아는 소아시아(Asia Minor)로도 알려져 있다.

터키의 국토는 길이가 1,600km 이상이고 폭이 800km 미만인 직사각형 모양이다. 터키의 총면적은 783,562km²인데, 이 중에서 육지가 769,632km²이고 수면이 13,930km²이다. 세계에서 37번째로 영토가 넓은 나라이다. 영국과 프랑스 본토를 합한 것보다는 조금 작고, 미국의

〈그림 1〉 터키의 위치[4]

텍사스 주보다 조금 큰 면적이다.

북위 36°~42° 및 동경 26°~45°에 위치한다. 유럽 지역과 마찬가지로 터키도 3월 마지막 일요일부터 10월 마지막 일요일까지 일광 절약 시간제를 적용하였지만. 2016에는 일광 절약 시간제 때 적용된 시간을 1년 내내 적용하기로 하여서 이제 터키의 시간은 그리니치 표준시보다 3시간 빠르고 한국보다는 6시간 늦다.

터키는 8나라와 국경을 맞대고 있다: 서북쪽으로는 불가리아, 서쪽으로는 그리스, 동북쪽으로는 조지아, 동쪽으로는 아르메니아, 아제르바이잔(나흐츠반 자치 공화국) 및 이란, 동남쪽으로는 이라크와 시리아. 전체 국경선 길이는 2,648km인데, 이 중에서 불가리아와는 240km, 그리스와는 206km, 조지아와는 252km, 아르메니아와는 268km,

---

4) 위키백과 영어판 참조.

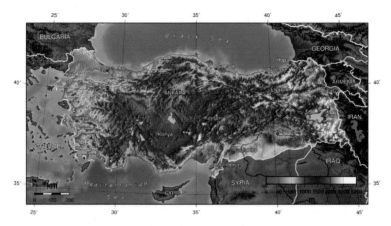

<그림 2> 터키의 지형5)

아제르바이잔과는 9km, 이란과는 499km, 이라크와는 352km, 시리아
와는 822km이다.

지중해와 키프로스는 남쪽에, 에게 해는 서쪽에, 흑해는 북쪽에 있
다. 해안선의 길이는 7,200km, 섬을 모두 포함할 경우에는 8,333km에
이른다. 흑해의 해안선은 1,595km, 지중해의 해안선은 1,577km, 에게
해의 해안선은 2,800km, 마르마라 해의 해안선은 1,000km이다. 터키
의 영해는 에게 해에서는 6해리, 흑해와 지중해에서는 12해리이다.

터키는 국토의 절반 이상이 해발고도 1,000m 이상인 고원 국가이
다. 평균 해발고도는 1,132m이다. 동쪽으로 갈수록 높아져서 제일 높
은 곳은 5,137m에 이르는 아라라트 산이다. 터키에서 가장 높은 곳에
있는 도시인 동부 아나톨리아의 에르주룸(Erzurum)의 해발고도는
1,950m 정도이다.

주요한 평원으로는 지중해 지역의 추쿠로바(Çukurova) 평원, 중앙

5) 위키백과 영어판 참조.

아나톨리아 지역의 콘야(Konya) 평원 및 동남 아나톨리아 지역의 하르란(Harran) 평원이 있다.

국토의 대부분을 차지하는 아나톨리아 반도에서 산맥들은 대개 동서 방향으로 뻗어 있다. 흑해를 따라 북 아나톨리아 산맥(Kuzey Anadolu Dağları)이 조지아까지 이르고, 남쪽에서는 지중해를 따라 토로스 산맥(Toros Dağları)이 뻗어서 이라크 국경까지 이른다.

초루흐(Çoruh) 강, 예실르르마크(Yeşilırmak) 강, 크즐르르마크(Kızılırmak) 강, 사카르야(Sakarya) 강은 흑해로, 게디즈(Gediz) 강, 뷔이위크 멘데레스(Büyük Menderes) 강, 퀴취크 멘데레스(Küçük Menderes) 강, 메리치(Meriç) 강은 에게 해로, 세이한(Seyhan) 강과 제이한(Ceyhan) 강은 지중해로 흘러든다. 유프라테스(Euphrates, 터키어로는 Fırat(프라트)) 강과 티그리스(Tigris, 터키어로는 Dicle(디질레)) 강은 터키에서 발원하여 시리아를 거쳐 이라크에서 합류하여 페르시아 만으로 흘러든다. 아라스(Aras) 강은 터키에서 발원하여 아르메니아, 이란, 아제르바이잔을 거쳐 카스피 해로 흘러든다.

터키에는 크고 작은 호수들이 있는데, 가장 큰 호수는 동부 아나톨리아 지역에 있는 반(Van) 호수이고, 두 번째로 큰 호수는 중앙 아나톨리아 지역에 있는 투즈(Tuz '소금') 호수이다.

(2) 지역 구분

1941년 6월 6~21일에 앙카라에서 개최된 제1차 지리학 회의에서는 기후, 위치, 동식물상, 주거 양식, 농업 유형, 교통, 지형 등을 고려하여 터키를 흑해 지역, 마르마라 지역, 에게 지역, 지중해 지역, 중앙

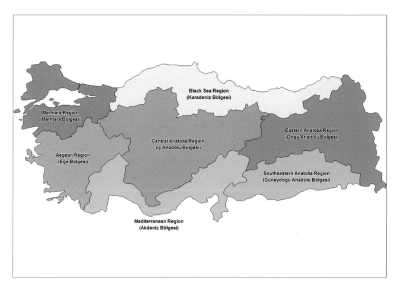

〈그림 3〉 터키의 지역 구분6)

아나톨리아 지역, 동부 아나톨리아 지역, 동남 아나톨리아 지역 등 7
개 지역으로 나누었다. 그런데 이렇게 나뉜 지역들은 단지 통계 목적
이 있을 뿐 행정 구역과는 관련이 없다. 해안 지역은 인접한 바다의
이름을 따라, 내륙 지역은 전체 아나톨리아에서의 위치에 따라 명명
되었다.

① 흑해 지역(Karadeniz Bölgesi, Black Sea Region)
터키의 북부에 위치하는 산악 지역이다. 해안을 따라 북 아나톨리
아 산맥(Kuzey Anadolu Dağları)이 나란히 뻗어 있다. 터키에서 가장
강수량이 많다. 터키 산림의 25% 이상이 이 지역에 있다. 주로 농업을
영위하는데, 옥수수가 주요 작물이다. 동부 해안의 리제(Rize) 일대에

6) 위키백과 영어판 참조.

서는 차, 기레순(Giresun)과 오르두(Ordu)에서는 개암, 삼순(Samsun)과 트라브존(Trabzon)에서는 담배를 재배한다. 종굴다크(Zonguldak) 지역에서는 석탄 채굴이 활발하다.

② 마르마라 지역(Marmara Bölgesi, Marmara Region)

동 트라키아와 아나톨리아 서북부에 위치하는 지역이다. 터키에서 해발 고도가 가장 낮다. 터키에서 가장 좁은 지역이지만 인구밀도는 가장 높다. 터키에서 가장 큰 도시인 이스탄불이 이 지역에 있다. 터키에서 경제적으로 가장 발달된 지역이다. 터키 제1의 공업 지역이다. 경작지 비율이 30%에 이른다. 담배, 밀, 벼, 해바라기, 옥수수, 올리브, 포도 등을 재배하고 양잠도 행해진다. 어업도 잘 발달되어 있다.

③ 에게 지역(Ege Bölgesi, Aegean Region)

아나톨리아의 서부에 위치하고 산림과 비옥한 평원들이 있는 지역이다. 터키에서 두 번째로 인구 밀도가 높다. 토양이 비옥하고, 여름이 고온 건조하고 겨울이 온난 다습한 지중해성 기후가 나타난다. 터키 제3의 도시이자 제2의 항구인 이즈미르(İzmir)가 이 지역에 있다. 터키 제2의 공업 지역이다. 담배, 목화, 건포도용 포도, 올리브, 무화과 등을 생산한다. 역사 유적과 아름다운 해변이 많아 관광지가 많다.

④ 지중해 지역(Akdeniz Bölgesi, Mediterranean Region)

토로스 산맥이 해안을 따라 뻗어 있는 지역이다. 동쪽의 아다나(Adana) 일대에는 추쿠로바(Çukurova)라 불리는 광대한 평원이 있다. 아다나(Adana), 안탈랴(Antalya), 메르신(Mersin) 등의 도시가 이 지역에 있다. 해안 지역에서는 목화, 참깨, 감귤류, 채소, 바나나를 생산한다. 고도가 높은 지역에서는 곡물을 재배하고 가축을 기르는데, Yörük 족이 유목 생활을 한다. 해안 지역에서는 기후가 온화하고, 자연이 아름답고, 역사 유적이 많아 관광업이 발달하였다.

⑤ 중앙 아나톨리아 지역(İç Anadolu Bölgesi, Central Anatolia Region)
터키의 가운데에 위치하는 지역이다. 동남 아나톨리아를 제외한 모든 지역과 인접한다. 수도인 앙카라(Ankara)가 이 지역에 있다. 해발고도는 서쪽에서 동쪽으로 600~1,200m에 이른다. 터키의 곡창으로도 알려져 있다. 스텝이 흔하다. 대부분의 지역이 황량한 산지이며 방목이 행해진다. 그러나 과도한 방목으로 고원에서 토양침식이 일어난다. 터키의 양의 3분의 1과 앙고라 염소의 4분의 3이 이 지역에서 사육된다.

⑥ 동부 아나톨리아 지역(Doğu Anadolu Bölgesi, Eastern Anatolia Region)
아나톨리아에서 가장 넓고 높은 지역으로서 거의 모든 지역의 해발고도가 1,500~2,000m이다. 터키 최고봉인 아라라트(Ararat, Ağrı) 산과 터키 최대의 호수인 반(Van) 호수가 이 지역에 있다. 터키에서 인구밀도가 가장 낮고 인구도 가장 적다. 길고 추운 겨울, 가파른 비탈 및 토양 침식 때문에 농업을 하기 힘들다. 여름밀과 보리가 주요 작물이다. 습윤한 동북 지역에서는 고기소와 젖소를 기르고 남부 지역에서는 유목민들이 양과 염소를 기른다.

⑦ 동남 아나톨리아 지역(Güneydoğu Anadolu Bölgesi, Southeastern Anatolia Region)

상공업이 발달한 가지안테프(Gaziantep)를 제외하고는 이 지역의 경제는 농업과 목축에 의존한다. 넓은 평원들이 있어서 농업에 유리하지만, 여름의 가뭄이 심하다. 광대한 지역이 거친 황무지로만 되어 있다. 관개된 계곡과 분지에서만 밀, 벼, 채소, 포도를 재배한다. 이 지역은 세계적인 피스타치오 산지이다. 밀, 목화, 올리브, 무화과 등도 생산한다. 주로 양과 염소를 기른다. 인구의 상당 부분이 유목민이거나 반유목민이다. 터키의 주요한 유전들이 이 지역에 있다.

(3) 기후

에게 해와 지중해 연안 지방은 온화한 지중해성 기후가 나타나서 여름에 덥고 건조하며 겨울에 온난·서늘하고 다습하다. 눈은 잘 내리지 않는다.

흑해 연안 지방은 온화한 해양성 기후가 나타나서 여름에 따뜻하고 다습하며 겨울에 서늘하거나 춥고 다습하다. 터키에서 강수량이 가장 많고 강수가 연중 고르다.

마르마라 해 연안 지방은 온화한 지중해성 기후와 온화한 해양성 기후의 점이지대여서 여름에 따뜻하거나 덥고 조금 건조하며 겨울에 서늘하거나 춥고 다습하다.

해안과 나란히 달리는 산맥들이 지중해의 영향을 막아서 중앙 아나톨리아 고원에서는 대륙성 기후가 나타난다.

가장 건조한 지역은 콘야(Konya) 평원과 말라트야(Malatya) 평원으로 연강수량이 300mm 미만일 때가 많다.

(4) 자연 재해 및 환경 문제

터키 국토는 알프스-히말라야 조산대에 있다. 특히 터키 북부 지방에서 마르마라 해에서 반(Van) 호수에 이르는 지진 단층선을 따라 지진이 자주 일어난다. 1999년 8월 17일에 서북부의 이즈미트(İzmit)에서 규모 7.6의 지진, 2011년 10월 23일에는 반(Van)에서 규모 7.2의 지진이 일어나 많은 사상자가 발생하였다.

터키는 사막화가 급속도로 진행되고 있다. 산림이 많이 훼손되었고 토양 침식이 심각하다.

특히 도시 지역에서 대기 오염 문제가 있다.

화학 물질과 세제 배출로 인한 수질 오염 문제가 있다.

2. 인문 환경

(1) 국명

터키의 정식 국명은 Türkiye Cumhuriyeti(튀르키예 줌후리예티 '터키 공화국', Republic of Turkey)이다.

튀르키예(Türkiye)라는 국명은 Türk '튀르크인'과 -iye(< 아랍어 -iyya '~의 땅')로 이루어진다. 글자 그대로는 '튀르크인의 땅'을 뜻한다. 중앙아시아의 상당 부분을 가리키는 튀르키스탄(Türkistan, Turkestan)도

Türk '튀르크인'과 -istan(< 페르시아어 -istān '나라, 지역')로 이루어진다. 글자 그대로는 '튀르크인의 나라·지역'을 뜻한다.

튀르크(Türk)라는 이름은 돌궐 제2제국 시기인 8세기 초에 세워진 오르콘(Orkhon) 비문들에서 확인된다. 영어 명칭인 Turkey는 중세 라틴어 Turchia(1369년경)에서 비롯된 것이고, 한국어에 전해져서 과거에는 '터어키'로 표기되었고 오늘날에는 '터키'로 표기된다.

Turkey를 중국어로는 土耳其[Tǔěrqí]라고 음역하는데, 한국에서도 이 중국어 음역을 한국식 한자음으로 토이기라 한 적이 있어서, 1973년에 앙카라에 조성된 '한국공원'에 있는 터키 참전 기념탑의 이름이 한글로 '한국참전토이기기념탑'이라고 새겨져 있다.

(2) 수도

1923년에 수도로 정해진 앙카라(Ankara)는 4,431,719명의 인구(2010, 앙카라 도 인구는 4,641,256명)로 터키에서 두 번째로 큰 도시이다. 오스만튀르크제국의 수도였던 이스탄불(İstanbul)은 1,300만 명 정도의 인구(2010)로 터키에서 가장 큰 도시이자 경제, 문화, 교육의 중심지이다.

앙카라는 터키의 지리적 중심에 가까이 있어 그 위치와 기능을 보고 '터키의 심장'에 비유하기도 한다. 터키의 고속도로망과 철도망의 중심지이다. 중앙 아나톨리아 지역에 있으며, 평균 해발고도는 938m이다.

앙카라는 고대와 중세에는 그리스어로 Ánkyra(Ἄγκυρα '닻'), 라틴어로 Ancyra로 불렸다. 1073년에 셀주크튀르크가 병합한 뒤, 튀르크어로는 엥귀뤼(Engürü)와 엥귀리예(Engüriye), 많은 유럽 언어로는 앙고라(Angora)라 불렸다. 16세기의 여러 오스만튀르크 공식 문헌에서는 Ankara(انقرة)라는 이름이 나타난다. Angora라는 이름은 1930년에 공식적으로 앙카라(Ankara)로 바뀌어 오늘에 이른다.

우리에게 잘 알려진 '앙고라'라는 이름을 지닌 동물 품종으로는 '앙고라 고양이', '앙고라 토끼' 및 '앙고라 염소'가 있다.

(3) 행정 구역

터키는 81개 도(il, vilayet)로 나뉜다. 도 밑에는 957개 군(ilçe)이 있다. 도의 이름은 보통 도청 소재지의 이름에서 따오는데, Antakya(Hatay 도), İzmit(Kocaeli 도) 및 Adapazarı(Sakarya 도)는 도의 이름과 도청 소재지의 이름이 다르다.

도 이름의 ABC 순서에 따라 차량 번호판 숫자가 정해진다. 그리하여 차량 번호판의 맨 앞에 있는 2자리로 표시된 번호만 보아도 차량이 등록된 도를 알 수 있다. 81개 도 번호는 다음과 같이 주어졌다.

01-67: 1980년대 중반까지의 도들은 A~Z 차례이다.

68-71: 1989년에 만들어진 도들의 번호이다.

72-73: 1990년에 만들어진 도들의 번호이다.

74: 1991년에 만들어진 도의 번호이다.

75-76: 1994년에 만들어진 도들의 번호이다.

77-79: 1995년에 만들어진 도들의 번호이다.

80: 1997년에 만들어진 도의 번호이다.

81: 1999년에 만들어진 도의 번호이다.

〈그림 4〉 터키의 행정 구역7)

번호가 33인 메르신(Mersin) 도의 이름은 2002년까지는 이첼(İçel) 이었다.

번호가 46인 카흐라만마라시(Kahramanmaraş) 도와 도청 소재지의 이름은 과거에는 마라시(Maraş)였는데, 제1차 세계대전 뒤 이 지역을 점령한 영국군과 프랑스군에 저항한 지역민들을 기리기 위하여 터키 국회에서 1973년 2월 7일에 도와 도청 소재지의 이름을 카흐라만마 라시(Kahramanmaraş; kahraman '영웅적인')로 바꾸었다.

번호가 63인 샨르우르파(Şanlıurfa) 도와 도청 소재지의 이름은 과 거에는 우르파(Urfa)였는데, 제1차 세계대전 뒤 이 지역을 점령한 프 랑스군에 저항한 지역민들을 기리기 위하여 터키 국회에서 1984년 12월 6일에 도와 도청 소재지의 이름을 샨르우르파(Şanlıurfa; şanlı '영광스러운')로 바꾸었다.

번호가 03인 아프욘카라히사르(Afyonkarahisar) 도의 이름은 2005년 1월 11일까지는 아프욘(Afyon)이었다.

---

7) 위키백과 영어판 참조.

터키의 번호판 숫자, 도 이름, 도의 전화 지역 번호, 도가 위치하는 지역을 도표로 나타내면 다음과 같다.

번호판 숫자	도 이름	도의 전화 지역 번호	도가 위치하는 지역
01	Adana	322	지중해
02	Adıyaman	416	동남 아나톨리아
03	Afyonkarahisar	272	에게
04	Ağrı	472	동부 아나톨리아
05	Amasya	358	흑해
06	Ankara	312	중앙 아나톨리아
07	Antalya	242	지중해
08	Artvin	466	흑해
09	Aydın	256	에게
10	Balıkesir	266	마르마라
11	Bilecik	228	마르마라
12	Bingöl	426	동부 아나톨리아
13	Bitlis	434	동부 아나톨리아
14	Bolu	374	흑해
15	Burdur	248	지중해
16	Bursa	224	마르마라
17	Çanakkale	286	마르마라
18	Çankırı	376	중앙 아나톨리아
19	Çorum	364	흑해
20	Denizli	258	에게
21	Diyarbakır	412	동남 아나톨리아
22	Edirne	284	마르마라
23	Elazığ	424	동부 아나톨리아
24	Erzincan	446	동부 아나톨리아
25	Erzurum	442	동부 아나톨리아
26	Eskişehir	222	중앙 아나톨리아
27	Gaziantep	342	동남 아나톨리아
28	Giresun	454	흑해
29	Gümüşhane	456	흑해
30	Hakkâri	438	동부 아나톨리아

31	Hatay	326	지중해
32	Isparta	246	지중해
33	Mersin	324	지중해
34	İstanbul	212 (유럽) 216 (아시아)	마르마라
35	İzmir	232	에게
36	Kars	474	동부 아나톨리아
37	Kastamonu	366	흑해
38	Kayseri	352	중앙 아나톨리아
39	Kırklareli	288	마르마라
40	Kırşehir	386	중앙 아나톨리아
41	Kocaeli	262	마르마라
42	Konya	332	중앙 아나톨리아
43	Kütahya	274	에게
44	Malatya	422	동부 아나톨리아
45	Manisa	236	에게
46	Kahramanmaraş	344	지중해
47	Mardin	482	동남 아나톨리아
48	Muğla	252	에게
49	Muş	436	동부 아나톨리아
50	Nevşehir	384	중앙 아나톨리아
51	Niğde	388	중앙 아나톨리아
52	Ordu	452	흑해
53	Rize	464	흑해
54	Sakarya	264	마르마라
55	Samsun	362	흑해
56	Siirt	484	동남 아나톨리아
57	Sinop	368	흑해
58	Sivas	346	중앙 아나톨리아
59	Tekirdağ	282	마르마라
60	Tokat	356	흑해
61	Trabzon	462	흑해
62	Tunceli	428	동부 아나톨리아
63	Şanlıurfa	414	동남 아나톨리아
64	Uşak	276	에게

65	Van	432	동부 아나톨리아
66	Yozgat	354	중앙 아나톨리아
67	Zonguldak	372	흑해
68	Aksaray	382	중앙 아나톨리아
69	Bayburt	458	흑해
70	Karaman	338	중앙 아나톨리아
71	Kırıkkale	318	중앙 아나톨리아
72	Batman	488	동남 아나톨리아
73	Şırnak	486	동남 아나톨리아
74	Bartın	378	흑해
75	Ardahan	478	동부 아나톨리아
76	Iğdır	476	동부 아나톨리아
77	Yalova	226	마르마라
78	Karabük	370	흑해
79	Kilis	348	동남 아나톨리아
80	Osmaniye	328	지중해
81	Düzce	380	흑해

(4) 인구

터키의 총인구는 74,724,269명(2011)으로 추정된다. 2000년 인구조사에 따르면 67,803,927명이었다. 터키 국민을 이루는 민족 집단을 보면 튀르크 족이 70~75%, 쿠르드 족이 18%, 기타 7~12%(2008년 추정)이다.

튀르크 족의 원주지는 중앙아시아의 알타이 산맥 부근으로 추정된다. 튀르크 족은 6~11세기에 원주지로부터 유라시아 스텝 지대로 널리 퍼졌다. 오늘날의 터키 땅까지 이주하는 동안에 마주친 토하르(Tokhar)인, 이란인, 그리스인 등 인도-유럽어계 민족들을 동화시켰으며, 지금도 이러한 동화 과정은 진행되고 있다. 그리하여 터키에 거주하는 소수 민족의 대부분이 튀르크화한 상태다.

터키 헌법 제66조는 "시민권을 통해 터키에 연결된 모든 사람은 터키인이다. 터키인 아버지나 어머니의 자식은 터키인이다"라고 규정하고 있다. 그러므로 법적인 의미의 터키인은 인종상의 정의와 차이가 있다.[8]

터키는 다민족 국가인데도 아르메니아인, 그리스인, 유대인만 1923년의 로잔(Lausanne) 조약에 따라 소수 민족으로 공식적으로 인정된다. 터키 동남부에 집중된 쿠르드 족은 터키에서 가장 인구가 많은 소수 민족이지만 공식적으로 인정받지 못한다.

터키의 인구 조사에서는 1965년까지만 모어에 대한 조사항목이 있어 민족 관련 조사를 했을 뿐 그 뒤로는 조사하지 않기 때문에 터키의 정확한 민족 분포에 대해 믿을 만한 자료가 없다. 1927년부터 1965년까지 인구조사 결과는 다음과 같다.[9] (쿠르드인의 경우 뒤의 표의 수치와 조금 차이가 난다.)

연도	인구(명)	튀르크 족 (%)	쿠르드 족 (%)	아랍 족 (%)	기타 민족 (%)
1927	13,629,426	86.40	8.70	0.99	3.91
1935	16,157,450	86.02	9.16	0.95	3.86
1940	인구 조사 없었음				
1945	18,790,174	88.33	7.86	1.32	2.49
1950	20,947,174	87.15	8.85	1.28	3.56
1955	24,064,763	87.74	7.00	1.24	1.92
1960	27,754,820	90.70	6.66	1.25	1.39
1965	31,391,421	90.12	7.10	1.16	1.65

8) 헌법 조항에서 터키인은 Türk로 되어 있다. 그런데 Türk는 '튀르크 족, 튀르크인'을 뜻한다. Türkiyeli '터키 사람'이라는 중립적인 표현은 아직 널리 쓰이지 않고 있다.

9) http://turksiyer.com/turkiyenin-etnik-yapisi/34-konular/152-turkiyedeki-etnik-nufusun-dagilimi.html (접속일: 2011-10-02).

2008년 6월 6일 자 터키 일간지 밀리예트(Milliyet '민족; 국적')의 기사를 보면 다음과 같다.[10]

2000년에 터키의 국가 안전 위원회에서 카이세리의 에르지예스(Erciyes) 대학교, 엘랴즈으(Elazığ)의 프라트(Fırat) 대학교 및 말라트야(Malatya)의 이뇌뉘(İnönü) 대학교 교수들에게 준비하게 하여 68도에서 실시한 조사 결과 보고서를 보면 터키의 민족 집단들은 다음과 같다:

① 튀르크 족(Türk, Turk)

튀르크 혈통을 지닌 여러 집단이 튀르크 족을 형성한다. 기원을 막론하고 이 집단은 5,000만이고 기타 튀르크화가 진행 중인 집단도 포함하면 5,500만에 이른다.

② 쿠르드 족(Kürt, Kurd)

이 보고서는 두 번째(로 인구가 많은) 집단으로 쿠르드 족을 제시한다. 인구는 300만 정도인데, 자자(Zaza) 족도 포함하면 쿠르드 족 인구는 1,260만 이상이다.[11] 다만 이 중에서 250만은 튀르크화가 상당히 진행되어 어떤 곳에서는 자신의 쿠르드 족 정체성을 인정하지 않는 사람들조차 있다.

③ 조지아 족(Gürcü, Georgian)

조지아 족은 주로 (흑해 지방의) 오르두(Ordu), 아르트빈(Artvin), 삼

---

10) http://www.milliyet.com.tr/default.aspx?aType=SonDakika&ArticleID=873452&Date=06.06.2008& Kategori=yasam (접속일: 2011-10-2).

11) 이것은 같은 신문의 2007년 3월 22일 자 자료의 내용(p. 67, ④)과 모순된다.

순(Samsun) 및 마르마라(Marmara) 지역에 산다. 조지아 족의 인구는 거의 100만에 이르는데, (이미 튀르크화가 진행되어) 흑해 지역의 몇 몇 도에 거주하는 사람들 외에는 조지아어를 잊어버렸다. 다만 지난 몇 년 동안 조지아 공화국의 독립과 더불어 조지아 족 정체성이 늘고 있는 점이 주목된다.

④ 보스니아 족(Boşnak, Bosnian)

아다파자르(Adapazarı), 이즈미르(İzmir) 및 마니사(Manisa)에 집단으로 거주하는 보스니아 족의 인구는 200만에 이른다.

⑤ 체르케스 족(Çerkez, Circassian)

체르케스 족은 여러 도시에 거주하고 그 인구는 250만 정도인데, (이미 튀르크화가 진행되어) 80%가 체르케스어를 잊었다.

⑥ 아랍 족(Arap, Arab)

주로 동남부의 시이르트(Siirt), 시으르나크(Şırnak), 마르딘(Mardin), 디야르바크르(Diyarbakır), 샨르우르파(Şanlıurfa), 하타이(Hatay), 아다나(Adana) 및 이스탄불에 거주한다. 터키에서의 인구는 87만이다.

⑦ 알바니아 족(Arnavut, Albanian)

터키의 알바니아 족 인구는 130만 이상이다. 알바니아 족 인구의 절반 이상은 튀르크화의 결과로 알바니아 족 정체성과 전혀 관련이 없다. 50만 명의 알바니아 족은 알바니아 족 정체성을 아주 생생하게 유지하고 있다.

⑧ 라즈 족(Laz)

흑해 동부 지역의 모든 주민을 흔히 라즈라고 잘못 부르지만, 실제 라즈 족의 수는 8만 정도이다. 코카서스 민족의 하나이고 라즈어를 구사하는 진짜 라즈 족은 리제(Rize)와 아르트빈(Artvin)의 몇몇 마을 및 이주한 마르마라 지역의 몇몇 도시에 거주한다.

⑨ 헴신 족(Hemşinli, Hemshin)

(아르메니아 계통의) 헴신 족은 라즈 족처럼 리제(Rize)와 아르트빈(Artvin)의 몇몇 군에 거주하고 인구는 13,000 정도이다.

⑩ 포마크 족(Pomak)

(이슬람교를 믿는 불가리아 사람을 가리키는) 포마크 족에 대해 어떤 사람들은 튀르크 족 출신이라 하고 어떤 사람들은 슬라브 족 출신이라 하는데, 포마크 족의 인구는 60만 정도이고 완전히 튀르크화하였다.

⑪ 기타 민족 집단들

터키에 거주하는 기타 민족 집단들의 인구는 100만 이상이다. 이들 중에서 집시(Çingene, Gypsy)가 70만의 인구로 선두를 차지한다. 터키에는 6만 명의 아르메니아인(Ermeni, Armenian), 2만 명의 유대인(Yahudi, Jew) 및 15,000명의 그리스인과 더불어 수가 아주 적은 시리아인(Süryani, Syrian)도 명맥을 유지하고 있다.

이 보고서를 보면 튀르크 족의 인구가 지난 15년 동안 조금 증가한 데 비해 쿠르드 족은 해마다 2.5%씩 늘고 있다. 보스니아 족은 해마다 1.2%씩, 튀르크 족은 0.8%씩, 알바니아 족은 0.5%씩 줄고 있다. 이

튀르크계 민족들
- 튀르크 족
- 아제르바이잔 족
- 튀르크멘 족
- 체프니(Çepni) 족
- 이외뤼크(Yörük) 족
- 카라파파크(Karapapak) 족

셈계 민족들
- 아랍 족
- 아람 족(시리아 족)

인도-유럽계 민족들
- 쿠르드 족
- 자자 족
- 헴신 족/아르메니아 족
- 폰투스 그리스 족
- 그리스 족
- 불가리아 족
- 알바니아 족
- 보스니아 족

코카서스계 민족들
- 체르케스 족
- 라즈 족
- 조지아족
- 압하즈(Abkhaz) 족

〈그림 5〉 터키의 민족 분포[12]

에 비해 튀르크화 비율은 쿠르드 족에서 가장 높고, 그다음으로는 보스니아 족, 체르케스 족 및 알바니아 족에게서 높다. 동남(아나톨리아)으로부터 이주한 아랍 족에게서도 튀르크화 속도가 아주 빠르다.

(5) 언어

터키의 공용어는 터키어다. 터키 인구의 대부분이 터키어를 사용

---

12) 위키백과 네덜란드어판 참조. 터키의 민족 분포에 대해서 다음의 자료를 참조할 수 있다:
   Peter A. Andrews (1989), Ethnic groups in the Republic of Turkey, Wiesbaden: Reichert.
   _____ (2002), Ethnic groups in the Republic of Turkey, 2nd enlarged edition in 2 vols.,
   Wiesbaden: Reichert.

한다. 교육과 언론에서는 이스탄불 방언을 사용한다. 그 밖에도 쿠르드어를 비롯하여 소수 민족들의 언어가 사용된다.

공영 방송인 TRT(Türkiye Radyo Televizyon Kurumu)는 2009년 1월 1일부터 TRT 6 또는 TRT Şeş라는 이름으로 쿠르드어 방송을 하고 있으며, 2010년 4월 4일부터는 TRT el Türkiye라는 이름으로 아랍어 방송도 하고 있다.

터키에서 사용되는 언어들에 대하여 터키의 인구 조사에서는 항목이 없다. 그런데 2007년 3월 22일 자 터키 일간지 밀리예트(Milliyet '민족; 국적')의 기사를 보면 다음과 같다.[13]

① 밀리예트(Milliyet)지는 타르한 에르뎀(Tarhan Erdem)이 이끄는 콘다(KONDA) 연구 및 자문 회사에 연구 용역을 맡겼고, 이 회사는 50만 명 정도와 직접 대면하여 설문 조사를 하였다.

② 18세 이상의 성인 중에서 스스로를 튀르크인이라 말한 사람이 78.1%, (자자(Zaza)인을 포함하여) 쿠르드인이라 말한 사람이 13.4%, 터키 공화국 국민이라 말한 사람이 3.8% 등이다.

③ 18세 미만인 사람들을 포함하면 터키 인구 7,297.5만 명 중에서 튀르크 족이 5,548.4만 명(76.03%), (자자 족을 포함하는) 쿠르드 족이 1,144.5만 명(15.68%), 기타 종족 집단들이 604.6만 명(8.3%)이다.

④ 조사 대상자들에게 "모어가 어떤 것인지, 즉 어머니에게서 배운 구어가 어떤 것인지"와 "가족 안에서는 일상생활에서 어떤 언

---

13) 위키백과 터키어판 참조.

어가 사용되는지"를 물었는데, 터키어 85.54%, 쿠르드어 12.98%
(자자어 1.01% 포함), 아랍어 1.38%로 결과가 나왔다.

⑤ 스스로를 튀르크인이라 말한 사람들 중 94.41%의 모어는 터키
어, 4.08%의 모어가 쿠르드어, 0.66%의 모어는 아랍어다.

⑥ 스스로를 쿠르드인이나 자자인이라 말한 사람들 중 8.82%의 모
어는 터키어, 90.65%의 모어는 (자자어를 포함하는) 쿠르드어,
0.49%의 모어는 아랍어다.

⑦ 스스로를 아랍인이라 말한 사람들 중 18.24%의 모어는 터키어,
2.35%의 모어는 (자자어를 포함하는) 쿠르드어, 78.82%의 모어
는 아랍어다.

⑧ 스스로를 터키 공화국 국민이라고 말한 사람들 중 83.28%의 모
어는 터키어, 14%의 모어는 (자자어를 포함하는) 쿠르드어,
2.11%의 모어는 아랍어다.

⑨ 1927년부터 1965년까지 7번 이루어진 인구 조사에서는 '모어'
및 '제2 언어'를 물었지만, 그 이후의 인구 조사에서 이 조사 항
목은 빠졌다.

⑩ '모어' 및 '제2 언어' 항목이 포함된 국가 통계 연구소(Devlet
İstatistik Enstitüsü = DİE; 터키의 통계청 이름)의 인구 조사들에
서 '모어가 쿠르드어'이거나 '제2 언어가 쿠르드어'라고 말한
사람들은 아래 표와 같다. 이 숫자는 자자(Zaza)어 사용자가 포
함되지 않은 것이다(앞의 표의 수치와 조금 차이가 난다). 공무
원들이 조사했으므로, 자신의 정체를 숨기거나 질문에 대답하
지 않은 사람들도 틀림없이 있었다.

인구조사	인구 (1,000명)	쿠르드어 (1,000명)	비율 (%)
1927 DİE	13,629	1,184	8.69
1935 DİE	16,157	1,595	9.87
1945 DİE	18,790	1,594	8.48
1950 DİE	20,947	2,070	9.88
1955 DİE	24,065	1,942	8.07
1960 DİE	27,755	2,317	8.35
1965 DİE	31,391	2,817	8.98
2007 KONDA	72,975	8,735	11.97

(6) 종교

터키는 공식적인 국가 종교가 없는 세속 국가다. 터키 헌법에서는 양심과 종교의 자유를 규정하고 있다. 종교적이거나 종족적인 특징을 지닌 정당을 결성하는 것은 헌법에 어긋난다. 공화국 초기에 종교를 국가에서 관리하기로 결정하여 1924년 3월 3일에 총리실에 부속된 기관으로서 종교 업무를 총괄하는 종무원(Diyanet İşleri Başkanlığı)이 세워졌다.

터키 국민의 99% 정도는 이슬람교를 믿는다. 그 대부분은 수니(Sunni)파이고 그중에서도 하나피(Hanafi, Hanefi) 학파이다. 이슬람교도의 15~25% 정도는 시아(Shia)파의 일종인 알레비(Alevi)파이다. 알레비(Alevi)파는 무함마드(Muhammad)의 사위인 알리(Ali)를 추종하는데, 수니파와는 달리 예배를 보지 않고, 금식을 하지 않으며, 메카로 성지 순례를 하지 않는다. 0.2%는 크리스트교, 0.04%는 유대교를 믿는다. 종무원 자료를 보면 2010년에 터키에는 81,984개의 모스크가 있었다.

이슬람교 관련 공휴일로 라마단이 끝난 뒤 3일간 지속되는 Ramazan Bayramı(또는 Şeker Bayramı, 아랍어로는 ʿĪdu l-Fiṭr)와 라마단이 끝난 뒤 70일부터 4일간 지속되는 Kurban Bayramı(희생절, 아랍어로는 ʿĪdu l-Aḍḥā)가 있다. 이 두 공휴일은 이슬람 역법에 따르므로 해마다 날짜가 바뀐다.

3. 역사

터키 국토의 대부분을 구성하고 있는 아나톨리아는 유라시아 대륙을 동서남북으로 연결하는 교통과 문화의 중심지 역할을 해 왔고, 아주 오래전부터 인류가 거주하였다. 아나톨리아에는 역사적으로 약 30개의 민족이 거주한 바 있고 그중 약 15개 민족이 문화 유적과 유물을 남겼다.

세계 최초로 철기를 사용한 것으로 알려진 히타이트 족은 아나톨리아에서 제국을 세워 기원전 18~13세기에 존속하였다. 기원전 1200년경부터 아나톨리아 해안에 그리스인들이 정착하였는데, 이 지역은 기원전 6~5세기에 페르시아 제국에 정복되었다가, 기원전 334년에 알렉산드로스 대왕에게 점령되었다. 이후 아나톨리아는 여러 작은 헬레니즘 왕국으로 분열되었다가 기원전 1세기 중엽에 모두 로마에 복속되었다. 324년에 로마 황제 콘스탄티누스 1세가 비잔티움을 로마 제국의 새 수도로 삼았는데, 서로마 제국이 몰락하자 비잔티움은 비잔티움제국(동로마 제국)의 수도가 되었다.

튀르크 족의 원주지는 중앙아시아의 알타이 산맥 부근으로 추정된다. 터키 사람들은 자신들을 흉노의 후손으로 보고 있는데, 튀르크 족이 튀르크라는 이름으로 역사에 등장한 것은 6세기 중엽에 오늘날의 몽골 고원을 중심으로 돌궐(突厥) 제국이 세워지면서부터이다. 튀르크 족은 6~11세기에 원주지로부터 유라시아 스텝 지대로 널리 퍼졌으며 이에 따라 튀르크어도 전파되었다. 이주 과정에서 튀르크 족은 대부분 이슬람교로 개종하였고, 도중에 마주친 인도-유럽어계 민족들을 동화시켰다.

튀르크 족의 일부는 11세기 셀주크튀르크제국 시절에 아나톨리아에 이르렀다. 터키 땅에 이른 튀르크 족의 주력은 오구즈 족이었다. 1071년의 만지케르트(Manzikert, 터키어로는 Malazgirt) 전투에서 비잔티움 군대가 셀주크튀르크 군대에 대패함으로써 오구즈튀르크 족이 아나톨리아로 대규모로 이주하는 것이 촉진되었다.

1075년에 아나톨리아 셀주크 술탄국이 세워져 셀주크튀르크제국의 별도의 분파로 발전하였다. 튀르크 족은 중앙 아나톨리아와 동부 아나톨리아의 대부분을 정복하였다. 그리하여 이미 12세기 초에는 서양에서 아나톨리아를 투르키아(Turchia)라고 부르게 되었다.

1243년에 셀주크튀르크 군대가 몽골 족에게 패함으로써 셀주크튀르크제국은 서서히 무너져 갔고, 아나톨리아에는 튀르크 족의 여러 작은 나라가 난립하였다. 아나톨리아 서북부에서 오스만(Osman) 1세가 지배하던 나라도 이들 중 하나였는데, 1299년에 독립을 선언하고 점점 강성해져서 1354년에 유럽에 진출하여 정복 활동을 개시하였으며 오스만튀르크제국으로 성장하였다.

오스만튀르크제국은 과거 비잔티움제국의 영토를 거의 모두 정복하였고, 1453년 5월 29일에 메흐메트 2세가 수도 콘스탄티노플을 점령하여 제국의 수도로 삼음으로써 비잔티움제국 정복을 마쳤다. 오스만튀르크제국은 16~17세기에, 특히 쉴레이만(Süleyman) 대제 때 전성기를 맞이하였다. 이후 오스만튀르크제국은 2세기에 걸쳐 쇠퇴하면서 영토를 계속 잃어갔고, 제1차 세계 대전에서 동맹국 편으로 참전하여 패배하였다. 승전한 연합국은 1920년의 세브르(Sèvres) 조약을 통해 오스만튀르크제국을 분할하려고 하였다.

제1차 세계 대전 직후 연합군이 이스탄불과 이즈미르를 점령한 것은 터키의 민족 운동을 자극하였다. 세브르 조약을 무효화하기 위해 무스타파 케말 파샤(Mustafa Kemal Paşa)의 주도로 터키의 독립 전쟁(1919.5.19.~1922.10.11.)이 일어났다. 1922년 9월 18일까지는 점령군이 쫓겨났고, 1922년 10월 11일에 무단야(Mudanya) 정전 협정을 맺음으로써 전쟁이 끝났다. 새로 세워진 의회는 1922년 11월 1일에 술탄제를 공식적으로 폐지하여 623년간 이어진 오스만튀르크제국의 지배가 끝났다.

1923년 7월 24일 로잔 조약에서 신생 터키 공화국은 오스만튀르크제국의 계승 국가로서 주권을 국제적으로 인정받았고, 1923년 10월 29일에 새 수도 앙카라에서 터키 공화국이 정식으로 선포되었다. 무스타파 케말 파샤가 공화국의 초대 대통령이 되었고, 이스메트(İsmet) 파샤가 초대 총리가 되었다.

무스타파 케말 파샤는 오스만튀르크제국의 잔재 위에서 새로운 세속 국가를 건설하기 위하여 급진적인 개혁을 많이 하였다. 독립 전쟁에 참가한 2개의 항쟁 조직을 결합하여 공화인민당을 창설하고, 공화제, 민주주의, 다원주의 등 서유럽식 근대화 개혁을 단행하였으며, 이슬람식 재판 및 종교 교육 폐지, 정치와 종교의 분리, 여성 해

방, 일부다처제 금지와 서양 역법 채택, 라틴 문자 도입, 산업 개발 등을 하였다.

1934년에 성씨법이 터키 의회에서 통과되어 모든 터키 국민은 2년 안에 성씨를 가질 의무가 생겼다. 의회는 무스타파 케말에게 아타튀르크(ata '아버지', Türk '튀르크인')라는 성씨를 주었다. 그의 후손에게는 아타단(Atadan 'Ata에게서, Ata로부터')이라는 성씨를 주기로 하였지만, 그는 후손을 남기지 않았다. 이스메트 파샤는 독립 전쟁 시 승리한 싸움터 이름인 이뇌뉘(İnönü)를 성으로 삼았다.

1938년 11월 10일에 무스타파 케말 아타튀르크가 사망하자 이스메트 이뇌뉘가 제2대 대통령으로 취임하여 세속주의를 근간으로 한 서구화 정책을 지속했다. 제2차 세계대전 기간의 대부분에서 터키는 중립을 지키다가, 1945년 2월에 도이칠란트와 일본에 선전포고를 하여 연합군에 가담했으며, 1945년 국제연합의 창립 회원국이 되었다. 1950년에 국제연합군의 일원으로 한국전에 참전하여 1952년 북대서양 조약 기구에 가입하였다.

1923~1946년에는 공화인민당만 있는 일당 체제였다. 1946년에 다당제를 도입하여 총선을 치른 결과 공화인민당이 승리하여 1950년까지 정권을 잡았다. 1950년 5월 14일의 총선에서는 민주당이 집권하였다. 민주당은 경제 분야에서 정부 통제를 완화하고 사기업과 농업 발전 정책 등을 통해서 집권 초기에 급격한 경제성장을 이루었으나, 50년대 후반에 이르러 재정 적자와 무역 적자가 심화되고, 정권의 정치적 탄압과 종교적 성향이 강해지면서, 1960년 5월 27일에 군사 쿠데타가 일어났다.

군부는 1961년 10월 15일에 민간 정부에 정권을 이양하였다. 1971

년, 1980년에도 군사 쿠데타가 일어났다. 1997년에는 군부의 압력으로 연립 정권의 총리가 사임하고, 그의 정당인 복지당(Refah Partisi)은 해체되었다. 연립 정권들이 지속되다가 2002년에 선거를 통해 중도 우익 성향의 정의개발당(Adalet ve Kalkınma Partisi)이 단독 정권을 수립했고 선거에서 계속 승리하여 오늘에 이르고 있다.

4. 정치

터키의 정부 형태는 대통령제를 가미한 의원내각제였다. 과거에는 대통령을 의회에서 선출하되 임기 7년의 단임이었지만, 2007년에 헌법 조항을 고쳐서 이후에는 국민이 직접 선출하되 임기 5년의 중임이 가능하게 하였다. 2017년 개헌 국민투표를 통하여 의원 내각제에서 대통령제로 변경되었다. 대통령이 국가 원수이다.

입법권을 지닌 의회는 단원제이고, 임기가 4년의 550명의 국회의원으로 이루어진다. 의회 내에 절대 다수당이 없는 것과 군소 정당이 난립하는 것을 막기 위하여, 선거에서 최소 10%의 표를 얻은 정당만 의회에서 대표하는 권리가 있다. 무소속 후보자는 자신의 지역구에서 최소 10%의 표를 얻어야 국회의원에 선출될 수 있다.

5. 경제

터키는 OECD와 G20의 창립 회원국이다. 공화국이 수립된 1923년에서 1983년까지 60년간 터키는 준 국가주의적 정책을 펴서 정부 예산을 엄격하게 계획하고, 개인 부문 참여, 대외 무역, 외화 유통, 외국인 직접 투자를 정부가 제한하였다. 1983년에 일련의 개혁을 단행함으로써 경제 정책이 국가주의에서 탈피하여 개인 부문과 시장 경제에 중점을 두는 쪽으로 바뀌었다.

관광업은 터키에서 급속히 발전하여 경제의 중요한 부분을 차지한다. 그 밖의 주요 업종으로는 은행업, 건설, 전자, 섬유, 정유, 석유화학, 식품, 광업, 철강, 기계 및 자동차가 있다. 터키는 세계적인 선박 제조국이다.

터키의 경제는 대부분 서쪽에 있는 도들에 집중된 주요 도시의 공업에 점점 더 의존하고 있지만, 농업은 여전히 주요한 산업이다. 2010년에 국내 총생산에서 농업 부문은 9%, 산업 부문은 26%, 서비스 부문은 65%를 차지하였다. 그런데 농업 부문 종사자가 전체 고용의 27%에 이른다.

주요 농산물로는 담배, 목화, 곡물, 올리브, 사탕무, 개암, 콩, 감귤류가 있고, 주요 공업으로는 섬유, 식품가공, 자동차, 전자, 채광, 제강, 석유, 건설, 목재, 제지가 있다.

터키의 주요 수출품은 의류, 식료품, 섬유, 금속제품, 운송 장비이고, 주요 수출국은 도이칠란트, 영국, 이탈리아, 프랑스, 이라크, 러시아다. 주요 수입품은 기계, 화학제품, 반가공품, 연료, 운송 장비이고, 주요 수입국은 러시아, 도이칠란트, 중국, 미국, 이탈리아, 프랑스, 이란이다.

6. 화폐

터키의 화폐 단위는 터키 리라(Türk lirası = TL)이다. 1리라의 100분의 1은 쿠루시(kuruş = kr)이다. 지금의 화폐는 2009년 1월 1일부터 통용되고 있다.

동전으로는 1 kr, 5 kr, 10 kr, 25 kr, 50 kr, 1 TL이 있는데 1 kr는 드물게 사용된다. 지폐로는 5 TL, 10 TL, 20 TL, 50 TL, 100 TL, 200 TL이 있는데 100 TL과 200 TL은 드물게 사용된다.

2020년 2월 11일 현재 터키 중앙은행의 환율을 보면 매입 기준으로 1 USD = 6.0271 TL 및 1 Euro = 6.5777 TL이다.

7. 외국과의 관계

(1) 한국과의 관계

터키는 1949년 8월 11일에 대한민국을 승인하였다.

소련의 압력에 대항하여 동맹국을 찾고 있던 터키 정부는 NATO에 들어가기 위해 한국전쟁이 발발한 직후인 1950년 7월에 한국전 참전을 결정하였다. 다만 국회의 동의를 얻지 않고 단독으로 결정하였기 때문에 나중에 정부와 국회가 다투게 되었다. 터키 정부는 처음에는 한국에 포병 대대가 딸린 1개 연대를 보낼 생각이었지만, 나중에 여단을 보내기로 결정하였다. 5,000명의 여단 병력을 한국에 파견하여 유엔군의 일원으로 싸웠다. 군우리 전투, 금양장리 전투 등이 유명하다. 1950~1953년에 모두 15,000명 정도의 터키군이 한국에 왔다. 터키군 사상자는 721명 전사, 2,111명 부상, 175명 행방불명, 234명 포로였다. 한국 주둔 터키군의 규모는 1960년에는 200명 규모의 중대, 1965년에는 1개 소대로 줄었고, 1971년에는 한국에서 완전히 철수하였다. 터키는 한국전 참전을 계기로 NATO에 가입할 수 있었다.

1957년 3월에 대사급 외교관계 수립에 합의하여 1957년 6월에 정일권 초대 상주대사의 신임장 제정이 있었고, 터키 측에서는 1957년 10월에 캬밀 이딜(Kamil İdil) 초대 주한 상주대사의 신임장 제정이 있었다.

1977년 12에 이스탄불 주재 한국 총영사관이 개설되었다가 1982년 2월 폐쇄되었고, 2007년 1월에 다시 개설되었다.

터키는 한국전쟁 참전국으로서 우리나라를 혈맹 우방국이라고 인식하고 있으며, 한국의 전후 경제발전을 높이 평가하면서 우리나라와의 경제협력 증진을 희망하고 있다. 터키는 유엔, 국제원자력기구(IAEA) 등 국제무대에서 한국의 입장을 지지하고 있다.

한편, 2001년 1월 15일에 터키는 북한과도 외교관계를 맺었다. 터키는 중국의 베이징 주재 대사관이 평양 주재 대사관을 겸하고, 북한은 불가리아의 소피아 주재 대사관이 앙카라 주재 대사관을 겸한다.

한국과 터키가 맺은 주요 협정을 보면 다음과 같다.

① 사증면제협정(1972년 5월): 이 협정에 따라 양국 국민은 상대방 국가에서 비자 없이 3개월 머무를 수 있다. 2012년 3월 13일 자 앙카라 주재 한국대사관의 자료실을 보면 터키 내무부는 관광 목적으로 입국한 외국인들은 터키 체류기간을 종전의 3개월로부터 6개월을 추가로 연장할 수 있게 되었다고 대사관에 통보

하였다고 한다. 따라서 관광목적으로 입국한 외국인들은 체류 허가 신청 시 총 9개월간 터키에서 체류할 수 있게 되었다.

② 문화협정(1974년 5월)

③ 통상진흥 및 경제기술협력협정(1977년 12월)

④ 항공협정(1979년 10월)

⑤ 2중과세방지협정(1986년 3월)

⑥ 투자보장협정(1994년 6월)

⑦ 섬유협정(1997년 12월)

⑧ 원자력협력협정(1999년 6월)

⑨ 대외경제협력기금(EDCF) 기본협정(2003년 4월 서명, 아직 발효되지 않음)

⑩ 관광협력협정(2006년 10월 서명, 아직 발효되지 않음)

⑪ 자유무역협정(2012년 8월 1일 서명)

터키에는 2009년 3월 현재 총 1,389명의 교민이 있는 것으로 추정되며, 이 중 70%가량인 1,000여 명이 이스탄불에 거주한다. 그 밖에 수많은 한국인 선교사가 터키인의 개종을 위해 활약하고 있다. 2010년에 12만 명 정도의 한국인 관광객이 터키를 방문하였다.

한국과 터키 사이의 무역은 아직 활발하지 못한 상태이다. 터키의 한국에 대한 무역액은 다음과 같다(단위: 100만 달러).[14] 터키의 무역 역조가 심한 것을 알 수 있다.

현대, LG, KT & G를 비롯하여 160여 개의 한국 회사가 터키에서 자동차, IT, 전자, 광업, 관광업 및 제조업 등 여러 분야에서 투자하고 있다.

---

14) 터키 외무부 http://www.mfa.gov.tr

구분	2006년	2007년	2008년	2009년	2010년
수출	155.9	152.3	271.2	234.8	304.8
수입	3,556.2	4,369.9	4,091.7	3,118.2	4,764.0
합계	3,712.2	4,522.2	4,362.9	3,353.0	5,068.8
수출-수입	-3,400.3	-4,217.5	-3,820.4	-2,883.3	-4,459.2

터키에는 친한 단체로 한국전 참전용사회가 있다. 한국전 참전용사 단체는 1973년 3월에 창설되어 1984년까지 '한국전 참전용사회'라는 독립 단체로 존속되어 왔으나, 1984년 4월 이후 1차 세계대전 참전용사회 및 키프로스 참전용사회와 함께 국방부 산하 '참전협회'로 통합되어 현재에 이르고 있다.

(2) 주변국과의 관계

터키는 그리스와 에게 해에서 영토 분쟁을 벌이고 있고, 터키만 국가로 인정하고 있는 북 키프로스의 지위 문제가 있다. 터키가 유프라테스 강에 여러 댐을 건설하자 시리아와 이라크가 반발하고 있다.

터키는 이라크에서의 쿠르드 족의 지위에 관심을 나타내고 있으며, 터키와 아르메니아 사이에는 19세기 말 ~ 20 세기 초에 일어난 아르메니아인 대학살 인정 문제 및 외교 관계 회복 문제가 있다.

터키는 서남아시아의 헤로인이 서유럽과 미국으로 가는 주요한 통로이다.

1991년 소련에서 터키와 문화 및 언어를 공유하는 튀르크계 국가들(아제르바이잔, 튀르크메니스탄, 카자흐스탄, 우즈베키스탄, 키르기스스탄)이 독립하면서 터키는 중앙아시아로도 경제 및 정치적 관계를 뻗을 수 있게 되었다.

Chapter 3

회화 학습

1. 기본 인사와 안부 묻기

Murat[무랕]: Merhaba Subin![메르하바 쑤빈!]

　　무라트: 수빈아 안녕.

Subin[쑤빈]: Merhaba Murat![메르하바 무랕!]

　　수빈: 무라트야 안녕.

Murat[무랕]: Nasılsın?[나쓸쓴?]

　　무라트: 어떠니?

Subin[쑤빈]: İyiyim[이이임], teşekkür ederim[테섹퀴레데림].

　　　　　Sen Nasılsın?[쎈 나쓸쓴?]

　　수빈: 좋아, 고마워. 너는 어떠니?

Murat[무랕]: Sağ ol[싸아 올]. Ben de iyiyim[벤 데 이이임].

　　무라트: 고마워. 나도 좋아.

Subin[쑤빈]: Hoşça kal![호시차 칼!]

　　수빈: 잘 있어!

Murat[무랕]: Güle güle.[귈레 귈레]

　　무라트: 잘 가!

Efendim[에풴딤]: '다시 말해 주시겠습니까?'

Görüşmek üzere[괴뤼시멕 위제레]: '또 봅시다'를 뜻하는 표현으로 이에 대한 답례도 Görüşmek üzere[괴뤼시멕 위제레]이다.

Görüşürüz[괴뤼쉬뤼즈]: '또 봅시다!'를 뜻하는 표현으로 이에 대한 답례도 Görüşürüz[괴뤼쉬뤼즈]이다.

Günaydın[귀나이든]: 영어의 Good morning에 해당하는 표현으로 이에 대한 답례도 Günaydın[귀나이든]이다.

Hoşça kal![호시차 칼]을 정중하게 표현하려면 Hoşça kalın![호시차 칼른]이라 하면 된다. Hoşça kal![호시차 칼]/Hoşça kalın![호시차 칼른]과 같은 뜻으로 Allaha ısmarladık[알라하 으쓰마를라득]이 사용된다. 떠나는 사람이 Allaha ısmarladık[알라하 으쓰마를라 득]이라고 말하면 남아 있는 사람은 Güle güle[귈레 귈레]라고 대답한다.

İyi akşamlar[이이 악샴라르]: 영어의 Good evening에 해당하는 표현 으로 이에 대한 답례도 İyi akşamlar[이이 악샴라르]이다.

İyi geceler[이이 게젤레르]: 영어의 Good night에 해당하는 표현으로 이에 대한 답례도 İyi geceler[이이 게젤레르]이다.

İyi günler[이이 귄레르]: 영어의 Good day에 해당하는 표현으로 이에 대한 답례도 İyi günler[이이 귄레르]이다.

İyi sabahlar[이이 싸바흘라르]: 영어의 Good morning에 해당하는 표 현으로 이에 대한 답례도 İyi sabahlar[이이 싸바흘라르]이다.

Ne haber?[네 하베르]: '어떻게 지내니'에 해당하는 표현으로 '잘 지내'라고 대답하려면 İyilik[이일릭]이라고 하면 된다. 하지만 어른에게 사용하면 실례가 된다.

Ne var ne yok?[네 봐르 네 욕]: '어떻게 지내니'에 해당하는 표현으로 '잘 지내'라고 대답하려면 İyilik sağlık[이일릭 싸알륵]이라고 하면 된다. 어른에게 사용하면 실례가 된다.

Selâm[쎌램]: 아랍어에서 차용된 '인사'를 뜻하는 이 낱말은 '안녕'이라는 뜻으로 사용된다. 이에 대한 답례도 Selâm[쎌램]이다.

Selâmünaleyküm[쎌랴뮌알레이큄]: 아랍어에서 차용된 '평온이 당신에게 있기를!'을 뜻하는 이 표현에 대한 답례는 Aleykümselâm[알레이큄쎌램] '당신에게 평온이 있기를!'이다.

❏ 관련 어휘

akşam[악샴] '저녁'	merhaba[메르하바] '안녕하십니까?'
gece[게제] '밤(夜)'	nasıl[나쓸] '어떠한'
görüş-[괴뤼시멕] '만나다'	ne[네] '무엇'
gül-[귈멕] '웃다'	sabah[싸바흐] '아침'
gün[귄] '날(日)'	sağ[싸아] '건강한; 오른쪽의'
haber[하베르] '소식'	teşekkür[테섹퀴르] '고마움, 감사'
hoşça[호시차] '기분 좋게, 유쾌하게'	teşekkür et-[테섹퀴레트멕] '고마워하다'
iyi[이이] '좋은'	var[봐르] '있는'
kal-[칼막] '남다, 머무르다'	yok[욕] '없는'

터키 사람들이 가장 흔하게 사용하는 인사말은 Merhaba[메르하바]
이다. 하루 중 아무 때나 사용할 수 있다. 이것에 대한 대답도 Merhaba
[메르하바]이다.

일상생활에서 많이 쓰이는 표현으로 다음의 것들도 있다.

Çok doğru[촉 도오루] '아주 맞습니다, 아주 옳습니다'

Doğru[도오루] '맞습니다, 옳습니다'

Lütfen[뤼퉨] '제발'

Memnuniyetle[멤누니예틀레] '기꺼이'

Oldu[올두] '됐습니다, O.K., 좋습니다'

Olmaz[올마즈] '아니요, 안 됩니다'

Peki[페키] 'O.K., 좋습니다; 아주 좋습니다'

Tabii[타비이] '물론이지요'

Tamam[타맘] 'O.K., 좋습니다'

감사를 나타내는 표현으로는 다음의 것들이 있다:

Bir şey değil[비르 셰이 데일] '천만에요', 흔히 Bi şey değil[비 셰이
      데일]로 발음된다.

(Çok) sağ ol/olun[(촉) 싸아 올/올룬] '(무척) 고맙습니다'

Eksik olma/olmayın[엑씩 올마/올마이은] '고맙습니다'

Mersi[메르씨] '고맙습니다'

Teşekkür ederim/ederiz[테셱퀴르 에데림/에데리즈] '고맙습니다', Teşekkür
      ederim[테셱퀴르 에데림]은 혼자 말할 때, Teşekkür ederiz[테셱
      퀴르 에데리즈]는 둘 이상이 말할 때 사용한다.

Teşekkürler[테셱퀴를레리] '고맙습니다'

사과를 나타내는 표현으로는 다음의 것들이 있다:

Affedersin/Affedersiniz[압풰데르씬/압풰데르씨니즈] '미안합니다, 죄
송합니다'

Kusura bakma/bakmayın[쿠쑤라 바크마/바크마이은] '미안합니다, 죄
송합니다'

Özür dilerim[외쥐르 딜레림] '미안합니다, 죄송합니다'

Pardon[파르돈] '미안합니다, 죄송합니다'

2. 소개

Minho[민호]: Günaydın![귀나이든]

　민호: 안녕하십니까?

Irmela[이르멜라]: Günaydın![귀나이든]

　이르멜라: 안녕하십니까?

Minho[민호]: Adım Minho[아듬 민호]. Sizin adınız ne?[씨진 아드느즈 네]

　민호: 내 이름은 민호입니다. 당신의 이름은 무엇입니까?

Irmela[이르멜라]: Benim adım Irmela[베님 아듬 이르멜라]

　이르멜라: 내 이름은 이르멜라입니다.

Minho[민호]: Nerelisiniz?[네렐리씨니즈]

　민호: 어디 사람이십니까?

Irmela[이르멜라]: Almanım[알마늠]. Ya siz?[야 씨즈]

　이르멜라: 도이칠란트 사람입니다. 당신은요?

Minho[민호]: Ben Koreliyim[벤 코렐리임]. Memnun oldum[멤눈 올둠].

　민호: 나는 한국 사람입니다. 반갑습니다.

Irmela[이르멜라]: Ben de (memnun oldum)[벤 데 (멤눈 올둠)].

이르멜라: 나도 (반갑습니다).

Ankaralıyım.[앙카랄르이음] '나는 앙카라 사람입니다, 나는 앙카라
출신입니다.'

Babanızın adı nedir?[바바느즌 아드 네디르] '당신의 아버지 이름은
무엇입니까?'

Çocuğunuz var mı?[초주우누즈 봐르 므] '아이가 있으십니까?'

Doğum tarihiniz kaç?[도움 타리히니즈 카치] '생년월일은 어떻게 되
십니까?'

Evli misiniz?[에불리 미씨니즈] Bekâr mısınız?[베캬르 므쓰느즈] '결
혼하셨습니까? 미혼이십니까?'

Hangi şehirdensiniz?[항기 셰히르덴씨니즈] '어느 도시 출신이십니까?'

Kaç yaşındasınız?[카치 야시은다쓰느즈] '몇 살이십니까?'

Koreliyim.[코렐리임] '나는 한국 사람입니다, 나는 한국 출신입니다.'

Ne iş yapıyorsunuz?[네 이시 야프요르쑤누즈] '무슨 일을 하십니까?'

Nereden geliyorsunuz?[네레덴 겔리요르쑤누즈] '어디 출신이십니까?,
어디 사람이십니까?'

Tanıştığımıza memnun oldum[타느시트으므자 멤눈 올둠]. '서로 알게
되어서 반갑습니다.'

Tanıştırayım.[타느시트라이음] '소개할게요.'

ad[앋] '이름'	ne[네] '무엇; 무슨'
Alman[알만] '도이칠란트 사람'	nere[네레] '어디'
Ankaralı[앙카랄르] '앙카라 사람'	nereli[네렐리] '어디 사람'
baba[바바] '아버지'	memnun[멤눈] '만족한, 즐거운'
bekâr[베캬르] '혼인하지 않은; 독신의'	siz[씨즈] '너희; 당신, 당신들'
çocuk[초죽] '아이, 어린이'	şehir[셰히르] '도시'
doğum[도움] '출생'	tanış-[타느시막] '서로 알다'
evli[에불리] '혼인한, 기혼의'	tanıştır-[타느시트르막] '서로 알게 하다,
hangi[항기] '어느'	소개하다'
iş[이시] '일(事)'	tarih[타리흐] '날짜; 역사'
kaç[카치] '몇'	yaş[야시] '나이, 살'
Koreli[코렐리] '한국사람'	

터키 사람들은 소개할 때 대개 이름만 사용한다. 터키 사람들은 나이가 많은 사람들을 부를 때 상대방의 나이에 따라 amca[암자] '아저씨('삼촌')', teyze[테이제, 테에제] '아줌마('이모')', ağabey[아아베이] [ɑːbi][아아비] ('형, 오빠'), abla[아블라] ('누나, 언니')와 같은 낱말들을 사용한다. 이러한 낱말들은 단독으로 또는 이름 다음에 사용된다. 정중한 표현에서는 남자 이름 뒤에 bey[베이], 여자 이름 뒤에 hanım [하늠]을 사용한다.

1934년의 성씨법과 함께 터키 의회는 무스타파 케말에게 아타튀르크(Atatürk < ata[아타] '아버지' + Türk[튀르크] '튀르크인')라는 성씨

를 주었다. 그의 후손에게는 아타단(Atadan 'Ata에게서, Ata로부터')이라는 성을 주기로 하였지만, 그는 후손을 남기지 않았다. 이스메트(İsmet) 파샤는 독립 전쟁 시 승리한 싸움터 이름인 이뇌뉘(İnönü)를 성으로 삼았다.

3. 시간/날짜

Murat[무랕]: Merhaba Subin![메르하바 쑤빈] Nereden geliyorsun?[네레덴 겔리요르쑨]

무라트: 수빈아 안녕. 어디에서 오니?

Subin[쑤빈]: Merhaba Murat![메르하바 무랕] TÖMER'den geliyorum.[퇴메르덴 겔리요룸]

수빈: 무라트야 안녕. 퇴메르에서 와.

Murat[무랕]: Saat kaç?[싸알 카치]

무라트: 몇 시니?

Subin[쑤빈]: Saat dörde çeyrek var.[싸알 되르데 체이렉 봐르]

수빈: 3시 45분이야.

Murat[무랕]: TÖMER'de hangi günler ders var?[퇴메르데 항기 귄레르 데르쓰 봐르]

무라트: 퇴메르에서 어느 날들에 수업이 있니?

Subin[쑤빈]: TÖMER'de pazartesi, çarşamba ve perşembe ders var.[퇴메르데 파자르테씨, 차르샴바 붸 페르솀베 데르쓰 봐르]

수빈: 퇴메르에서 월요일, 수요일 및 목요일에 수업이 있어.

Murat[무랄]: Görüşmek üzere.[괴뤼시멕 위제레]

무라트: 또 보자.

Subin[쑤빈]: Görüşürüz.[괴뤼쉬뤼즈]

수빈: 또 보자.

□ 유용한 표현

Bugün ayın kaçı?[부귄 아이은 카츠] '오늘은 몇 월 며칠입니까?'

Bugün 2(iki) Mart.[부귄 이키 마르트] '오늘은 3월 2일입니다.'

Bugün günlerden ne?[부귄 귄레르덴 네] '오늘은 무슨 요일입니까?'

Bugün 15 Şubat, Pazartesi.[부귄 온 베시 슈받 파자르테씨] '오늘은 2월 15일, 월요일입니다.'

Burada kaç gün kalacaksın?[부라다 카치 귄 칼라작씐] '여기에서 며칠 묵을/머무를 거니?'

Festival ne zamana kadar devam ediyor?[풰스티발 네 자마나 카다르 데봠 에디요르] '축전은 언제까지 계속됩니까?'

Günde kaç saat uyuyorsun?[귄데 카치 싸앝 우유요르쑨] '너는 하루에 몇 시간 자니?'

30(Otuz) Ocak'a kadar/dek/değin[오투즈 오자아 카다르/덱/데인] '1월 30일까지'

(Saat) dokuz buçukta ders var.[(싸앝) 도쿠즈 부축타 데르쓰 봐르] '9시 반에 수업이 있다.'

(Saat) dokuza beş kala otobüs kalkacak.[(싸앝) 도쿠자 베시 칼라 오토뷔쓰 칼카작] '8시 55분에 버스가 떠날 것이다.'

Saat dokuzu on geçiyor.[싸알 도쿠주 온 게치요르] '9시 10분입니다.'

Saat kaçta uyanıyorsun?[싸알 카치타 우야느요르쑨] '너는 몇 시에 깨어나니?'

Saatim biraz ileri gider.[싸아팀 비라즈 일레리 기데르] '내 시계는 조금 빨리 간다.'

Yarın saat onda burada buluşalım.[야른 싸알 온다 부라다 불루샬름] '내일 10시에 여기에서 만나자!'

25(Yirmi beş) Ekim'de[이르미 베시 에킴데] '10월 25일에'

□ 관련 어휘

Ağustos[아우쓰토쓰] '8월'	kışın[크시은] '겨울에'
Aralık[아랄륵] '12월'	Mart[마르트] '3월'
bahar[바하르] '봄'	Mayıs[마이으쓰] '5월'
cuma[주마] '금요일'	Nisan[니싼] '4월'
cumartesi[주마르테씨] '토요일'	Ocak[오작] '1월'
çarşamba[차르샴바] '수요일'	pazar[파자르] '일요일; 시장'
Ekim[에킴] '10월'	pazartesi[파자르테씨] '월요일'
Eylül[에일륄] '9월'	perşembe[페르셈베] '목요일'
güz[귀즈] '가을'	salı[쌀르] '화요일'
güzün[귀쥔] '가을에'	sonbahar[쏜바하르] '가을'
Haziran[하지란] '6월'	sonbaharda[쏜바하르다] '가을에'
ilkbahar[일크바하르] '봄'	Şubat[슈밭] '2월'
ilkbaharda[일크바하르다] '봄에'	Temmuz[템무즈] '7월'

Kasım[카씀] '11월'　　　　　　　yaz[야즈] '여름'

kış[크시] '겨울'　　　　　　　yazın[야즌] '여름에'

터키는 주 5일제를 한국보다 먼저 실시하였다. 주요한 공휴일과 명절을 보면 다음과 같다. 공휴일과 명절에는 관공서와 학교가 쉰다.

1월 1일: 새해(Yılbaşı[이을바시으])

4월 23일: 국가 주권 및 어린이 날(Ulusal Egemenlik ve Çocuk Bayramı [울루쌀 에게멘릭 붸 초죽 바이라므])

터키 의회인 터키 대국민회의(Türkiye Büyük Millet Meclisi [튀르키예 뷔이위크 밀레트 메질리씨])가 1920년 4월 23일에 창설되었는데, 초대 대통령인 케말 아타튀르크가 이날을 어린이들에게 헌정하였다. 전 세계에서 어린이들이 와서 이날을 축하한다.

5월 19일: 아타튀르크 기념 젊은이 및 스포츠 절(Atatürk'ü Anma Gençlik ve Spor Bayramı[아타튀르퀴 안마 겐칠릭 붸 쓰포르 바이라므])

케말 아타튀르크가 1919년 5월 19일에 흑해 연안의 삼순(Samsun)에서 독립전쟁을 시작하였는데, 아타튀르크는 이날을 젊은이들에게 헌정하였다.

8월 30일: 승전기념일(Zafer Bayramı[자풰르 바이라므])

승전기념일은 독립전쟁 때 1922년 8월 26~30일에 둠루프나르(Dumlupınar)에서 터키가 그리스를 이긴 것을 기념한다. 이 전투 후에 그리스 군대는 이즈미르(İzmir)까지 후퇴하고 결국 1922년 9월 9일에 터키를 떠났다.

10월 29일: 공화국 창건일(Cumhuriyet Bayramı[줌후리옐 바이라므])

    1923년 10월 29일에 공화국이 선포된 것을 기념한다.

라마단절(Ramazan Bayramı[라마잔 바이라므])

    라마단은 이슬람력의 9째 달이다. 이 기간에는 해가 떠서 질 때까지 이슬람 교도들은 음식을 입에 대지 않는다. 이렇게 1달 동안 금식한 뒤 3일 동안 종교 명절이 계속되는데, 이것을 라마단절(Ramazan Bayramı[라마잔 바이라므])이라 한다. 다른 말로는 사탕절(Şeker Bayramı[셰케르 바이라므])이라 한다. 이슬람력이 음력이므로 라마단절은 해마다 날짜가 바뀐다.

희생절(Kurban Bayramı[쿠르반 바이라므])

    라마단이 끝나고 70일이 지난 뒤 4일 동안 계속되는 종교 명절이다. 이 기간에는 양이나 소를 이슬람 율법에 따라 도살하여 그 고기를 가난한 사람들에게 노나 준다. 희생절도 해마다 날짜가 바뀐다.

4. 환전

Subin[쑤빈]: Affedersiniz[압풰데르씨니즈], nerede para değiştirebilirim?[네레데 파라 데이시티레빌리림]

    수빈: 실례합니다, 어디에서 환전할 수 있습니까?

Ahmet[아흐멭]: Şurada döviz bürosu var.[슈라다 되뷔즈 뷔로쑤 봐르]

    Oraya gidiniz.[오라야 기디니즈]

아흐메트: 저기에 환전소가 있습니다. 그곳에 가십시오.

Subin[쑤빈]: Teşekkür ederim.[테섹퀴레데림]

　　수빈: 고맙습니다.

Ahmet[아흐멭]: Bir şey değil.[비르 셰이 데일]

　　아흐메트: 천만에요.

Subin[쑤빈]: 130(Yüz otuz) Amerikan Doları bozdurmak istiyorum.[이위즈 오

　　투즈 아메리칸 돌라르 보즈두르막 이쓰티요룸]

　　수빈: 130미국 달러를 환전하고 싶습니다.

Dursun[두르쑨]: Buyurun.[부유룬]

　　두르순: 여기 있습니다.

Subin[쑤빈]: Bu çeki (~ seyahat çekini) de paraya çevirmek istiyorum.[부 체

　　키 (~ 쎄야핱 체키니) 데 파라야 체뷔르멕 이쓰티요룸]

　　수빈: 이 수표(~ 여행자 수표)도 돈으로 바꾸고 싶습니다.

Dursun[두르쑨]: Onu burada değil, bankada çevirebilirsiniz.[오누 부라다 데

　　일, 방카다 체뷔레빌리르씨니즈] Banka karşı binada.[방카 카

　　르시으 비나다]

　　두르순: 그것은 여기가 아니라 은행에서 바꾸실 수 있습니다. 은행

　　은 맞은편 건물에 있습니다.

Subin[쑤빈]: Çok teşekkür ederim.[촉 테섹퀴레데림]

　　수빈: 무척 고맙습니다.

Dursun[두르쑨]: Bir şey değil.[비르 셰이 데일]

　　두르순: 천만에요.

Bana biraz bozuk para da verin, lütfen.[바나 비라즈 보죽 파라 다 붸린 뤼퐨] '나에게 잔돈도 조금 주십시오.'

Banka nerede?[방카 네레데] '은행이 어디에 있습니까?'

Bir hesap açmak istiyorum.[비르 헤쌉 아치막 이쓰티요룸] '나는 계좌를 하나 개설하고 싶습니다.'

Bozabilir misiniz?[보자빌리르 미씨니즈] '환전해 주시겠습니까?'

Doların bugünkü kuru ne?[돌라른 부귄퀴 쿠루 네] '오늘 달러 환율은 어떻습니까?'

banka[방카] '은행'	hesap[헤쌉] '계산; 계좌'
boz-[보즈막] '부수다, 깨뜨리다; 환전하다'	kambiyo[캄비요] '환전'
	kasa[카싸] '현금 출납구'
bozdur-[보즈두르막] '부수게 하다, 깨뜨리게 하다; 환전시키다'	kimlik[킴릭] '신분증'
	kur[쿠르] '환율'
bozuk para[보죽 파라] '잔돈'	meblâğ[메블랴아] '금액, 액수'
çek[첵] '수표'	nakit (para)[나킽 (파라)] '현금, 현찰'
çevir-[체뷔르멕] '바꾸다'	para[파라] '돈'
dolar[돌라르] '달러'	para bozdur-[파라 보즈두르막] '환전하다'
döviz[되뷔즈] '외국환, 외환'	para değiştir-[파라 데이시티르멕] '환전하다'
döviz bürosu[되뷔즈 뷔로쑤] '환전소'	seyahat çeki[세야핱 체키] '여행자 수표'

faiz[파이즈] '이자'　　　　　　　vezne[붸즈네] '출납 창구'

gişe[기셰] '계산대'

터키에서는 은행과 환전소에서 외환을 바꿀 수 있다. 모든 공항에는 은행 지점들이 있어서 환전할 수 있다. 은행에서는 수수료를 내야 하지만, 환전소에서는 수수료를 내지 않는다. 그리고 환전소에서는 대개 여권 등 신분증 제시도 요구하지 않는다. 대도시의 경우 곳곳에서 환전소를 볼 수 있으므로, 환전소에서 환전하는 것이 편리하다. 물론 터키에 처음 도착하면 공항의 은행 지점에서 조금 환전하는 것이 좋다.

5. 날씨

Murat[무랕]: Alo Subin[알로 쑤빈], ben Murat[벤 무랕]. Nasılsın?[나쓸쓴]

　　무라트: 여보세요 수빈아, 나 무라트야. 어떻게 지내니?

Subin[쑤빈]: Sağ ol[싸아 올], iyiyim[이이임]. Sen nasılsın?[쎈 나쓸쓴]

　　수빈: 고마워, 잘 지내. 너는 어떻게 지내니?

Murat[무랕]: Ben de iyiyim.[벤 데 이이임] Şimdi neredesin?[심디 네레데씬]

　　무라트: 나도 잘 지내. 지금 어디에 있니?

Subin[쑤빈]: Bodrum'dayım.[보드룸다이음] Tatil yapıyorum.[타아틸 야프요룸]

　　수빈: 보드룸에 있어. 휴가 중이야.

Murat[무랕]: Bodrum'da hava nasıl?[보드룸다 하봐 나쓸]

　　무라트: 보드룸에서 날씨는 어때?

Subin[쑤빈]: Bodrum'da hava güneşli ve çok sıcak.[보드룸다 하봐 귀네실리

뷔 축 쓰작] Sen neredesin?[쎈 네레데씬]

수빈: 보드룸에서 날씨는 화창하고 아주 더워. 너는 어디에 있니?

Murat[무랕]: Ben Trabzon'dayım.[벤 트라브존다이음]

무라트: 트라브존에 있어.

Subin[쑤빈]: Orada hava nasıl?[오라다 하봐 나쓸]

수빈: 그곳에서 날씨는 어때?

Murat[무랕]: Burada hava yağmurlu ve serin.[부라다 하봐 야아무를루 뷔 쎄
린] Sana iyi tatiller![싸나 이이 타아틸레르]

무라트: 이곳에서 날씨는 비가 오고 서늘해. 휴가 잘 보내라.

Subin[쑤빈]: Teşekkürler.[테섹퀴를레르] Görüşürüz.[괴뤼쉬뤼즈]

수빈: 고마워. 또 보자.

□ 유용한 표현

Antalya'nın kışı hafif geçer.[안탈랴는 크시으 하퓌푸 게체르] '안탈
랴의 겨울은 가볍게 지난다.'

Hava bugün çok soğuk.[하봐 부퀸 촉 쏘욱] '날씨가 오늘은 아주 춥다.'

Hava çok güzel.[하봐 촉 귀젤] '날씨가 아주 좋다.'

Hava sıcaklığı kaç derece?[하봐 쓰자클르으 카치 데레제] '기온이
몇 도입니까?'

Hava yağmurlu.[하봐 야아무를루] '날씨는 비가 와.'

Radyoya göre yarın hava yağmurlu olacak(mış).[라됴야 괴레 야른 하
봐 야아무를루 올라작(므시)] '라디오에 따르면 내일 날씨는 비
온대.'

Rüzgâr esiyor.[뤼즈갸르 에씨요르] '바람이 분다.'

Şimşek çakıyor.[심섁 차크요르] '번개가 친다.'

Yağmur/kar yağıyor.[야아무르/카르 야으요르] '비/눈 온다/내린다.'

□ 관련 어휘

açık[아측] '맑은'	kar[카르] '눈'
bulut[불룻] '구름'	karlı[카를르] '눈이 (많이) 내리는'
bulutlu[불루틀루] '구름이 뒤덮인, 흐린'	kötü[쾨튀] '나쁜'
çak-[차크막] '(번개가) 치다'	rüzgâr[뤼즈갸르] '바람'
derece[데레제] '도, 정도'	rüzgârlı[뤼즈갸를르] '바람이 부는'
es-[에쓰멕] '(바람이) 불다'	serin[쎄린] '시원한, 서늘한, 쌀쌀한'
fena[풰나] '나쁜'	sıcak[쓰작] '더운, 따뜻한, 뜨거운'
fırtınalı[푸르트날르] '폭풍우가 치는'	sıcaklık[쓰자클릑] '온도'
güneş[귀네시] '해, 태양'	sis[씨쓰] '안개'
güneşli[귀네실리] '화창한'	sisli[씨쓸리] '안개 낀'
güzel[귀젤] '좋은'	soğuk[쏘욱] '추운, 차가운'
hava[하봐] '날씨; 공기, 대기'	şimşek[심섁] '번개'
hava sıcaklığı[하봐 쓰자클르의] '기온'	yağ-[야아막] '눈/비가 오다/내리다'
ılık[을륵] '미지근한'	yağmur[야아무르] '비'
iyi[이이] '좋은'	yağmurlu[야아무를루] '비가 (많이)
kapalı[카팔르] '구름이 뒤덮인, 흐린'	내리는'

지중해 지방은 터키에서 가장 따뜻한 지역이어서 3, 4월에도 수영할 수 있다. 에게 해 연안은 기후가 온화하다. 흑해 연안은 다른 해안 지역보다 더 서늘하다. 흑해 연안을 제외한 나머지 바닷가 지역은 7, 8월에 매우 덥다.

6. 길 묻기

Subin[쑤빈]: Affedersiniz[압풰데르씨니즈], Kore Büyükelçiliği nerede?[코레 뷔이위켈칠리이 네레데]

　수빈: 실례합니다. 한국 대사관은 어디에 있습니까?

Ahmet[아흐멭]: Özür dilerim[외쥐르 딜레림], bilmiyorum.[빌미요룸]

　아흐메트: 미안합니다. 모릅니다.

Subin[쑤빈]: Teşekkür ederim.[테셱퀴레데림]

　수빈: 고맙습니다.

Subin[쑤빈]: Affedersiniz[압풰데르씨니즈], Kore Büyükelçiliği nerede?[코레 뷔이위켈칠리이 네레데]

　수빈: 실례합니다. 한국 대사관은 어디에 있습니까?

Tolga[톨가]: İşte orada.[이시테 오라다] Karşı sokakta.[카르시으 쏘칵타]

　톨가: 바로 저기에 있습니다. 맞은편 골목에 있습니다.

Subin[쑤빈]: Çok teşekkür ederim.[촉 테셱퀴레데림]

　수빈: 무척 고맙습니다.

Tolga[톨가]: Bir şey değil.[비르 셰이 데일]

톨가: 천만에요.

Buralarda iyi ve temiz bir otel var mı?[부랄라르다 이이 붸 테미즈 비
르 오텔 봐르 므] '이 일대에 좋고 깨끗한 호텔이 있습니까?'

Hangi caddede?[항기 잗데데] '그것은 어느 거리에 있습니까?'

Normal mi, süper mi istiyorsunuz?[노르말 미 쒸페르 미 이쓰티요르쑤
누즈] '일반(휘발유)을 원하십니까? 고급(휘발유)을 원하십니까?'

Yakında benzinci var mı?[야큰다 벤진지 봐르 므] '가까이에 주유소가
있습니까?'

Yolumu kaybettim.[욜루무 카이벹팀] '나는 길을 잃었습니다.'

Yürüyerek ne kadar sürer?[이위뤼예렉 네 카다르 쒸레르] '걸어서
얼마나 걸립니까?'

affedersiniz[압풰데르씨니즈] '실례 합니다'	nere[네레] '어디'
bil-[빌멕] '알다'	normal[노르말] '일반의, 보통의'
bir şey değil.[비르 셰이 데일] '천만에요.'	ora[오라] '거기'
ne kadar[네 카다르] '얼마나'	otel[오텔] '호텔'
buralar[부랄라르] '이 일대'	özür dilerim[외쥐르 딜레림] '미안합니다'
büyükelçilik[뷔이위켈칠릭] '대사관'	sokak[쏘칵] '(작고 좁은) 길, 거리'

cadde[잗데] '큰길, 주요 도로, 간선도로'　　süper[쉬페르] '고급의, 뛰어난'

çok[촉] '무척, 매우, 아주'　　　　　　sür-[쒸르멕] '(시간이) 걸리다'

hangi[항기] '어느'　　　　　　　　　temiz[테미즈] '깨끗한'

iste-[이쓰테멕] '원하다'　　　　　　teşekkür ederim. [테섹퀴레데림] '고맙

işte[이시테] '바로, 자'　　　　　　　습니다.'

iyi[이이] '좋은'　　　　　　　　　　var[바르] '있는'

karşı[카르시으] '맞은편의'　　　　　yakında[야큰다] '가까이에'

kaybet-[카이베트멕] '잃다'　　　　　yol[욜] '길'

Kore[코레] '한국'　　　　　　　　　yürü-[이위뤼멕] '걷다, 걸어가다'

7. 식당에서

Garson[가르쏜]: Buyurun[부유룬], hoş geldiniz.[호시 겔디니즈]

　　웨이터: 어서 오십시오, 잘 오셨습니다.

Minho[민호]: Hoş bulduk.[호시 불둑]

　　민호: 고맙습니다.

Garson[가르쏜]: Ne arzu ediyorsunuz? (~ edersiniz?)[네 아르주 에디요르쑤

　　　　누즈 (~ [에데르씨니즈])]

　　웨이터: 무엇을 원하십니까?

Minho[민호]: Ben döner istiyorum[벤 되네르 이쓰티요룸], bir de pilav.[비르

　　　　데 필라부]

　　민호: 되네르를 원합니다, 필래프도요.

Garson[가르쏜]: Ne içmek istersiniz? (~ içersiniz?)[네 이치멕 이스테르씨니
즈 (~ [이체르씨니즈])]

웨이터: 무엇을 마시겠습니까?

Minho[민호]: Bana ayran getirin.[바나 아이란 게티린]

민호: 나에게 아이란 갖다 주십시오.

Minho[민호]: Hesap lütfen.[헤쌉 뤼펜]

민호: 계산서 주십시오.

Garson[가르쏜]: Buyurun efendim.[부유룬 에펜딤]

웨이터: 여기 있습니다, 손님.

❏ 유용한 표현

Afiyet olsun.[아퓌옐 올쑨] '맛있게 드십시오.'

Bakar mısınız?[바카르 므쓰느즈] '웨이터!'('보시겠습니까?'라는 뜻
으로 웨이터를 부를 때 쓴다.)

Başka bir arzunuz var mı?[바시카 비르 아르주누즈 봐르 므] '원하
시는 것이 더 있습니까?'

Boş masanız var mı?[보시 마싸느즈 봐르 므] '빈 테이블이 있습니까?'

Bugün hangi yemekler var?[부귄 항기 예메클레르 봐르] '오늘은 어떤
음식들이 있습니까?'

Elinize sağlık![엘리니제 싸알륵] '당신의 손에 건강이 (있기를)!'(음
식을 만든 사람에게 칭찬의 뜻으로 쓴다.)

Hesabı getirin. (~ getirir misiniz?)[헤싸브 게티린 (~ 게티리르 미씨니

즈)] '계산서를 갖다 주십시오. (~ 갖다 주시겠습니까?)'

Kredi kartı alıyor musunuz?[크레디 카르트 알르요르 무쑤누즈] '신용카드 받으십니까?'

Ne tavsiye edersiniz?[네 타부씨예 에데르씨니즈] '무엇을 권하시겠습니까?'

Toplam ne kadar?[토플람 네 카다르] '모두 얼마입니까?'

Yemeklerden/İçeceklerden/Tatlılardan ne var?[예메클레르덴/이체제클레르덴/타틀를라르단 네 봐르] '어떤 음식들이/음료들이/후식들이 있습니까?'

□ 관련 어휘

ayran[아이란] '아이란(요구르트에 물을 섞어 희석시킨 터키의 전통음료)'	kebap[케밥] '케밥'
	köfte[쾹테] '쾨프테'
balık[발륵] '물고기, 생선'	lokanta[로칸타] '(일반) 식당'
biber[비베르] '후추, 고추'	meyve[메이붸] '과일'
kara biber[카라 비베르] '후추'	peçete[페체테] '냅킨'
kırmızı biber[크르므즈 비베르] '붉은 고추'	restoran[레쓰토란] '레스토랑'
	salata[쌀라타] '샐러드'
yeşil biber[예실 비베르] '푸른 고추, 푸른 피망'	sebze[쎄브제] '채소'
	şarap[샤랍] '포도주'
çay[차이] '차(茶)'	beyaz şarap[베야즈 샤랍] '백포도주'
ekmek[에크멕] '빵'	kırmızı şarap[크르므즈 샤랍] '적포도주'
garson[가르쏜] '웨이터'	tatlı[타틀르] '후식, 디저트'

iç-[이치멕] '마시다'	üzüm[위쥠] '포도'
içecek[이체젝] '음료'	ye-[예멕] '먹다'
içki[이치키] '술'	yoğurt[요우르트] '요구르트'
kahve[카흐붸] '커피'	zeytin[제이틴] '올리브'

터키 사람들은 터키 음식을 중국, 프랑스 음식에 이어 세계 3대 주요 음식의 하나로 자랑하고 있다. 오스만튀르크제국의 영토 확장 시기에 유럽, 페르시아, 발칸반도, 북부 아프리카 등의 문화를 많이 흡수하여 음식 종류도 다양하다.

터키 식당에서는 다양한 고기 음식을 맛볼 수 있다. 대표적인 고기 음식으로 döner kebap(되네르 케밥: 얇게 썬 양고기, 쇠고기, 닭고기 따위를 수직의 긴 꼬치에 꿰어서 구워 낸 요리)과 şiş kebabı(시시 케바브: 꼬치구이)가 있다. 생선 요리와 채소 샐러드도 풍부하다. 가장 널리 애용되는 술로는 rakı(라크)가 있다.

요구르트(yogurt)는 터키어 요우르트(yoğurt)에서 온 말이다. 한국에서는 요구르트가 발효유의 하나로 잘못 알려져 있고, 진짜 요구르트에 대하여 '플레인 요구르트', '떠먹는 요구르트' 등 잘못 표현하고 있다. 요구르트는 음료가 아니라 연두부 같아서 숟가락으로 떠먹는 음식이다. 식사할 때 요구르트에 물과 약간의 소금을 탄 ayran(아이란)을 곁들여 먹는 경우가 많다.

터키 요리에는 tatlı(타틀르)라 총칭되는 후식이 잘 발달되어 있다. 대표적인 후식으로는 aşure(아슈레), baklava(바클라바), kadayıf(카다이프), sütlaç(쉬틀라치) 등이 있다. 식사 후 계산액과 별도로 5~10% 정도 팁을 주는 것이 관례이다.

8. 숙소(호텔)

Minho[민호]: Merhaba, boş odanız var mı?[메르하바, 보시 오다느즈 봐르 므]

　　민호: 안녕하십니까, 빈방이 있습니까?

Otelci[오텔지]: Var efendim, kaç kişilik oda istiyorsunuz?[봐르 에펜딤, 카치
　　　　키실릭 오다 이쓰티요르쑤누즈]

　　호텔 직원: 있습니다, 손님. 몇 인용 방을 원하십니까?

Minho[민호]: İki kişilik bir oda.[이키 키실릭 비르 오다]

　　민호: 2인용 방입니다.

Otelci[오텔지]: Evet, manzarası çok güzel bir odamız var.[에벹, 만자라쓰 촉
　　　　귀젤 비르 오다므즈 봐르] Kaç gün için?[카치 권 이친]

　　호텔 직원: 예, 전망이 아주 좋은 방이 있습니다. 며칠 묵으실 겁니까?

Minho[민호]: Dört gün için.[되르트 권 이친]

　　민호: 4일입니다.

Otelci[오텔지]: Odanız üçüncü katta 48(kırk sekiz) numara.[오다느즈 위췬쥐
　　　　칼타 크르크 세키즈 누마라]

　　호텔 직원: 손님의 방은 3층[한국식: 4층] 48호입니다.

Minho[민호]: Borcumuz nedir?[보르주무즈 네디르]

　　민호: 숙박비는 얼마입니까?

Otelci[오텔지]: Dört gece kaldınız.[되르트 게제 칼드느즈] 280(İki yüz seksen)
　　　　lira.[이키 이위즈 쎅쎈 리라]

　　호텔 직원: 4일 밤 묵으셨습니다. 280리라입니다.

Minho[민호]: Buyurun 300(üç yüz) lira, bozuk param yok.[부유룬 위치 이위
즐 리라, 보죽 파람 욕]

민호: 자, 300리라입니다. 잔돈이 없습니다.

Otelci[오텔지]: Buyurun 20(yirmi) lira, paranızın üstü.[부유룬 이르밀 리라,
파라느즌 위쓰튀] Teşekkür ederim efendim.[테셱퀴레데림
에풴딤]

호텔 직원: 자, 20리라입니다, 거스름돈입니다. 고맙습니다, 손님.

□ 유용한 표현

Bu fiyata kahvaltı dahil mi?[부 퓌야타 카흐발트 다힐 미] '이 요금에
아침 식사가 포함되어 있습니까?'

Burada kalmak istiyorum.[부라다 칼막 이쓰티요룸] '나는 여기에서
묵고 싶습니다.'

Çift/Tek yataklı olsun.[칩트/텍 야타클르 올쑨] '2인용/1인용 침대로
해 주십시오.'

Dairenin büyüklüğü ne kadar?[다이레닌 뷔이위클뤼위 네 카다르]
'아파트의 크기는 얼마입니까?'

Hesabı ödemek istiyorum.[헤싸브 외데멕 이쓰티요룸] '(비용을) 계
산하고 싶습니다.'

Kaç gün/gece kalacaksınız?[카치 귄/게제 칼라작쓰느즈] '며칠/며칠 밤
묵으실 겁니까?'

Kiralık bir daire arıyorum.[키랄륵 비르 다이레 아르요룸] '나는 임
대용 거처/아파트를 찾습니다.'

Kirası kaça? (~ ne kadar?)[키라쓰 카차 (~ 네 카다르)] '집세가 얼마입니까?'

Kredi kartı alıyor (~ kabul ediyor) musunuz?[크레디 카르트 알르요르 (~ 카불 에디요르) 무쑤누즈] '신용카드를 받으십니까?'

Lütfen beni sabahleyin saat 7de uyandırınız.[뤼펜 베니 싸바흘레인 싸앝 예디데 우얀드르느즈] '나를 아침 7시에 깨워 주십시오.'

Lütfen eşyalarımızı odaya çıkarır mısınız?[뤼펜 에시얄라르므즈 오디야 츠카르르 므쓰느즈] '우리의 짐들을 방으로 올려 주시겠습니까?'

Odam banyolu mu?[오담 반욜루 무] '내 방은 욕조가 있습니까?'

Odayı görebilir miyim?[오다이으 괴레빌리르 미임] '방을 볼 수 있겠습니까?'

Üç gün için bir oda istiyorum.[위치 귄 이친 비르 오다 이쓰티요룸] '나는 3일 묵을 방을 원합니다.'

Yarın otelden ayrılıyorum.[야른 오텔덴 아이를르요룸] '나는 내일 호텔을 떠납니다.'

banyo[반요] '목욕; 욕조, 욕실'	kahvaltı hariç[카흐발트 하리치] '아침 식사를
borç[보르치] '빚, 부채'	포함하지 않고'
bozuk para[보죽 파라] '잔돈'	kal-[칼막] '묵다, 머무르다, 남다'
dahil[다힐] '포함하는'	kat[캍] '층'
daire[다이레] '아파트'	kira[키라] '집세, 방세, 임차료'

daire tut-[다이레 투트막] '아파트를 세내다'

depozito[데포지토] '보증금'

emlak[엠락] '부동산'

emlak komisyoncusu[엠락 코미쏜주쑤] '부동산 중개인'

emlakçı[엠락츠] '부동산 중개인'

eşya[에샤] '소지품, 짐'

ev tut-[에부 투트막] '아파트를/집을 세내다'

fiyat[퓌얕] '요금'

kahvaltı[카흐봘트] '아침 식사, 조반'

kahvaltı dahil[카흐봘트 다힐] '아침 식사를 포함하여'

kiracı[키라즈] '임차인'

kirala-[키랄라막] '임차하다'

kiraya ver-[키라야 붸르멕] '임대하다'

kiraya veren[키라야 붸렌] '임대인'

mobilya[모빌랴] '가구'

oda[오다] '방'

otel[오텔] '호텔'

otelci[오텔지] '호텔 직원; 호텔 지배인'

pansiyon[판씨욘] '펜션'

paranın üstü[파라는 위쓰튀] '거스름돈'

peşin[페신] '선금으로'

sözleşme[쐬즐레시메] '합의, 계약'

yatak[야탁] '침대'

터키의 관광지에는 다양한 호텔, 모텔, 펜션이 있다. 펜션이 호텔보다 더 저렴하다. 펜션에서는 가족적인 분위기가 있고 스스로 조리할 수 있다. 대형 호텔들은 버스나 배를 이용한 관광 일정을 마련해 놓고 있다. 터키 호텔들은 세끼 식사를 제공하는 곳이 있는가 하면 숙박과 아침 식사만 제공하는 곳도 있다.

터키에서는 영어와 마찬가지로 üçüncü kat[위췬쥐 캍]이 글자 그대로는 3층이지만 한국식으로는 4층이다. 1층은 zemin katı[제민 카트]라고 하여 영어의 ground floor에 해당한다.

한국과 마찬가지로 터키에서 전기는 220볼트이고 2핀 콘센트가 사
용된다.

9. 교통편

Subin[쑤빈]: Affedersiniz, otobüs durağı nerede?[압풰데르씨니즈, 오토뷔쓰
　　　　두라으 네레데]

　　　수빈: 실례합니다, 버스 정류장이 어디에 있습니까?

Murat[무랕]: Hangi otobüse binmek istiyorsunuz?[항기 오토뷔쎄 빈멕 이쓰
　　　　티요르쑤누즈]

　　　무라트: 어느 버스를 타고 싶으십니까?

Subin[쑤빈]: Sultanahmet otobüsüne.[쑬탄아흐멭 오토뷔쒸네] Ayasofya
　　　　Müzesine gitmek istiyorum.[아야쏘퓌야 뮈제씨네 기트멕 이쓰
　　　　티요룸]

　　　수빈: 술탄아흐메트에 가는 버스요. 아야소프야 박물관에 가고 싶
　　　　습니다.

Murat[무랕]: Oraya tramvayla daha rahat ve çabuk gidebilirsiniz.[오라야 트람
　　　　봐일라 다하 라핱 붸 차북 기데빌리르씨니즈]

　　　무라트: 그곳에는 전차로 더 편하고 빠르게 가실 수 있습니다.

Subin[쑤빈]: Öyle mi?[외일레 미] Peki, tramvay istasyonu nerede?[페키, 트
　　　　람봐이 이쓰타쑈누 네레데]

　　　수빈: 그렇습니까? 좋습니다, 전차 역은 어디에 있습니까?

Murat[무랕]: Bakın şurada bir banka var, görüyor musunuz?[바큰 슈라다 비

르 방카 봐르, 괴뤼요르 무쑤누즈]

무라트: 보십시오, 저기에 은행이 있습니다, 보입니까?

Subin[쑤빈]: Evet, görüyorum.[에뷀, 괴뤼요룸]

　　수빈: 예, 보입니다.

Murat[무랕]: Tramvay istasyonu işte orada.[트람봐이 이쓰타쑈누 이시테 오
　　　　　라다] Oradan binip 3. istasyonda inin.[오라단 비닙 위췬쥐 이
　　　　　쓰타쏜다 이닌]

　　무라트: 전차 역은 바로 그곳에 있습니다. 그곳에서 타서 세 번째 역
　　　　　에서 내리십시오.

Subin[쑤빈]: Teşekkür ederim.[테섹퀴레데림]

　　수빈: 고맙습니다.

Murat[무랕]: Bir şey değil.[비르 셰이 데일]

　　무라트: 천만에요.

🗆 유용한 표현

Ankara'ya biletiniz var mı?[앙카라야 빌레티니즈 봐르 므] '앙카라행
표가 있습니까?'

Ankara'ya iki kişilik bilet lütfen.[앙카라야 이키 키실릭 빌렡 뤼퓐]
'앙카라행 두 사람의 표 주십시오.'

Ankara'ya otobüsünüz var mı?[앙카라야 오토뷔쒸뉘즈 봐르 므] '앙
카라행 (귀사) 버스가 있습니까?'

Bilet ne kadar? (~ kaç lira?)[빌렡 네 카다르 (~ 카칠 리라)] '표는 얼
마입니까? (~ 몇 리라입니까?)'

Boş yer var mı?[보시 예르 봐르 므] '빈자리가 있습니까?'

Bu yer boş mu?[부 예르 보시 무] '이 자리는 비었습니까?'

Buyurun. Üstü kalsın.[부유룬. 위쓰튀 칼씀] '여기 있습니다. 나머지는 가지십시오.'

Doğrudan Seul'e gitmek istiyorum.[도오루단 쎄울레 기트멕 이쓰티 요룸] '나는 곧장 서울로 가고 싶습니다.'

İyi yolculuklar![이이 욜줄루클라르] '여행 잘하십시오.'

Kaçta otobüs var?[카치타 오토뷔쓰 봐르] '몇 시에 버스가 있습니까?'

Kızılay'a nasıl gidilir?[크즐라야 나쓸 기딜리르] '크즐라이에 어떻게 갑니까?'

Ne zaman gitmek istiyorsunuz?[네 자만 기트멕 이쓰티요르쑤누즈] '언제 가고 싶으십니까?'

Otobüs Kızılay'da duruyor mu?[오토뷔쓰 크즐라이다 두루요르 무] '버스가 크즐라이에서 섭니까?'

Otobüs (~ Tren) ne zaman (~ saat kaçta) kalkıyor?[오토뷔쓰 (~ 트렌) 네 자만 (~ 싸알 카치타) 칼크요르] '버스가 (~ 기차가) 언제 (~ 몇 시에) 출발합니까?'

Otobüs (~ Tren) nereden kalkıyor?[오토뷔쓰 (~ 트렌) 네레덴 칼크요 르] '버스가 (~ 기차가) 어디에서 출발합니까?'

Öğrenci bileti lütfen.[외외렌지 빌레티 뤼펜] '학생 표를 주십시오.'

Öğrenci indirimi var mı?[외외렌지 인디리미 봐르 므] '학생 할인이 있습니까?'

Yolculuk kaç saat sürer?[욜줄룩 카치 싸알 쒸레르] '여행은 몇 시간 걸립니까?'

Yolculuk nereye?[욜줄룩 네레예] '어디로 여행하십니까?'

28(Yirmi sekiz) Ekim için bir rezervasyon yaptırmak istiyorum.[이르미 쎄키즈 에킴 이친 비르 레제르봐쏜 얍트르막 이쓰티요룸] '나는 10월 28일 자 (좌석) 예약을 하고 싶습니다.'

❏ 관련 어휘

aktarma[악타르마] '환승'

araç[아라치] '차량'

bilet[빌렡] '표'

dolmuş[돌무시] '돌무시(승객을 하나씩 받아서 자리가 차면 떠나는 보트, 승용차, 미니버스 같은 소형 탈것)'

durak[두락] '정류장, 정거장'

gar[가르] '큰 기차역'

gidiş bileti[기디시 빌레티] '편도표' (가는 표)

gidiş dönüş bileti[기디시 되뉘시 빌레티] '왕복표'

havaalanı[하봐알라느] '공항'

havalimanı[하봘리마느] '공항'

istasyon[이쓰타쏜] '역, 기차역'

metro[메트로] '지하철'

sürücü[쒸뤼쥐] '운전자, 운전수'

şoför[쇼푀르] '운전자, 운전수'

taksi[탁씨] '택시'

terminal[테르미날] '터미널'

tramvay[트람봐이] '(시가)전차'

tren[트렌] '기차, 열차'

ücret[위지렡] '요금'

var-[봐르막] '이르다, 도달하다, 도착하다'

yer ayırt-[예르 아이으르트막] '자리를 예약하다'

yolcu[욜주] '여객, 승객'

10. 물건사기

Manav[마나부]: Buyurun efendim, hoş geldiniz.[부유룬 에뷴딤, 호시 겔디니즈]

청과상: 어서 오십시오, 손님. 잘 오셨습니다.

Subin[쑤빈]: Hoş bulduk.[호시 불둑] Biraz meyve almak istiyorum.[비라즈 메이붸 알막 이쓰티요룸]

수빈: 고맙습니다. 과일을 조금 사고 싶습니다.

Manav[마나부]: Ne almak istiyorsunuz?[네 알막 이쓰티요르쑤누즈]

청과상: 무엇을 사고 싶으십니까?

Subin[쑤빈]: Bir kilo üzüm ve iki kilo portakal almak istiyorum.[비르 킬로 위쥠 붸 이키 킬로 포르타칼 알막 이쓰티요룸] Fiyatları ne? [퓌야틀라르 네]

수빈: 포도 1킬로그램과 오렌지 2킬로그램을 사고 싶습니다. 값이 얼마입니까?

Manav[마나부]: Üzümün kilosu 2(iki) lira.[위쥐뮌 킬로쑤 이킬 리라] Portakal ise 3(üç) lira.[포르타칼 이쎄 위칠 리라] Borcunuz 8(sekiz) lira.[보르주누즈 세키즐 리라]

청과상: 포도는 1킬로그램에 2리라, 오렌지는 3리라입니다. 8리라 내시면 됩니다.

Subin[쑤빈]: Buyurun.[부유룬]

수빈: 여기 있습니다.

Manav[마나부]: İyi günler efendim.[이이 권레르 에뷴딤] Yine bekleriz.[이네 베클레리즈]

청과상: 안녕히 가십시오. 또 기다리겠습니다.

Subin[쑤빈]: İyi günler.[이이 귄레르]

수빈: 안녕히 계십시오.

Başka bir emriniz (~ Başka arzunuz) var mı?[바시카 비르 엠리니즈 (~ 바시카 아르주누즈) 봐르 므] '찾으시는 것이 또 있습니까?'

Biraz indirim yapabilir misiniz?[비라즈 인디림 야파빌리르 미씨니즈] '(값을) 좀 깎아주실 수 있겠습니까?'

Borcum ne kadar?[보르줌 네 카다르] '(내가 내야 할 돈은) 얼마입니까?'

Buyurun efendim, ne emrediyorsunuz?[부유룬 에펜딤, 네 엠레디요르 쑤누즈] '어서 오십시오, 손님. 무엇을 원하십니까?'

Fiyatlar nasıl?[퓌야틀라르 나쓸] '그것들은 얼마입니까?'

Güle güle giyin.[귈레 귈레 기인] '잘 입으십시오./신으십시오.'

Güle güle kullanın.[귈레 귈레 쿨라느] '잘 사용하십시오.'

Hepsi (~ Toplam) kaç lira?[헵씨 (~ 토플람) 카칠 리라] '모두 몇 리라입니까?'

Hepsi (~ Toplam) ne kadar tuttu?[헵씨 (~ 토플람) 네 카다르 툳투] '모두 얼마입니까?'

Hepsini bir torbaya koyar mısınız lütfen?[헵씨니 비르 토르바야 코야르 므쓰느즈 륄펜] '모두 한 봉지에 넣어주시겠습니까?'

Kızım için bir şeyiniz var mı?[크즘 이친 비르 셰이니즈 봐르 므] '제 딸에게 줄 만한 것이 있습니까?'

Size nasıl yardımcı olabilirim?[씨제 나쓸 야르듬즈 올라빌리림] '어떻게 도와드릴까요?'

Tanesi ne kadar? (~ kaça?)[타네씨 네 카다르 (~ 카차)] '개당 얼마입니까?'

~ var mı?[~ 봐르 므] '~이 있습니까?'

Yardım edebilir miyim?[야르듬 에데빌리르 미임] '무엇을 도와드릴까요?'

Yeter. Teşekkür ederim.[예테르. 테셱퀴레데림] '됐습니다, 고맙습니다.'

Yine bekleriz (~ buyurun).[이네 베클레리즈 (~ 부유룬)] '또 오십시오, 또 기다리겠습니다.'

Yine görüşürüz.[이네 괴뤼쉬뤼즈] '또 봅시다.'

□ 관련 어휘

ayakkabı[아약카브] '신발'	mağaza[마아자] '큰 가게'
bakkal[박칼] '식료품가게'	manav[마나부] '청과상'
bilezik[빌레직] '팔찌'	meyve[메이붸] '과일'
defter[뎁테르] '공책'	pahalı[파할르] '비싼, 고가의'
eldiven[엘디붼] '장갑'	portakal[포르타칼] '오렌지'
elma[엘마] '사과(沙果)'	saat[싸앝] '시계; 시간'
fiyat[퓌얕] '값, 가격'	sebze[쎄브제] '채소'
gömlek[굄렉] '셔츠'	soğan[쏘안] '양파'
indirim[인디림] '할인'	şapka[샵카] '모자'
kazak[카작] '스웨터'	şeftali[솁탈리] '복숭아'

kilo[킬로] '킬로그램'

kolye[콜례] '목걸이'

kravat[크라봩] '넥타이'

kuyumcu[쿠윰주] '보석상'

küpe[퀴페] '귀고리'

lâhana[랴하나] '양배추'

terlik[테를릭] '슬리퍼'

toplam[토플람] '모두'

torba[토르바] '봉지'

tükenmez kalem[튀켄메즈 칼렘] '볼펜'

ucuz[우주즈] '싼, 저렴한'

yüzük[이위쥑] '반지'

---

11. 이발소/미장원에서

Berber[베르베르]: Buyurun efendim, hoş geldiniz.[부유룬 에펜딤, 호시 겔디
니즈]

이발사: 어서 오십시오, 손님. 잘 오셨습니다.

Minho[민호]: Hoş bulduk.[호시 불둑] Ben tıraş olacağım.[벤 트라숄라자음]

민호: 고맙습니다. 이발하겠습니다.

Berber[베르베르]: Hayhay efendim.[하이하이 에펜딤] Buyurun, şu koltuğa
oturun.[부유룬, 슈 콜투아 오투룬] Saçlarınızı nasıl keseyim?
[싸칠라르느즈 나쓸 케쎄임]

이발사: 그럼요 손님. 자 저 의자에 앉으십시오. 머리를 어떻게
자를까요?

Minho[민호]: Biraz kısaltın.[비라즈 크쌀튼]

민호: 조금 짧게 해 주십시오.

Berber[베르베르]: Peki efendim, sakal tıraşı da ister misiniz?[페키 에펜딤, 싸

칼 트라시으 다 이쓰테르 미씨니즈]

이발사: 알겠습니다, 손님. 면도도 원하십니까?

Minho[민호]: Hayır, istemiyorum.[하이으르, 이쓰테미요룸]

민호: 아니요, 원하지 않습니다.

Minho[민호]: Ne kadar vereceğim?[네 카다르 붸레제임] (~ Borcum ne kadar?

[보르줌 네 카다르])

민호: 얼마입니까?

Berber[베르베르]: 3(Üç) lira.[위칠 리라]

이발사: 3리라입니다.

Minho[민호]: Buyurun. Teşekkür ederim. Allaha ısmarladık.[부유룬. 테셱퀴

레데림. 알라하 으쓰마를라득]

민호: 여기 있습니다. 고맙습니다. 안녕히 계십시오.

Berber[베르베르]: Güle güle efendim.[귈레 귈레 에펜딤]

이발사: 안녕히 가십시오, 손님.

❑ 유용한 표현

Arkadan kısaltın.[아르카단 크쌀튼] '뒤를 줄이십시오.'

Çok kısa kesmeyin.[촉 크싸 케쓰메인] '너무 짧게 깎지 마십시오.'

Kenarlardan biraz daha kesin.[케나를라르단 비라즈 다하 케씬] '옆을

조금 더 깎으십시오.'

Ne kadar vereceğim?[네 카다르 붸레제임] (~ Borcum ne kadar?[보르

줌 네 카다르]) '얼마입니까?'

Perma yaptıracağım (~ yaptırmak istiyorum)[페르마 얍트라자음 (~ 얍
트르막 이쓰티요룸)]. '나는 파마하고 싶습니다.'

Saçlarımı boyatmak istiyorum.[싸칠라르므 보야트막 이쓰티요룸] '나
는 머리를 염색하고 싶습니다.'

Saçlarımı kestirmek istiyorum.[싸칠라르므 케쓰티르멕 이쓰티요룸]
'나는 머리를 깎고 싶습니다, 이발하고 싶습니다.'

Saçınız yıkanacak mı?[싸츠느즈 이으카나자크 므] '머리를 감으시겠
습니까?'

Sakal tıraşı olmak istiyorum.[싸칼 트라시으 올막 이쓰티요룸] '나는
면도하고 싶습니다.'

Yine bekleriz.[이네 베클레리즈] '또 오십시오.'

□ 관련 어휘

arka[아르카] '뒤, 뒤쪽'	kısa[크싸] '짧은, 짧게'
arkadan[아르카단] '뒤로부터'	kısalt-[크쌀트막] '짧게 하다, 줄이다'
bekle-[베클레멕] '기다리다'	kuaför[쿠아푀르] '미용사'
berber[베르베르] '이발사'	peki[페키] '좋습니다'
borç[보르치] '빚'	perma[페르마] '파마'
boyat-[보야트막] '염색시키다'	saç[싸치] '머리(털), 머리카락'
çok[촉] '아주, 매우, 무척'	sakal[싸칼] '수염'
hayhay[하이하이] '그럼요, 물론이지요'	sakal tıraşı[싸칼 트라시으] '면도'
kenar[케나르] '옆'	tıraş ~ traş[트라시] '이발, 면도'

kes-[케쓰멕] '자르다, 깎다'   tıraş ol-[트라슐막] '이발하다, 면도하다'

kestir-[케쓰티르멕] '자르게 하다, 깎게   yıkan-[이으칸막] '씻기다, 감기다'

하다'   yine[이네] '또, 또다시'

---

12. 우체국에서

Memur[메무르]: Günaydın efendim.[귀나이든 에풴딤]

공무원: 안녕하십니까 손님.

Subin[쑤빈]: Günaydın.[귀나이든] Bu paketi Kore'ye göndermek istiyorum.

[부 파케티 코레예 괸데르멕 이쓰티요룸]

수빈: 안녕하십니까. 이 소포를 한국에 보내고 싶습니다.

Memur[메무르]: Uçakla mı? Yüzeyle mi?[우차클라 므? 이위제일레 미?]

공무원: 항공편으로인가요? 육상/해상편으로인가요?

Subin[쑤빈]: Uçakla.[우차클라]

수빈: 항공편으로입니다.

Memur[메무르]: Taahhütlü mü olsun, normal mi?[타아흐휘틀뤼 뮈 올쑨, 노

르말 미]

공무원: 등기로 할까요, 일반으로 할까요?

Subin[쑤빈]: Taahhütlü olsun.[타아흐휘틀뤼 올쑨]

수빈: 등기로 해 주십시오.

Memur[메무르]: 20(Yirmi) lira.[이르밀 리라]

공무원: 20리라입니다.

Subin[쑤빈]: Buyurun 20 lira.[부유룬 이르밀 리라]

수빈: 자, 20리라입니다.

Bu paket Kore'ye gidecek.[부 파켙 코레예 기데젝] '이 소포는 한국에 갈 것입니다.'

Bu paketi nasıl göndermek istiyorsunuz?[부 파케티 나쓸 괸데르멕 이쓰티요르쑤누즈] '이 소포를 어떻게 보내고 싶으십니까?'

Buralarda bir postane var mı?[부랄라르다 비르 포쓰타네 봐르 므] '이 일대에 우체국이 있습니까?'

Kaç günde gider?[카치 귄데 기데르] '며칠 만에 (목적지에) 갑니까?'

Postane nerede?[포쓰타네 네레데] '우체국은 어디에 있습니까?'

Ücreti ne?[위지레티 네] '요금은 얼마입니까?'

acele posta[아젤레 포스타] '속달 우편'

alıcı[알르즈] '받는 사람, 수취인'

cep telefonu[젭 텔레포누] '휴대폰, 휴대전화기'

faks[퐉스] '팩스'

posta kartı[포쓰타 카르트] '엽서, 우편엽서'

posta kodu[포쓰타 코두] '우편번호'

posta kutusu[포쓰타 쿠투쑤] '우편함'

postacı[포쓰타즈] '집배원'

postane[포쓰타네] '우체국'

pul[풀] '우표'

gönderen[괸데렌] '보내는 사람, 발송인'

havale[하봘레] '우편환'

kartpostal[카르트포쓰탈] '엽서, 우편엽서'

koli[콜리] '소포'

kontör[콘퇴르] '가용시간'

makbuz[막부즈] '영수증'

mektup[멕툽] '편지'

memur[메무르] '공무원'

normal[노르말] '일반의'

paket[파켙] '소포'

posta[포쓰타] '우편'

taahhütlü[타아흐휘틀뤼] '등기의'

telefon kartı[텔레폰 카르트] '전화카드'

telefon kulübesi[텔레폰 쿨뤼베씨] '(공중) 전화박스'

telgraf[텔그라푸] '전보'

uçak[우챀] '비행기'

uçakla[우차클라] '항공편으로'

yurtdışı[유르트드시의] '국외의'

yurtiçi[유르티치] '국내의'

yüzey[이위제이] '표면'

yüzeyle[이위제일레] '육상/해상편으로'

zarf[자르푸] '봉투'

PTT는 'Posta ve Telgraf Teşkilatı(우편 및 전신 기구 ← Posta Telgraf Telefon(우편 전신 전화))'의 머리글자를 딴 약어로 터키의 모든 우체국은 PTT라는 간판이 걸려 있다.

터키에서는 유럽 여러 나라처럼 도로명 주소가 사용된다. 그래서 처음 가는 곳이라도 도로 이름만 알면 목적지를 금방 찾아낼 수 있다.

13. 전화

Subin[쑤빈]: Alo! Ben Subin.[알로 벤 쑤빈] Murat ile konuşmak istiyorum.
[무랕 일레 코누시막 이쓰티요룸]

수빈: 여보세요! 나는 수빈이입니다. 무라트와 통화하고 싶습니다.

Ahmet[아흐멭]: Ben Ahmet.[벤 아흐멭] Murat'ın ağabeyi.[무라든 아아베이]
Murat şu anda evde yok.[무랕 슈 안다 에부데 욕]

아흐메트: 나는 아흐메트입니다. 무라트의 형입니다. 무라트는 지금
집에 없습니다.

Subin[쑤빈]: Bir mesaj bırakabilir miyim?[비르 메싸지 브라카빌리르 미임]

수빈: 메시지 남겨도 되겠습니까?

Ahmet[아흐멭]: Tabii. Buyurun.[타비이. 부유룬]

아흐메트: 물론이지요. 말씀하십시오.

Subin[쑤빈]: Yarın onu saat on buçukta okulun önünde bekliyorum.[야른 오
누 싸앝 온 부축타 오쿨룬 외뉜데 베클리요룸]

수빈: 내일 그를 10시 반에 학교 앞에서 기다리겠습니다.

Ahmet[아흐멭]: Peki, ben ona mesajınızı iletirim.[페키, 벤 오나 메싸지으느
즈 일레티림]

아흐메트: 알겠습니다. 그에게 메시지를 전하겠습니다.

Subin[쑤빈]: Teşekkür ederim. Hoşça kalın.[테섹퀴레데림. 호시차 칼른]

수빈: 고맙습니다. 안녕히 계십시오.

Ahmet[아흐멭]: İyi günler.[이이 귄레르]

아흐메트: 안녕히 계십시오.

Ben Ayşe. Murat ile görüşebilir(~ konuşabilir) miyim?[벤 아이셰. 무
랕 일레 괴뤼셰빌리르(~ 코누샤빌리르) 미임] '나는 아이셰입
니다. 무라트와 통화할 수 있겠습니까?'

Ben Ayşe. Murat ile görüşmek(~ konuşmak) istiyorum.[벤 아이셰. 무
랕 일레 괴뤼시멕(~ 코누시막) 이쓰티요룸] '나는 아이셰입니
다. 무라트와 통화하고 싶습니다.'

Bir isteğiniz mi var?[비르 이쓰테이니즈 미 봐르] '원하시는 것이 있
습니까?'

Biraz daha yüksek sesle konuşabilir misiniz?[비라즈 다하 이윅쎅 쎄
쓸레 코누샤빌리르 미씨니즈] '조금 더 큰 소리로 말씀하실 수
있겠습니까?'

Hangi numarayı aradınız?[항기 누마라이으 아라드느즈] '몇 번을 누
르셨습니까?'

Hat meşgul[핱 메시굴]. '통화 중입니다.'

İsteklerinizi not ettim[이쓰테클레리니지 노텥팀]. '나는 원하시는 바
들을 메모했습니다.'

Kimi arıyorsunuz?[키미 아르요르쑤누즈] '누구를 찾으십니까?'

Kiminle görüşüyorum(~ konuşuyorum)?[키민레 괴뤼쉬요룸(~ 코누슈
요룸)] '누구십니까?'

Mesaj alabilir miyim?[메싸지 알라빌리르 미임] '메시지 남기시겠습
니까?'

Nereden arıyorsunuz?[네레덴 아르요르쑤누즈] '어디에서 전화하십
니까?'

Yanlış numara.[얀르시 누마라] '잘못 누르셨습니다./거셨습니다.
(잘못된 번호입니다.)'

□ 관련 어휘

ara-[아라막] '찾다'	meşgul[메시굴] '바쁜; (전화가) 통화 중인'
bırak-[브라크막] '버리다; 남기다'	not[놑] '메모'
görüş-[괴뤼시멕] '만나다'	not et-[노테트멕] '메모하다'
hat[핱] '선(線), 줄'	numara[누마라] '번호'
ilet-[일레트멕] '전하다'	peki[페키] '좋습니다, 알겠습니다'
istek[이쓰텍] '바람, 희망'	ses[쎄쓰] '소리'
konuş-[코누시막] '말하다'	yanlış[얀르시] '잘못, 잘못된'
mesaj[메싸지] '메시지'	yüksek[이윅쎅] '높은, (소리가) 큰'

14. 병원/약국에서

Doktor[독토르]: Buyurun, şikâyetiniz ne?[부유룬, 시캬예티니즈 네]

　　의사: 어서 오십시오, 어디가 아프십니까?

Minho[민호]: Başım ağrıyor.[바시음 아아르요르] Hiç iştahım yok.[히치 이
　　시타흠 욕]

　　민호: 머리가 아픕니다. 전혀 식욕이 없습니다.

Doktor[독토르]: Başka bir doktora gittiniz mi?[바시카 비르 독토라 긴티니즈 미]

의사: 다른 의사에게 가 보셨습니까?

Minho[민호]: Hayır.[하이으르] İlk kez buraya geldim.[일크 케즈 부라야 겔딤]

민호: 아니요. 처음 여기에 왔습니다.

Doktor[독토르]: Şu reçeteyi yaptırın, iki ilâç yazdım.[슈 레체테이 얍트른, 이

키 일랴치 야즈듬]

의사: 이 처방전대로 약을 지으십시오. 두 가지 약을 처방했습니다.

Minho[민호]: Teşekkür ederim.[테셱퀴레데림] Allaha ısmarladık.[알라하 으

쓰마를라득]

민호: 고맙습니다. 안녕히 계십시오.

Doktor[독토르]: Güle güle.[귈레 귈레] Geçmiş olsun.[게치미시 올쑨]

의사: 안녕히 가십시오. 나으시기 바랍니다.

Minho[민호]: Şu reçetedeki ilâçlar sizde var mı?[슈 레체테데키 일랴칠라르

씨즈데 봐르 므]

민호: 이 처방전의 약들이 있습니까?

Eczacı[에지자즈]: Bakayım efendim.[바카이음 에펜딤] Buyurun, ilâçlarınız

tamam.[부유룬, 일랴칠라르느즈 타맘]

약사: 볼게요, 손님. 자, 약이 여기 있습니다.

Minho[민호]: Teşekkür ederim.[테셱퀴레데림] Borcum ne kadar?[보르줌 네

카다르]

민호: 고맙습니다. 얼마입니까?

Eczacı[에지자즈]: Hepsi otuz yedi lira.[헵씨 오투즈 예딜 리라]

약사: 모두 37리라입니다.

Minho[민호]: Buyurun.[부유룬] Hoşça kalın.[호시차 칼른]

민호: 여기 있습니다. 안녕히 계십시오.

Eczacı[에지자즈]: Güle güle.[귈레 귈레] '안녕히 가십시오.'

❏ 유용한 표현

Ağrı kesici aldınız mı?[아아르 케씨지 알드느즈 므] '진통제 드셨습니까?'

Ateşiniz var mı?[아테시니즈 봐르 므] '열이 있습니까?'

Başım dönüyor.[바시음 되뉘요르] '나는 현기증이 납니다.'

Çok halsizim.[촉 할씨짐] '나는 무척 힘이 없습니다.'

Çok hastayım.[촉 하쓰타이음] '나는 무척 아픕니다.'

Geçmiş olsun.[게치미시 올쑨] '나으시기 바랍니다.'

Gözlerim kararıyor.[괴즐레림 카라르요르] '나는 눈이 캄캄합니다.'

Kendimi iyi hissetmiyorum.[켄디미 이이 힛쎄트미요룸] '나는 몸 상태가 좋지 않습니다.'

Neyiniz var?[네이니즈 봐르] '당신은 무슨 일이 있습니까?'

Nezle(~ Grip) oldum.[네즐레(~ 그립) 올둠] '나는 코감기(~ 독감)에 걸렸습니다.'

Tansiyonum kaç?[탄씨요눔 카치] '내 혈압이 얼마입니까?'

Terliyorum.[테를리요룸] '나는 땀이 납니다.'

ağrı kesici[아아르 케씨지] '진통제'	ilâç[일랴치] '약'
antibiyotik[안티비요틱] '항생제'	iştah[이시타흐] '식욕'
aspirin[아쓰피린] '아스피린'	kabız[카브즈] '변비; 변비에 걸린'
ateş[아테시] '불; 열'	muayene[무아예네] '진찰'
boğaz[보아즈] '목구멍'	öksür-[왹쒸르멕] '기침하다'
burun[부룬] '코'	öksürük[왹쒸뤽] '기침'
doktor[독토르] '의사'	öksürük hapı[왹쒸뤽 하프] '기침약'
eczacı[에지자즈] '약사'	öksürük şurubu[왹쒸뤽 슈루부] '기침시럽'
eczane[에지자네] '약국, 약방'	şurup[슈룹] '시럽'
hap[합] '환약, 알약'	tansiyon[탄씨욘] '혈압'
hisset-[힛쎄트멕] '느끼다'	tedavi[테다뷔] '치료'
iğne[이이네] '바늘; 주사'	vitamin[뷔타민] '비타민'
iğne yaptır-[이이네 얍트르막] '주사 맞다'	c vitamini[제 뷔타미니] '비타민 C'
	yorgunluk[요르군룩] '피로'

15. 가족/친척

Murat[무랕]: Merhaba Subin[메르하바 쑤빈], yanındaki genç senin neyin?[야
는다키 겐치 쎄닌 네인]

무라트: 수빈아 안녕. 옆에 있는 젊은이는 너와 어떤 사이니?

Subin[쑤빈]: Kuzenim.[쿠제님] Amcamın oğlu.[암자믄 오올루]

수빈: 내 사촌이야. 큰/작은 아버지의 아들이야.

Murat[무랕]: Kuzenin senden küçük mü?[쿠제닌 쎈덴 퀴취크 뮈]

　　무라트: 네 사촌은 너보다 어리니?

Subin[쑤빈]: Evet[에뵏], benden üç yaş küçük.[벤덴 위치 야시 퀴췩]

　　수빈: 응, 나보다 세 살 어려.

Murat[무랕]: Kuzenin ne iş yapıyor?[쿠제닌 네 이시 야프요르]

　　무라트: 네 사촌은 무슨 일을 하니?

Subin[쑤빈]: Üniversitede öğrenci.[위니붸르씨테데 외외렌지]

　　수빈: 대학생이야.

Murat[무랕]: Babaannen ve deden sağ mı?[바바안넨 붸 데덴 싸아 므]

　　무라트: 너의 할머니와 할아버지는 살아 계시니?

Subin[쑤빈]: Hayır sadece babaannem sağ.[하이으르 싸데제 바바안넴 싸아]

　　　　　 Dedem ise geçen yıl vefat etti.[데뎀 이쎄 게첸 이을 붸퐡 엩티]

　　수빈: 아니, 할머니만 살아 계셔. 할아버지는 작년에 돌아가셨어.

□ 유용한 표현

Ailenizde kaç kişi var?[아아일레니즈데 카치 키시 봐르] '당신 가족은
　　몇 사람입니까?'

Allah rahmet eylesin![알라흐 라흐멭 에일레씬] '신께서 그의 영혼을
　　쉬게 하시기를!' (죽은 사람에 대하여 사용한다.)

Başın sağ olsun![바시은 싸아 올쑨] '진심으로 애도의 뜻을 표합니다.'
　　(죽은 사람의 가족, 친척, 친지 등에게 사용한다.)

Bir yastıkta kocayın![비르 야쓰특타 코자이은] '백년해로하세요!'

(누군가가 결혼할 때 사용하는데, 글자 그대로는 '한 베개에서 늙으세요!'를 뜻한다.)

Doğum gününüz kutlu olsun![도움 귀뉘뉘즈 쿠틀루 올쑌] '생일 축하합니다!'

Güle güle oturun![귈레 귈레 오투룬] '잘 거주하십시오!' (누군가가 집을 샀을 때 사용한다.)

Hayırlı olsun![하이으를르 올쑌] '축하합니다!' (누군가가 집을 샀을 때 사용한다.)

□ 관련 어휘

aile[아아일레] '가족'	erkek kardeş[에르켁 카르데시] '형제'
akraba[아크라바] '친척'	genç[겐치] '젊은; 젊은이'
amca[암자] '큰/작은아버지, 삼촌'	hala[할라] '고모'
ana[아나] '어머니'	kardeş[카르데시] '형제자매, 동기'
anne[안네] '어머니'	kız[크즈] '소녀, 아가씨, 처녀; 딸'
anneanne[안네안네] '외할머니'	kız kardeş[크즈 카르데시] '자매, 누이'
baba[바바] '아버지'	kişi[키시] '사람'
babaanne[바바안네] '친할머니'	kuzen[쿠젠] '사촌형제'
büyükanne[뷔이위칸네] '할머니'	kuzin[쿠진] '사촌자매, 사촌누이'
(< büyük '큰' + anne '어머니')	ne[네] '무엇'
büyükbaba[뷔이윅바바] '할아버지'	nine[니네] '할머니'
(< büyük '큰' + baba '아버지')	oğul[오울] '아들'
dayı[다이으] '외삼촌'	torun[토룬] '손자, 손녀'

dede[데데] '할아버지'	yeğen[예옌] '조카; 사촌'
enişte[에니시테] '고모부, 이모부, 매형, 형부'	yenge[옝게] '큰/작은어머니, 외숙모, 형수, 제수, 올케'

터키어를 비롯한 튀르크계 언어들에서는 대개 화자(話者)와 화자의 아버지 사이 또는 화자와 화자의 아들 사이의 연령에 속하는 사람들을 같은 용어로 나타낸다. 즉 세대보다는 연령이 중요하다. 한국어의 체계와는 아주 다르다.

튀르크어 최초의 문헌 자료인 돌궐 비문을 보면 '삼촌/숙부, 형/오빠'로 번역되는 eči가 많이 나온다. 이 eči라는 낱말을 '화자보다는 나이가 많고 화자의 아버지보다는 어린 근친 남자(이를테면, 삼촌/숙부, 형/오빠)'라고 보면 될 것이다. '남동생'으로 번역되는 ini는 '화자보다는 어리고 화자의 아들보다는 나이 많은 근친 남자(이를테면, 남동생, 사촌 남동생, 화자의 아들보다 나이 많은 조카)'라고 보는 것이 정확할 것이다.

현대 튀르크계 언어들에서도 이러한 상황을 볼 수 있으니, 터키어에서 enişte는 '자매나 여자 친척의 남편', 즉 '자형, 매부, 고모부, 이모부', yenge는 '형제나 남자 친척의 아내', 즉 '올케, 형수, 제수, 외숙모, 숙모, 백모'를 뜻한다. 과거부터 현재까지 튀르크계 언어 전체에서 사용된 친족 용어에 대해서는 저자의 다음 저작을 참조할 수 있다:

Yong-Sŏng Li, *Türk Dillerinde Akrabalık Adları*[튀르크계 언어들에서 친족 용어들], İstanbul 1999. (415 p.)

기본 문법

1. 모음

(1) 터키어에는 8모음이 있다

터키어의 8모음은 전설 ⇔ 후설, 고 ⇔ 저, 평순 ⇔ 원순의 대립이 있다. 전설모음(e, i, ö, ü)은 조음(調音) 과정에서 혀의 앞부분이 공기의 흐름을 막아 생기고, 후설모음(a, ı, o, u)은 혀의 뒷부분이 공기의 흐름을 막아 생긴다. 혀의 위치가 높은 것이 고모음(ı, i, u, ü), 낮은 것이 저모음(a, e, o, ö)이다. 발음할 때 입술을 둥글게 하는 것이 원순모음(o, ö, u, ü)이고, 둥글게 하지 않는 것이 평순모음(a, e, ı, i)이다. 이 3가지 기준을 적용하여 터키의 8모음을 다음과 같이 표로 나타낼 수 있다.

구분	평순모음		원순모음	
	저모음	고모음	저모음	고모음
후설모음	a	ı	o	u
전설모음	e	i	ö	ü

각각의 모음은 다음과 같은 특징이 있다.

① a

대개는 후설 평순 저모음 [ɑ]로 발음된다.

　　ada '섬', yalan '거짓말'

전설 평순 저모음 [a]로 발음되는 경우도 있는데, 대개는 고유어가
아니다.

　　anne[annɛ] '어머니', lale[laːlɛ] '튤립'

② e

전설 평순 저모음이다. 대개는 [ɛ]로 발음된다.

　　etek '치마', ben '나'

장모음으로 발음될 때에는 [e]로 발음되기도 한다.

　　tesir[teːsiɾ] '영향', teyze[teːzɛ] '이모'

③ ı

중설 평순 고모음 [ɯ]로 발음된다.

　　kış '겨울', yıldız '별'

④ i

전설 평순 고모음 [i]로 발음된다.

　　ipek '비단', yedi '일곱'

⑤ o

후설 원순 저모음이다. 합성어가 아닌 경우 고유어에서는 첫음절
에서만 나타난다. 대개 [o]로 발음된다.

on '열, 10', sol '왼쪽'

l이나 n으로 시작되는 낱말에서는 [ɔ]로 발음된다.

nokta[nɔktɑ] '점, 포인트', Londra[lɔndrɑ] '런던'

⑥ ö

전설 원순 저모음이다. 합성어가 아닌 경우 고유어에서는 첫음절
에서만 나타난다. 대개 [œ]로 발음된다.

göl '호수', ördek '오리'

⑦ u

후설 원순 고모음이다.

uzun '길다', otuz '서른'

⑧ ü

전설 원순 고모음 [y]로 발음된다.

yüz '100', güney '남쪽'

(2) 장모음

터키어의 모음은 대개 짧게 발음된다. 차용어에서는 장모음이 있
는데, 표기법에서는 장모음을 단모음과 대개 구별하지 않는다.

taze[tɑːzɛ] '신선한', saniye[sɑːnijɛ] '초(秒)'

memur[meːmuɾ] '공무원', tesir[teːsiɾ] '영향'

elbise[ɛlbiːsɛ] '옷', mevki[mɛvkiː] '위치, 장소'

aşure[ɑʃuːɾɛ] '후식의 일종', rutubet[ɾutuːbɛt] '습기'

음절 끝에 ğ가 있으면, 앞의 모음이 길게 발음된다. 전설모음 다음에 있는 ğ는 y [j]로 발음되기도 한다.

dağ[dɑː] '산', yağ[jɑː] '기름'

değnek[deːnɛk] '몽둥이'

sığ[suː] '얕은'

iğne[iːnɛ] '바늘', çiğ[ʧiː] '날것의, 날'

oğlan[oːɬɑn] '사내아이, 소년'

öğrenci[øːɾɛndʒi] '학생', öğle [øjlɛ] '정오, 한낮'

buğday[buːdɑj] '밀'

düğme[dyːmɛ] '단추'

(3) 모음조화

고유어에서는 한 낱말에 전설모음이나 후설모음만 나타난다. 몇 개의 차용어에 있는 표현을 제외하고는 터키어에는 접두사가 없고, 오직 접미사/어미만 있다. 접미사/어미가 어떤 낱말에 붙을 때에는 그 낱말의 마지막 모음에 따라 전설모음이나 후설모음이 결정된다.

① 전설모음(e, i, ö, ü) 다음에는 전설모음, 후설모음(a, ı, o, u) 다음에는 후설모음이 온다.

çalışkan '부지런한', balıkçı '어부'

gerçekten '참으로', demirci '대장장이'

dışarı '밖으로', kıyıda '물가에서'

içeri '안으로', birlikte '함께'

toplantı '모임', çoçuklar '아이들'

öğrenci '학생', örümcek '거미'

uzaklık '거리(距離)', yumurta '알'

üzengi '등자', üstünde '~의 위에서'

② 평순모음(a, e, ı, i) 다음에는 평순모음이 온다.

ada '섬', kapı '문'

seksen '80', sekiz '8'

sıcak '더운', yıldız '별'

inek '암소', kişi '사람'

③ 원순모음(o, ö, u, ü) 다음에는 평순 저모음(a, e)이나 원순 고모
음(u, ü)이 온다.

doksan '90', dokuz '9'

köpek '개', gözlük '안경'

dudak '입술', uzun '긴'

güzel '아름다운', gümüş '은'

모음 a가 있는 음절 다음에서 자음 b, p, m, v로 시작하는 음절에는
모음 u가 올 수 있다.

abuk sabuk '터무니없는', kabuk '껍질'

çamur '진창, 진흙탕', yağmur '비(雨)'

karpuz '수박'

avuç '손바닥', savun- '방어하다'

모음조화에 어긋나는 예들도 있다.

① 고유어 낱말 몇 개는 과거에는 모음조화의 적용을 받았지만 이제는 받지 않는다.

dahi '~도', elma '사과(沙果)', hangi '어느', hani '어디에', inan- '믿다', kardeş '형제', şişman '뚱뚱한'

② 모음조화의 적용을 받지 않는 어미/접미사가 몇 개 있다: -daş, -Iyor, -ken(< iken), -leyin, -mtırak, -ki.

dindaş '같은 종교의 신자', meslektaş '같은 직종에 종사하는 동료'

geliyor '그가 온다', görüyor '그가 본다'

çocukken '아이일 때에', olurken '~ 될 때에'

akşamleyin '저녁에', sabahleyin '아침에'

mavimtırak '푸르스름한(bluish)', yeşilimtırak '녹색을 띤(greenish)'

sabahki '아침의', yoldaki '길에 있는'

③ 합성어는 모음조화의 적용을 받지 않는다.

Akdeniz '지중해' < ak '흰, 하얀' + deniz '바다'

bugün '오늘' < bu '이' + gün '날(日)'

yüzbaşı '대위, 중대장' < yüz '100' + baş '머리' + -ı '3인칭 소유 어미'

④ 차용어는 모음조화의 적용을 받지 않는다.

aktör '배우' < 프랑스어 acteur

fabrika '공장' < 이탈리아어 fabbrica

insan '사람' < 아랍어 انسان insān

müzik '음악' < 프랑스어 musique

otobüs '버스' < 프랑스어 autobus

şeytan '악마, 사탄' < 아랍어 شيطان šayṭān

2. 자음

(1) 터키어에는 21자음 글자가 있다

터키어의 21자음은 유성 ⇔ 무성, 조음 장소, 조음 방법에 따라 나뉜다. 무성자음으로는 ç, f, h, k, p, s, ş, t가 있다. 나머지는 모두 유성자음이다. 터키어에서 사용되는 무성자음은 Fe paşa çok hasta 'Fe 장군이 무척 아프다'라는 문장에 들어 있는 자음들이다. 터키어의 자음은 다음과 같이 나타낼 수 있다.[15]

---

15) 이 책에서는 http://de.wikipedia.org/wiki/Türkische_Sprache의 서술을 따른다. 자료마다 자음의 서술이 서로 조금씩 다르다. 유기음 또는 무기음은 Lloyd B. Swift(1963)의 A Reference Grammar of Modern Turkish의 서술을 따른다.

	입술	이-입술	이	잇몸	잇몸 뒤	센입천장	여린입천장	성문
파열음	p, b		t, d			c, ɟ	k, g	
비음	m		n					
마찰음		f, v	s, z		ʃ, ʒ		ɣ	h
파찰음				ʧ, ʤ				
탄설음				ɾ				
접근음						j		
측음			ɫ		l			

(2) 자음의 분류

① b

유성 양순 파열음 /b/이다. 무기음이다. 어말에는 나타나지 않는다.

baş '머리', sabun '비누'

② c

유성 잇몸 파찰음 /ʤ/이다.[16] 무기음이다. 영어의 j에 해당한다. 어
말에는 나타나지 않는다. c로 시작되는 낱말은 대부분 차용어이다.

can '목숨', böcek '벌레'

③ ç

무성 잇몸 파찰음 /ʧ/이다.[17] 유기음이다. 영어의 ch에 해당한다.
모든 위치에 나타난다.

---

16) 유성 이-잇몸 파찰음: Türk Dil Kurumu 1988, p. 241a;
   유성 잇몸-센입천장 파찰음: Swift 1963, p. 9, 10; Öztopçu 2009², Volume 1, p. 5.
17) 무성 이-잇몸 파찰음: Türk Dil Kurumu 1988, p. 267a;
   무성 잇몸-센입천장 파찰음: Swift 1963, p. 9; Öztopçu 2009², Volume 1, p. 5.

çiçek '꽃', aç '배고픈'

④ d

유성 이 파열음 /d/이다.[18) 무기음이다. 몇몇 낱말을 제외하고는 어
말에 나타나지 않는다.

dede '할아버지', kadın '여자'

⑤ f

무성 이–입술 마찰음 /f/이다. 모든 위치에 나타난다. 차용어에서
사용된다.

fabrika '공장', hafif '가벼운'

⑥ g

자음 /g/는 다음의 두 가지로 실현된다.

[g]는 유성 여린입천장 파열음이고 후설모음과 함께 사용된다. 무
기음이다. 어말에 나타나지 않는다.

garson '웨이터', sorgu '심문'

[ɟ]는 유성 센입천장 파열음 [gʲ]이고 전설모음과 함께 사용된다. 무
기음이다. 어말에 나타나지 않는다.

gün[gʲyn] '날(日)', bilgi[bilgʲi] '지식'

[ɟ]는 차용어에서 후설모음 앞에 나타날 수 있다.

gâvur[gʲavuɾ ~ gʲawuɾ ~ gʲauɾ] '불신자, 이단자'

---

18) 유성 잇몸 파열음: Türk Dil Kurumu 1988, p. 327a;
유성 이 파열음: Swift 1963, p. 9;
유성 이-잇몸 파열음: Öztopçu 2009², Volume 1, p. 5.

⑦ ğ

글자 ğ는 본래 유성 여린입천장 마찰음 /ɣ/를 나타내지만, 터키어에서 ğ는 자체의 음가가 없는 유일한 글자이다. ğ는 어두에 올 수 없다.

ğ가 음절 끝에 오면 바로 앞의 모음을 장모음으로 만든다.

  dağ[dɑː] '산', iğne[iːnɛ] '바늘'

ğ가 후설모음(a, ı, o, u) 사이에 오면, 대개 바로 앞의 모음은 장모음이 되고, 바로 뒤의 모음은 사라진다. ğ 뒤에 u가 올 경우에 ğ가 [w]처럼 발음될 수도 있다.

  ağız[ɑːz] '입', soğuk[sowuk ~ soːk ~ souk] '추운'

ğ가 전설모음(e, i, ö, ü) 사이에 오면 대개 y[j]로 발음된다.

  değil[dejil] '~이 아니다', eğer[ejɛr] '만약'

⑧ h

무성 성문 마찰음 /h/이다. 모든 위치에 나타난다. h로 시작되는 낱말은 대개 차용어이다.

  hava '공기, 대기, 날씨', sabah '아침'

어말 및 자음 앞의 h는 [x]로 실현된다.

  tarih[tɑːrix] '날짜; 역사', bahçe[baxtʃɛ] '정원'

구어에서는 닫힌음절의 끝에 있는 h가 탈락하고 바로 앞의 모음을 장모음으로 만들기도 한다.

  kahve[kɑːvɛ] '커피', Mehmet[mɛːmɛt] '메흐메트(남자 이름)'

h는 특히 모음 사이에서 자주 탈락하고 이것은 표기법에 반영되기도 한다.

  dersane ~ dershane[dɛrsɑːnɛ] '교실; 학원'

eczane ~ eczahane[ɛdʒɑːnɛ] '약국, 약방'

hastane ~ hastahane[hɑstɑːnɛ] '병원'

postane ~ postahane[postɑːnɛ] '우체국'

⑨ j

유성 잇몸 뒤 마찰음 /ʒ/이다.[19] 모든 위치에 나타난다. 페르시아어
나 프랑스어 차용어에서 사용된다. 터키어에서 가장 적게 나타나는
자음이다.

jambon '햄', müjde '희소식'

일반인은 j를 흔히 c[dʒ]로 발음한다.

Japon '일본 사람' 대신에 Capon

pijama '잠옷' 대신에 picama

⑩ k

자음 /k/는 다음의 두 가지로 실현된다.

[k]는 무성 여린입천장 파열음이고 후설모음과 함께 사용된다. 유
기음이다. 모든 위치에 나타난다.

kabak '호박', sakal '수염'

[c]는 무성 센입천장 파열음 [kʲ]이고 전설모음과 함께 사용된다. 유
기음이다. 모든 위치에 나타난다.

kürek[kʲyrɛkʲ] '삽, 노', iki[ikʲi] '2'

---

19) 쉭 하는 유성 잇몸 자음: Türk Dil Kurumu 1988, p. 743a;
유성 센입천장 마찰음: Swift 1963, p. 11, 12;
유성 잇몸-센입천장 마찰음: Öztopçu 2009², Volume 1, p. 6.

[c]는 차용어에서 후설모음 앞에 나타날 수 있다.

kâğıt[kʲaːt ~ kʲauɾt] '종이', kâtip[kʲaːtip] '서기'

⑪ l

자음 /l/는 다음의 두 가지로 실현된다. l로 시작되는 낱말은 모두 차용어이다.

[l]은 유성 잇몸 뒤 측음이다.[20] 전설모음과 함께 사용된다. 모든 위치에 나타난다. 아랍어 차용어에 있는 l은 대개 [l]이다.

lüzum[lyzuːm] '필요', ölüm[œlym] '죽음'

[l]은 차용어에서 후설모음과 함께 사용될 수 있다.

kalp '심장', kalbim '나의 심장', gol '(축구의) 골', golcü '골을 잘 넣는 선수', lale[laːlɛ] '튤립'

[ɫ]은 유성 이 측음이다.[21] 후설모음과 함께 사용된다.

kalın[kɑɫɯn] '두꺼운', bal[bɑɫ] '꿀'

⑫ m

유성 양순 비음이다. 모든 위치에 나타난다. 의성어와 의태어를 제외하고, m으로 시작되는 낱말은 모두 차용어이다.

mendil '손수건', hamam '목욕탕'

---

20) 유성 잇몸 전설 측음: Türk Dil Kurumu 1988, p. 953a;
유성 측음: Swift 1963, p. 14;
유성 잇몸/센입천장 유음: Öztopçu 2009², Volume 1, p. 6.

21) 유성 잇몸 후설 측음: Türk Dil Kurumu 1988, p. 953a;
유성 측음: Swift 1963, p. 14;
유성 잇몸/센입천장 유음: Öztopçu 2009², Volume 1, p. 6.

⑬ n

유성 이 비음 /n/이다.[22] 모든 위치에 나타난다. n으로 시작되는 낱
말은 대부분 차용어이다.

niçin '왜?', ananas '파인애플'

n은 g과 k 앞에서 대개 [ŋ]으로 발음된다.

yangın[jɑŋgɯn] '화재, 불', cenk[dʒɛŋkʲ] '싸움, 전쟁'

⑭ p

무성 양순 파열음 /p/이다. 유기음이다. 모든 위치에 나타난다. p로
시작되는 낱말은 대부분 차용어이다.

parmak '손가락', köpük '거품'

⑮ r

유성 잇몸 탄설음 /ɾ/이다.[23] 모든 위치에 나타난다. r로 시작되는
낱말은 모두 차용어이다.

rakım '(해발)고도', derin '깊은'

어말에서는 무성음화하여 [r̝]으로 발음된다.

---

22) 유성 이-잇몸 비음: Türk Dil Kurumu 1988, p. 1,067a;
　　유성 이 비음: Swift 1963, p. 14;
　　유성 잇몸 비음: Öztopçu 2009², Volume 1, p. 6.
　　　과거에는 자음 ŋ도 음소였지만 지금은 표준어 및 많은 방언에서 n으로 바뀌었고, 일부 방언에만
　　남아 있다:
　　　bana '나에게'(< baŋa), benze- '닮다'(< beŋze-), bin '천, 1,000'(< biŋ), deniz '바다'(< deŋiz), don-
　　'얼다'(< doŋ-), ön '앞'(< öŋ), senin '너의'(< seniŋ), son '끝' (< soŋ) 등.
23) 유성 잇몸 마찰음: Türk Dil Kurumu 1988, p. 1,209a;
　　유성 잇몸 탄설음(어두 및 어두 자음군에서), 유성 잇몸 권설 마찰음(어말 자음군에서), 무성 잇몸
　　마찰음(어말에서): Swift 1963, p. 15;
　　유성 잇몸 유음: Öztopçu 2009², Volume 1, p. 7.

var[vɑ́ɾ] '있는', gider[gʲidɛ́ɾ] '그가 간다.'

⑯ s

무성 이 마찰음이다.[24] 모든 위치에 나타난다.

    serçe '참새', masa '탁자'

⑰ ş

무성 잇몸 뒤 마찰음 /ʃ/이다.[25] 영어의 sh에 해당한다. 모든 위치
에 나타난다. ş로 시작되는 낱말은 대부분 차용어이다.

    şimşek '번개', ışık '빛'

⑱ t

무성 이 파열음 /t/이다.[26] 유기음이다. 모든 위치에 나타난다.

    Türk '터키 사람', otuz '30'

⑲ v

유성 이−입술 마찰음 /v/이다. 모든 위치에 나타난다. 모음 a와 u
사이에서는 w로 발음된다. v로 시작되는 낱말은 대부분 차용어이다.

    var '있다', kavun '멜론'

---

24) 무성 잇몸 마찰음: Türk Dil Kurumu 1988, p. 1,235a;
    (혀가 홈이 있는) 무성 잇몸 마찰음: Swift 1963, p. 11;
    무성 이-잇몸 마찰음: Öztopçu 2009², Volume 1, p. 7.

25) 쉭 하는 무성 잇몸-센입천장 자음: Türk Dil Kurumu 1988, p. 1,365a;
    무성 센입천장 마찰음: Swift 1963, p. 11;
    무성 잇몸-센입천장 마찰음: Öztopçu 2009², Volume 1, p. 7.

26) 무성 이 파열음: Türk Dil Kurumu 1988, p. 1,395a; Swift 1963, p. 9;
    무성 이-잇몸 파열음: Öztopçu 2009², Volume 1, p. 7.

⑳ y

유성 센입천장 반모음 [j]이다.27) 모든 위치에 나타난다.

    yüzük '반지', ayak '발'

같은 음절에서 모음 다음에 올 때에는 바로 앞의 모음과 더불어 이중모음이 된다.

    ay '달', tüy '깃털'

㉑ z

유성 이 마찰음이다.28) 모든 위치에 나타난다. 의성어와 의태어를 제외하고 z로 시작되는 낱말은 모두 차용어이다.

    zafer '승리', kızıl '붉은'

3. 강세

터키어에서 제1 강세는 대개 마지막 음절에 있다.

    parmak '손가락', etek '치마'

접미사/어미가 붙으면, 강세는 마지막 음절로 옮겨진다.

    parmaklar '손가락들', parmaklarım '나의 손가락들', parmaklarıma

    '나의 손가락들에'

---

27) 유성 센입천장 마찰음: Türk Dil Kurumu 1988, p. 1,573a;
    센입천장 반자음 경과음: Swift 1963, p. 15;
    유성 센입천장 반모음/경과음: Öztopçu 2009², Volume 1, p. 7.

28) 유성 잇몸 마찰음: Türk Dil Kurumu 1988, p. 1,661a;
    (혀가 홈이 있는) 유성 잇몸 마찰음: Swift 1963, p. 11;
    유성 이-잇몸 마찰음: Öztopçu 2009², Volume 1, p. 7.

강세가 마지막 음절에 오지 않는 경우들도 있다.

① 친족용어와 생물 이름의 일부

　görümce '시누이', yenge '형수, 올케', karınca '개미'

② 땅 이름은 대개 끝에서 두 번째나 세 번째 음절에 강세가 있다.
　그리하여 고유명사는 첫음절에 강세가 있다는 느낌이 든다.

　Ankara '앙카라', İstanbul '이스탄불', İsviçre '스위스', Londra '런던'
이러한 낱말들에서는 강세의 위치가 고정되어 있다.

　Ankara '앙카라', Ankara'da '앙카라에서', Ankara'daki '앙카라에
　있는'
그렇지만, 페르시아어 -istan이 들어 있는 땅 이름들은 강세가 마지
막 음절에 있다.

　Bulgaristan '불가리아', Macaristan '헝가리', Yunanistan '그리스'

③ 일부 차용어에서는 본래의 강세가 보존된다.

　harita '지도(地圖)', lokanta '식당', masa '탁자', pencere '창문'
이러한 낱말들에서는 강세의 위치가 고정되어 있다.

　masa '탁자', masada '탁자에서', masadaki '탁자에 있는'

④ 부사는 대개 첫음절에 강세가 있다.

　nere? '어디?', nerede? '어디에서?'

　şimdi '지금'

　yalnız '다만, 단지' ⇔ yalnız '외로운'

⑤ 대명사에서 비롯된 인칭 어미들에는 강세가 없다.

　benim '그것은 나다' ⇔ benim '나의'

　çocuklar '그들은 아이다' ⇔ çocuklar '아이들'

⑥ 동사 부정어간 -ma-/-me-에는 강세가 없다.

　yapma! '하지 마!', gelme! '오지 마!'

⑦ 의문 첨사 mı/mi/mu/mü에는 강세가 없다.

　geldi mi? '그는 왔니?', okulda mısın? '너는 학교에 있니?'

⑧ 합성어에서는 대개 첫 요소의 마지막 음절에 강세가 있고, 둘째
　요소는 강세를 잃는다.

　başbakan '총리', denizaltı '잠수함'

⑨ 언어 이름/부사를 만드는 접미사 -ca/-ce/-ça/-çe에는 강세가 없다.

　Türkçe '터키어', yavaşça '조금 천천히'

⑩ 현재 시제 어미 -Iyor는 강세가 I에 있다. 이 어미는 본래 합성
　어미였다.

　içiyor '그가 마신다', yatıyor '그가 눕는다'

4. 문법상의 성

터키어도 한국어와 마찬가지로 문법상의 성이 없다. 그렇지만 자연적인 성을 구별하는 낱말들이 있다.

aygır '씨말, 종마' ⟺ kısrak '암말'; at '말; (불깐) 말'

boğa '황소', öküz '(불깐) 황소' ⟺ inek '암소'

horoz '수탉' ⟺ tavuk '암탉; 닭'

koç '숫양' ⟺ koyun '암양; 양'

teke '숫염소' ⟺ keçi '암염소; 염소'

baba '아버지' ⟺ anne, ana '어머니'

dede '할아버지' ⟺ nine '할머니'

güvey, damat '신랑; 사위' ⟺ gelin '신부; 며느리'

koca '남편' ⟺ karı '아내'

oğul '아들' ⟺ kız '딸'

5. 음절

터키어 모음은 언제나 음절을 이루므로 터키어 낱말에서 모음의 수와 음절의 수는 같다. 자음이 음절을 이루는 경우는 없다.

터키어에서 허용되는 음절 구조는 6가지이다.

① 모음

a '아!', o '그 (남자), 그 (여자), 그(것); 그'

② 모음 + 자음

    ev '집', on '10'

③ 모음 + 자음 + 자음

    aşk '사랑', örf '관습, 풍습'

④ 자음 + 모음

    su '물', ve '~와, 그리고'

⑤ 자음 + 모음 + 자음

    bal '꿀', tuz '소금'

⑥ 자음 + 모음 + 자음 + 자음

    genç '젊은', kart '카드'

어두 자음군은 허용되지 않는다. 어두 자음군이 있는 낱말이 차용
될 때에는 다음과 같이 나타난다.

① 어두의 두 자음 사이에 모음이 들어간다.

    kral ~ kıral '왕' (< 슬라브어 kral)

    klüp~kulüp '클럽' (< 프랑스어 club)

    Hıristiyan '크리스트교도' (< 그리스어 Χριστιανός, Khristianos)

② 첫 자음 앞에 고모음 ı, i, u, ü 중 하나가 놓인다.

    istasyon '역, 정거장' (< 프랑스어 station)

    İsviçre '스위스' (< 이탈리아어 Svizzera)

    İzmir '이즈미르' (< 그리스어 Σμύρνη, Smyrne, 라틴어 Smyrna)

    Üsküdar '위스퀴다르' (< 그리스어 Σκουτάριον, Scutari(on))

어두 자음군이 그대로 사용되기도 한다.

kredi '신용' (< 프랑스어 credit)

spor '스포츠' (< 프랑스어 sport)

tren '기차, 열차' (< 프랑스어 train; tiren으로 발음되는 경우가
많다.)

어말의 자음군은 두 자음 사이에 고모음 ı, i, u, ü 중 하나가 들어감으
로써 없어지기도 한다.

asıl '기원, 근원' (< 아랍어 aṣl)

isim '이름' (< 아랍어 ism)

şehir '도시' (< 페르시아어 šahr)

6. 복수어미

터키어 복수어미로는 -lar/-ler가 있다. 후설모음 a/ı/o/u 다음에는
-lar, 전설모음 e/i/ö/ü 다음에는 -ler가 사용된다.

dağ '산(山)', dağlar '산(山)들'

ev '집', evler '집들'

göl '호수', göller '호수들'

모음조화의 적용을 받지 않는 낱말들이 있다. 이들은 모두 차용어이다.

gol '골', goller '골들'

harf '글자', harfler '글자들'

saat '시계, 시간', saatler '시계들, 시간들'

7. 소유 어미

터키어를 처음 배우는 한국 사람들에게 낯설게 다가오는 것이 터키어에는 소유 어미가 잘 발달되어 있다는 점이다. 인칭별로 '나의 ~', '너의 ~', '그의 ~', '우리의 ~', '너희의 ~', '그들의 ~'을 뜻하는 이 소유 어미는 한국어에는 없는 개념이므로 잘 알아 두어야 한다.

터키어에서 사용되는 소유 어미는 다음과 같다. 3인칭 단수의 경우를 제외하고는 모두 모음으로 끝나는 낱말이 기준이고, 자음으로 끝나는 낱말은 끝의 자음과 소유 어미 사이에 연결 모음 I, 즉 ı, i, u, ü가 들어간다(낱말의 마지막 모음이 a나 ı이면 ı; e나 i이면 i; o나 u이면 u; ö나 ü이면 ü가 들어간다).

> 1인칭 단수 ('나의 ~): -m (모음 뒤), -Im (자음 뒤)
>
> 2인칭 단수 ('너의 ~): -n (모음 뒤), -In (자음 뒤)
>
> 3인칭 단수 ('그의 ~): -sI(n) (모음 뒤), -I(n) (자음 뒤)
>
> 1인칭 복수 ('우리의 ~): -mIz (모음 뒤), -ImIz (자음 뒤)
>
> 2인칭 복수 ('너희의 ~): -nIz (모음 뒤), -InIz (자음 뒤)
>
> 3인칭 복수 ('그들의 ~): -lArI(n) 또는
>
> -sI(n) (모음 뒤), -I(n) (자음 뒤)

모음으로 끝나는 낱말에 붙는 3인칭 소유 어미의 s는 알타이 조어의 복수 어미 중 하나인 *-s의 흔적으로 알려져 있다. 튀르크 조어에서 대개 모음으로 끝나는 친족 용어들에 붙던 이 복수 어미가 후대에 분절 및 잘못된 분석의 결과로 3인칭 소유 어미 -I(n)의 모음으로 끝나는 낱말들에 붙는 변이형으로 여겨져서 굳은 것으로 추정된다.

소유 어미들을 표로 나타내면 다음과 같다.

마지막 모음	마지막 음	단수			복수		
		1인칭	2인칭	3인칭	1인칭	2인칭	3인칭
a, ı	모음	-m	-n	-sı(n)	-mız	-nız	-ları(n), -sı(n)
	자음	-ım	-ın	-ı(n)	-ımız	-ınız	-ları(n), -ı(n)
e, i	모음	-m	-n	-si(n)	-miz	-niz	-leri(n), -si(n)
	자음	-im	-in	-i(n)	-imiz	-iniz	-leri(n), -i(n)
o, u	모음	-m	-n	-su(n)	-muz	-nuz	-ları(n), -su(n)
	자음	-um	-un	-u(n)	-umuz	-unuz	-ları(n), -u(n)
ö, ü	모음	-m	-n	-sü(n)	-müz	-nüz	-leri(n), -sü(n)
	자음	-üm	-ün	ü(n)	ümüz	-ünüz	-lcri(n), -ü(n)

소유 어미들은 인칭별로 '나의 ~', '너의 ~', '그의 ~', '우리의 ~', '너희의 ~', '그들의 ~'를 뜻하므로, 굳이 그 앞에 benim '나의', senin '너의', onun '그의', bizim '우리의', sizin '너희의', onların '그들의'를 사용하지 않아도 뜻이 통한다.

2인칭 단수와 복수에 있는 n은 원래는 ŋ이었는데 나중에 n으로 바뀌었다. 지금도 시골에 가면 ŋ으로 발음하는 사람들을 볼 수 있다. 그리고 중앙아시아와 시베리아에서 사용되는 튀르크어의 대부분에서는 여전히 ŋ으로 발음된다.

2인칭 복수는 '당신의 ~'의 뜻으로 많이 사용된다.

sizin okulunuz '너희/당신의 학교'

3인칭 소유 어미의 끝에 있는 (n)은 n이 절대격에서만 탈락하고 나머지 격에서는 모두 사용된다는 것을 뜻한다. 3인칭 소유 어미는 터키어를 비롯한 튀르크어 본래의 3인칭 대명사 *in의 흔적이다.

onun odası '그의 방'   onun odasında '그의 방에서'

3인칭에서는 단수와 복수의 형태가 잘 구별되지 않는다.

odası '그의 방; 그들의 방'

odaları '그의 방들; 그들의 방들; 그들의 방'

3인칭 복수에서 '그들의 ~들'이 아니라 '그들의 ~'로 단수를 나타
내고 싶을 경우에는 -sI(n)/-I(n)를 사용하기도 한다. 왜냐하면 -ları(n),
-leri(n)은 -ları(n)/-leri(n)으로도 -lar-ları(n)/-ler-leri(n)으로도 해석될 수
있기 때문이다. -lar-ları(n)/-ler-leri(n)에서는 복수 어미가 두 개 있게
되므로 하나를 없애서 -ları(n)/-leri(n)이 되는 것이다.

구어체에서 1인칭과 2인칭에서, 특히 복수에서 대명사의 속격 다
음에 오는 낱말에 소유 어미가 붙지 않을 수 있다.

benim ev '나의 집'	senin kitap '너의 책'
bizim köy '우리의 마을'	sizin ülke '너희/당신의 나라'

소유 어미가 붙은 낱말들은 일반 명사처럼 사용되어 격 어미가 소
유 어미 다음에 온다. 복수 어미 -lAr, 즉 -lar/-ler는 소유 어미보다 먼
저 온다.

kız '딸'	kızlar '딸들'
kız-ı-m '나의 딸'	kızlar-ı-m '나의 딸들'
kız-ı-n '너의 딸'	kızlar-ı-n '너의 딸들'
kız-ı '그의 딸; 그들의 딸'	kızlar-ı '그의 딸들'
kız-ı-mız '우리의 딸'	kızlar-ı-mız '우리의 딸들'
kız-ı-nız '너희의/당신의 딸'	kızlar-ı-nız '너희의/당신의 딸들'
kız-ları '그들의 딸'	kızlar-ı '그들의 딸들'
kızım '나의 딸(은, 이)'	kızın '너의 딸(은, 이)'
kızımın '나의 딸의'	kızının '너의 딸의'
kızımı '나의 딸을'	kızını '너의 딸을'
kızıma '나의 딸에게'	kızına '너의 딸에게'

kızımda '나의 딸한테'	kızında '너의 딸한테'
kızımdan '나의 딸에게서'	kızından '너의 딸에게서'

kızı '그의/그들의 딸(은, 이)'	kızımız '우리의 딸(은, 이)'
kızının '그의/그들의 딸의'	kızımızın '우리의 딸의'
kızını '그의/그들의 딸을'	kızımızı '우리의 딸을'
kızına '그의/그들의 딸에게'	kızımıza '우리의 딸에게'
kızında '그의/그들의 딸한테'	kızımızda '우리의 딸한테'
kızından '그의/그들의 딸에게서'	kızımızdan '우리의 딸에게서'

kızınız '너희/당신의 딸(은, 이)'

kızınızın '너희/당신의 딸의'

kızınızı '너희/당신의 딸을'

kızınıza '너희/당신의 딸에게'

kızınızda '너희/당신의 딸한테'

kızınızdan '너희/당신의 딸에게서'

연결 모음을 비롯하여 모음으로 시작되는 소유 어미가 붙을 때에 낱말의 끝에 있는 p, ç, t, k는 다음과 같이 된다.

① 1음절로 된 낱말에서는 대개 바뀌지 않는다. 다만 원래 장모음 이었던 낱말에서는 각각 b, c, d, g/ğ(ğ는 모음 사이에서)로 된다.

top '공'	borç '빛'
topum '나의 공'	borcum '나의 빛'

topun '너의 공'	borcun '너의 빚'
topu '그의 공; 그들의 공'	borcu '그의 빚; 그들의 빚'
topumuz '우리의 공'	borcumuz '우리의 빚'
topunuz '너희/당신의 공'	borcunuz '너희/당신의 빚'
topları '그들의 공; 그들의 공들; 그의 공들'	borçları '그들의 빚; 그들의 빚들; 그의 빚들'

② 2음절 이상으로 된 낱말에서는 대개 b, c, d, g/ğ(ğ는 모음 사이에서)로 된다.

köpek '개'	sepet '바구니'
köpeğim '나의 개'	sepetim '나의 바구니'
köpeğin '너의 개'	sepetin '너의 바구니'
köpeği '그의 개; 그들의 개'	sepeti '그의 바구니; 그들의 바구니'
köpeğimiz '우리의 개'	sepetimiz '우리의 바구니'
köpeğiniz '너희/당신의 개'	sepetiniz '너희/당신의 바구니'
köpekleri '그들의 개; 그들의 개들; 그의 개들'	sepetleri '그들의 바구니; 그들의 바구니들; 그의 바구니들'

su '물'[29]과 ne '무엇'은 규칙에 맞지 않게 다음과 같이 소유 어미가 붙는다.

---

[29] 터키어를 처음 접하는 한국인은 흔히 터키어 su '물'이 한국어(에서 사용되는 중국어 차용어) 수 (水)와 소리와 뜻이 같다고 여긴다. 그렇지만 이것은 어디까지나 우연의 일치일 뿐 이 두 낱말은 전혀 관련이 없다. 우선 수(水)는 한국어에서 고유어가 아니라 중국어 차용어이다. 水[shuǐ]는 어두의 음이 s가 아니라 sh, 즉 무성 권설 마찰음 [ʂ]이다. 이것이 한국어로 차용되면서 '수(su)'가 된 것이다. 한편 터키어의 su는 다른 현대 튀르크어들에서는 su, sū, suw/suv, suγ 등으로 나타나는데, 튀르크어 최초의 자료인 8세기 초의 돌궐 비문들에서는 sub으로 나온다. 그러므로 터키어 su와 한국어(에서 사용되는 중국어 차용어) 수(水)는 서로 전혀 관련이 없다.

su '물'   ne '무엇'

suyum '나의 물'   neyim '나의 무엇'

suyun '너의 물'   neyin '너의 무엇'

suyu '그의 물; 그들의 물'   nesi '그의 무엇; 그들의 무엇'

suyumuz '우리의 물'   neyimiz '우리의 무엇'

suyunuz '너희의/당신의 물'   neyiniz '너희의/당신의 무엇'

suları '그들의 물들; 그들의 물; neleri '그들의 무엇들; 그들의
　　그의 물들'　　　　　　　　　　무엇; 그의 무엇들'

2음절로 된 몇몇 낱말에서는 연결 모음을 비롯하여 모음으로 시작되는 소유 어미가 붙을 때에 둘째 음절의 고모음 I(즉, ı, i, u, ü)가 떨어진다. 다음의 두 가지로 나뉜다.

① 고유어의 경우에 둘째 음절의 고모음은 원래부터 있던 것이다.

ağız '입': ağzım '나의 입', ……

alın '이마': alnım '나의 이마', ……

beyin '뇌, 골': beynim '나의 뇌, 골', ……

boyun '목': boynum '나의 목', ……

burun '코': burnum '나의 코', ……

göğüs '가슴': göğsüm '나의 가슴', ……

karın '배(腹)': karnım '나의 배', ……

koyun '품': koynum '나의 품', ……

oğul '아들': oğlum '나의 아들', ……

omuz '어깨': omzum '나의 어깨', ……

oyun '놀이': oynum '나의 놀이', ……

② 차용어의 경우에는 둘째 음절의 모음이 원래는 없었는데, 터키어에 차용되면서 생겼다가 모음으로 시작되는 어미 앞에서 떨어져 본래의 형태로 돌아가는 것이다.

isim '이름' (< 아랍어 ism): ismim '나의 이름', ……

resim '그림/사진' (< 아랍어 rasm): resmim '나의 그림/사진', ……

şehir '도시' (< 페르시아어 šahr): şehrim '나의 도시', ……

2인칭 단수와 복수 소유 어미에 있는 n은 원래는 ŋ이었는데 나중에 n으로 바뀐 것이다.

① 때로는 2인칭 단수 소유 어미를 지닌 낱말과 3인칭 소유 어미를 지닌 낱말이 똑같은 형태가 되기도 한다.

telefon-u-n-da '너의 전화에서'

telefon-un-da '그의/그들의 전화에서'

kız-ı-n-dan '너의 딸에게서'

kız-ın-dan '그의/그들의 딸에게서'

② 인칭대명사의 속격을 앞에 두면 이러한 혼동이 없게 된다.

senin telefon-u-n-da '너의 전화에서'

onun telefon-un-da '그의 전화에서'

onların telefon-un-da '그들의 전화에서'

senin kız-ı-n-dan '너의 딸에게서'

onun kız-ın-dan '그의 딸에게서'

onların kız-ın-dan '그들의 딸에게서'

두 낱말이 나란히 사용될 때에, 소유 어미를 받은 낱말 앞에 있는 낱말이 속격 어미를 받지 않은 구조로 되어 있는 경우에 합성 명사를 이루게 된다.

cep telefonu '휴대전화기'   ders kitabı '교과서'

futbol topu '축구공'   Hilton Oteli '힐튼 호텔'

kol saati '손목시계'   kredi kartı '신용카드'

① 이러한 합성 명사들은 복수형으로 될 때에 대개는 복수 어미 다음에 소유 어미가 붙는다.

cep telefonları '휴대전화기들'   ders kitapları '교과서들'

futbol topları '축구공들'   Hilton Otelleri '힐튼 호텔들'

kol saatleri '손목시계들'   kredi kartları '신용카드들'

② 몇몇 낱말은 이미 합성어가 아니라 단일어라고 인식되어 복수 어미가 소유 어미 다음에 붙는다.

ayakkabı '신발' ⟹ ayakkabılar '신발들'

binbaşı '소령' ⟹ binbaşılar '소령들'

denizaltı '잠수함' ⟹ denizaltılar '잠수함들'

onbaşı '상병' ⟹ onbaşılar '상병들'

yüzbaşı '대위' ⟹ yüzbaşılar '대위들'

친족 용어들에서 복수 어미와 소유 어미는 다음과 같이 사용된다.

① 정상적으로는 복수 어미 다음에 소유 어미가 붙는다.

abla '누나, 언니'

abla-lar '누나들, 언니들'

abla-lar-ı-m '나의 누나들/언니들'

dayı '외삼촌'

dayı-lar '외삼촌들'

dayı-lar-ı-m '나의 외삼촌들'

② 소유 어미 다음에 복수 어미가 붙을 때에는 '~네, ~가족'을 뜻한다.

abla-m-lar '나의 누나네/언니네, 나의 누나/언니 가족'

dayı-m-lar '나의 외삼촌네, 나의 외삼촌 가족'

abla-n-lar '너의 누나네/언니네, 너의 누나/언니 가족'

dayı-n-lar '너의 외삼촌네, 너의 외삼촌 가족'

서로 다른 소유 어미는 나란히 사용되지 않는다. 그러므로 기본적으로 3인칭 소유 어미를 지니고 있는 합성어의 소유 어미가 바뀔 수도 있다.

cep telefonu '휴대전화기'(cep '주머니', telefon '전화기')

(benim) cep telefonum '나의 휴대전화기'(cep telefon-u-m에서 -u는 연결 모음이다.)

(senin) cep telefonun '너의 휴대전화기'(cep telefon-u-n에서 -u는 연결 모음이다.)

(onun) cep telefonu '그의 휴대전화기'(cep telefon-u에서 -u는 소유 어미이다. 즉 -u는 cep과 관련이 있는 소유 어미였지만 이제는 onun '그의'와 관련이 있는 소유 어미가 된 것이다. 따라서 cep telefon-u는 경우에 따라서는 '휴대전화기'도 '그

의 휴대전화기'도 된다. 만약에 앞에 onun을 붙이면 '그의
휴대전화기'를 뜻한다.)

(bizim) cep telefonumuz '우리의 휴대전화기'(cep telefon-u-muz에
서 -u-는 연결 모음이다)

(sizin) cep telefonunuz '너희의/당신의 휴대전화기'(cep telefon-
u-nuz에서 -u-는 연결 모음이다)

(onların) cep telefonu '그들의 휴대전화기'(cep telefon-u에서 -u는
소유 어미이다. 즉 cep과 관련이 있는 소유 어미였지만 이
제는 onların '그들의'와 관련이 있는 소유 어미가 된 것이
다. 따라서 cep telefon-u는 경우에 따라서는 '휴대전화기'도
'그들의 휴대전화기'도 된다. 만약에 앞에 onların을 붙이면
'그들의 휴대전화기'를 뜻한다)

yatak odası '침실'(yatak '침대', oda '방')

(benim) yatak odam '나의 침실'(yatak oda-m에서 모음 다음이므
로 연결 모음이 없다.)

(senin) yatak odan '너의 침실'(yatak oda-n에서 모음 다음이므로
연결 모음이 없다.)

(onun) yatak odası '그의 침실'(yatak oda-sı에서 -sı는 소유 어미
이다. 즉 -sı는 yatak와 관련이 있는 소유 어미였지만 이제
는 onun '그의'와 관련이 있는 소유 어미가 된 것이다. 따라
서 yatak oda-sı는 경우에 따라서는 '침실'도 '그의 침실'도
된다. 만약에 앞에 onun을 붙이면 '그의 침실'을 뜻한다.)

(bizim) yatak odamız '우리의 침실'(yatak oda-mız에서 모음 다음

이므로 연결 모음이 없다)

(sizin) yatak odanız '너희의/당신의 침실'(yatak oda-nız에서 모음 다음이므로 연결 모음이 없다)

(onların) yatak odası '그들의 침실'(yatak oda-sı에서 -sı는 소유 어미이다. 즉 -sı는 yatak와 관련이 있는 소유 어미였지만 이제는 onların '그들의'와 관련이 있는 소유 어미가 된 것이다. 따라서 yatak oda-sı는 경우에 따라서는 '침실'도 '그들의 침실'도 된다. 만약에 앞에 onların을 붙이면 '그들의 침실'을 뜻한다.)

시간을 나타내는 명사에 -ları/-leri가 붙으면 '~에; ~마다'를 뜻한다.

akşamları '저녁에; 저녁마다'

geceleri '밤에; 밤마다'

hafta sonları '주말에; 주말마다'

öğlenleri '정오에; 정오마다'

pazar günleri '일요일에; 일요일마다'

sabahları '아침에; 아침마다'

Akşamları nereye gidiyorsun? '너는 저녁에 어디에 가니?'

Akşamları erken yatın, sabahları erken kalkın! '저녁에 일찍 자고, 아침에 일찍 일어나십시오!'

Geceleri saat on birde yatıyor. '그는 밤에 11시에 잔다.'

Gündüzleri denize giriyoruz. '우리는 낮에 바다에 들어간다.'

Öğlenleri, bir lokantada yemek yiyorum. '나는 정오에 식당에서 식사한다.'

Sabahları saat sekizde kalkıyorum. '나는 아침에 8시에 일어난다.'

터키어에는 '가지다, 소유하다', 즉 영어의 'to have'를 뜻하는 동사가 없다. '가지다, 소유하다'를 표현하는 방법은 다음의 두 가지이다.

① 명사/대명사의 처격 + 명사 + var/yok

    Bende bilet var. '나는 표가 있다.'

    Zeynep'te hiç para yok. '제이넵은 전혀 돈이 없다.'

② 명사 + 소유 어미 + var/yok

    Benim üç kızım var. '나는 딸이 셋 있다.'

    Onun arabası yok. '그는 자동차가 없다.'

8. 인칭 어미

터키어에서는 인칭 어미가 사용된다. 인칭별로 각각 '나는 ~이다', '너는 ~이다', '그는 ~이다', '우리는 ~이다', '너희는/당신은 ~이다', '그들은 ~이다'를 뜻한다. 한국어에는 없는 개념이므로 잘 익혀 두어야 한다.

터키어에서 사용되는 인칭 어미는 인칭대명사에서 발전한 것과 소유 어미에서 발전한 것으로 크게 나뉜다. 명령법과 기원법에서 각각 사용되는 인칭 어미가 따로 있다.

(1) 인칭대명사에서 발전한 인칭 어미

터키어에서 제일 많이 사용되는 인칭 어미는 인칭대명사에서 발전한 것이다. 돌궐 비문을 비롯하여 옛 문헌들을 보면 인칭대명사가 서술어 다음에 놓여 있는 것을 볼 수 있는데 이러한 인칭대명사들이 인칭 어미로 발전하였다. 특히 2인칭 단수 인칭 어미인 -sın/-sin/-sun/-sün, 1인칭 복수 인칭 어미인 -ız/-iz/-uz/-üz를 보면 이 사실이 분명해진다.

인칭대명사에서 발전한 인칭 어미는 명사문(서술어가 명사류인 문장), 현재 시제, 초월 시제, 미래 시제, 불가시적 과거 시제, 당위법에서 사용된다.

인칭대명사에서 발전한 인칭 어미에는 강세가 없다.

인칭대명사에서 발전한 인칭 어미를 표로 나타내면 다음과 같다.

어간 모음	어간의 마지막 음		단수			복수		
			1인칭	2인칭	3인칭	1인칭	2인칭	3인칭
a, ı	모음		-yım	-sın	(-dır)	-yız	-sınız	-(dır)lar
	자음	유성음	-ım			-ız		
		무성음			(-tır)			-(tır)lar
e, i	모음		-yim	-sin	(-dir)	-yiz	-siniz	-(dir)ler
	자음	유성음	-im			-iz		
		무성음			(-tir)			-(tir)ler
o, u	모음		-yum	-sun	(-dur)	-yuz	-sunuz	-(dur)lar
	자음	유성음	-um			-uz		
		무성음			(-tur)			-(tur)lar
ö, ü	모음		-yüm	-sün	(-dür)	-yüz	-sünüz	-(dür)ler
	자음	유성음	-üm			-üz		
		무성음			(-tür)			-(tür)ler

1인칭에서 인칭 어미 앞에 연결자음 y가 사용된다.

3인칭에서 -dır/-dir/-dur/-dür/-tır/-tir/-tur/-tür는 문어체인데, 구어체에서 사용될 경우에는 진술을 강조한다.

어미 -dır/-dir/-dur/-dür/-tır/-tir/-tur/-tür가 붙으면 추측을 나타낸다.

Biliyorsundur. '너는 알고 있을 것이다.'

Biliyordur. '그는 알고 있을 것이다.'

어미 -dır/-dir/-dur/-dür/-tır/-tir/-tur/-tür는 광고, 게시, 공고, 통신에서 많이 사용된다.

Firmamız için elemanlar alınacaktır. '우리 회사에 직원들이 채용될 것이다.'

3인칭 복수에서 주어가 사물일 때에는 인칭 어미 -lar/-ler를 사용하지 않는 것이 일반적인 듯한데, 인터넷을 보면 그렇지 않은 경우들이 있다.

Otobüsler durakta bekliyor. '버스들이 정류장에서 기다린다.'

인칭대명사에서 발전한 인칭 어미의 예는 다음과 같다.

Öğrenciyim. '나는 학생이다.'

Öğrencisin. '너는 학생이다.'

Öğrenci(dir). '그는 학생이다.'

Öğrenciyiz. '우리는 학생이다.'

Öğrencisiniz. '너희는/당신은 학생이다.'

Öğrenci(dir)ler. '그들은 학생이다.'

Gencim. '나는 젊다.'

Gençsin. '너는 젊다.'

Genç(tir). '그는 젊다.'

Genciz. '우리는 젊다.'

Gençsiniz. '너희는/당신은 젊다.'

Genç(tir)ler. '그들은 젊다.'

'~이 아니다'를 뜻하는 낱말은 değil이다. değil에도 인칭대명사에서 발전한 인칭 어미가 붙는다.

Öğrenci değilim. '나는 학생이 아니다.'

Öğrenci değilsin. '너는 학생이 아니다.'

Öğrenci değil(dir). '그는 학생이 아니다.'

Öğrenci değiliz. '우리는 학생이 아니다.'

Öğrenci değilsiniz. '너희는/당신은 학생이 아니다.'

Öğrenci değil(dir)ler. '그들은 학생이 아니다.'

Genç değilim. '나는 젊지 않다.'

Genç değilsin. '너는 젊지 않다.'

Genç değil(dir). '그는 젊지 않다.'

Genç değiliz. '우리는 젊지 않다.'

Genç değilsiniz. '너희는/당신은 젊지 않다.'

Genç değil(dir)ler. '그들은 젊지 않다.'

Bakıt Azeri değil, Kırgız. '바크트(Bakıt)는 아제르바이잔 사람이 아니라 키르기스 사람이다.'

어떤 문장 다음에 değil mi가 붙으면, '그렇지 않습니까?'를 뜻한다.

Asansör var değil mi? '엘리베이터가 있습니다, 그렇지 않습니까?'

İkinci kata taşınıyorsunuz değil mi? '당신은 2층(한국식으로는 3
층)으로 이사하십니다, 그렇지 않습니까?'

Türkçe öğreniyorsunuz değil mi? '당신은 터키어를 배웁니다, 그
렇지 않습니까?'

Yalan söylemiyorsun değil mi? '너는 거짓말하지 않는다, 그렇지 않니?'

인칭대명사가 서술어이면 인칭 어미도 바로 앞의 인칭대명사와 일
치한다.

Sınıfın en çalışkan öğrencisi sensin. '학급에서 가장 부지런한 학
생은 너다.'

시간을 나타내는 낱말에 어미 -dır/-dir/-dur/-dür/-tır/-tir/-tur/-tür가 붙
으면 '~ 동안'을 뜻한다.

Kaç yıldır Türkçe öğreniyorsunuz? '당신은 몇 년 동안 터키어를
배우고 있습니까?'

(2) 소유 어미에서 발전한 인칭 어미

소유 어미에서 발전한 인칭 어미는 가시적 과거 시제 어미 -DI, 즉
-dı/-di/-du/-dü/-tı/-ti/-tu/-tü와 조건법 어미 -sA, 즉 -sa/-se에 붙는다.

소유 어미에서 발전한 인칭 어미는 다음과 같다. 1인칭 단수와 2인
칭 단수와 복수를 보면 이들 어미가 본래는 소유 어미였다는 것을 분
명히 알 수 있다.

어미의 모음	단수			복수		
	1인칭	2인칭	3인칭	1인칭	2인칭	3인칭
a, ı	-m	-n	-	-k	-nız	-lar
e, i	-m	-n	-	-k	-niz	-ler
o, u	-m	-n	-	-k	-nuz	-lar
ö, ü	-m	-n	-	-k	-nüz	-ler

3인칭 복수에서 주어가 사물일 때에는 단수형을 사용하는 것이 일반적인 듯한데, 인터넷을 보면 그렇지 않은 경우들이 있다.

9. 예/아니요

터키어 대답으로는 evet '예'와 hayır '아니요'가 있다.

Bu, duvar mıdır? '이것은 벽입니까?'

Evet, bu duvardır. '예, 이것은 벽입니다.'

Burası bir okul mu? '여기는 학교입니까?'

Evet, burası bir okul. '예, 여기는 학교입니다.'

O, bir kalem midir? '그것은 연필입니까?'

Hayır, o, bir silgidir. '아니요, 그것은 지우개입니다.'

Siz bir öğrenci misiniz? '당신은 학생입니까?'

Hayır, ben bir öğrenci değilim. '아니요, 나는 학생이 아닙니다.'

Defter beyaz mı? '공책은 하얗습니까?'

Hayır, defter beyaz değil, kırmızı. '아니요, 공책은 하얗지 않고 빨
갛습니다.'

Okula kimse gelmedi mi? '학교에 아무도 오지 않았습니까?'에 대하
여 단순히 Evet. '예.'이나 Hayır. '아니요.'라고 대답하면 한국어와 마
찬가지로 이 대답들은 본래 각각

Evet, hiç kimse gelmedi. '예, 아무도 오지 않았습니다.'

Hayır, gelenler oldu. '아니요, 온 사람들이 있습니다.'

을 뜻하지만, 터키에서 외국어 교육의 영향 때문인 듯, 위의 질문
에 대한 대답으로

Evet, birisi geldi. '예, 누군가가 왔습니다.'

Hayır, kimse gelmedi. '아니요, 아무도 오지 않았습니다.'

와 같은 용법이 널리 쓰이게 되었다. 즉, 부정으로 물어보는 문장
에 대하여 긍정의 내용으로 대답할 때에는 먼저 evet '예'나 hayır '아
니요'를 쓰고 긍정의 내용을 말할 수 있다.

구어체에서는 '아니요'라는 뜻으로 yok '없는'이 사용된다.

Geldiler mi? '그들이 왔니?'

Yok, daha gelmediler. '아니요, 그들은 아직 오지 않았습니다.'

이 경우에 흔히 끝의 k가 없이 yo[joː]로, 즉 o가 길게 발음된다.

Dün bize geldin mi? '너는 어제 우리에게 왔니?'

Yo. '아니요.'

10. 격

터키어에는 6개 격이 있다: 절대격, 속격, 대격, 여격, 처격, 탈격.
이 6개 격을 도표로 나타내면 다음과 같다.

구분	낱말의 마지막 모음			
	a 또는 ı	o 또는 u	e 또는 i	ö 또는 ü
절대격(absolute: ~은/~이, ~을)	-	-	-	-
속격(genitive: ~의)	-(n)ın	-(n)un	-(n)in	-(n)ün
대격(accusative: ~을)	-(y)ı	-(y)u	-(y)i	-(y)ü
여격(dative: ~에)	-(y)a		-(y)e	
처격(locative: ~에서)	-da/-ta		-de/-te	
탈격(ablative: ~로부터)	-dan/-tan		-den/-ten	

-nın, -yı, -ya 등은 모음 다음에 사용되고, -ta, -tan 등은 무성자음 다
음에 사용된다.
명사 격변화의 예는 다음과 같다.

구분	'다리, 교량'	'개'	'책'	'섬'	'도시'
절대격	köprü	köpek	kitap	ada	şehir
속격	köprünün	köpeğin	kitabın	adanın	şehrin
대격	köprüyü	köpeği	kitabı	adayı	şehri
여격	köprüye	köpeğe	kitaba	adaya	şehre
처격	köprüde	köpekte	kitapta	adada	şehirde
탈격	köprüden	köpekten	kitaptan	adadan	şehirden

su '물'과 ne '무엇'은 격변화가 불규칙하다.

su '물은/물이, 물, 물을'   ne '무엇은/무엇이, 무엇, 무엇을'

suyun '물의'   neyin '무엇의'

suyu '물을'   neyi '무엇을'

suya '물에'   neye '무엇에'

suda '물에서'   nede '무엇에서'

sudan '물로부터'   neden '무엇으로부터; 왜'

(1) 절대격(absolute case)

터키어에는 주어를 나타내는 표지인 '~은/는, ~이/가'가 없다. 그러므로 아무런 격 어미가 붙지 않은 명사는 문장에서 주어나 보어, 목적어로 사용된다. 아무런 격 어미가 붙지 않은 대명사는 문장에서 주어나 보어로 사용된다.

> Okul nerede? '학교가 어디에 있습니까?'
>
> Burası Kore. '여기는 한국입니다.'
>
> Öğretmen kitap okuyor. '선생님이 책을 읽는다.'

절대격의 낱말은 호격으로도 사용된다.

> Ahmet! Sen bugün okula gitmedin mi? '아흐메트야! 너는 오늘
> 학교에 가지 않았니?'

절대격의 명사, 속격의 대명사와 사용되는 후치사들이 있다.

> baba gibi '아버지처럼'   benim gibi '나처럼'
>
> otobüs ile, otobüsle '버스로'   senin ile, seninle '너와 (함께)'

(2) 속격(genitive case)

속격은 '~의'를 뜻한다. 속격 어미는 -ın/-in/-un/-ün인데, 모음 다음에는 연결 자음 y 대신에 n이 사용되어 -nın/-nin/-nun/-nün이다. 돌궐어의 ben-iŋ/men-iŋ '나의', sen-iŋ '너의' 등이 be-niŋ/me-niŋ, se-niŋ으로 분절되고 잘못 분석되어 모음으로 끝나는 낱말 다음의 속격 어미인

-nıŋ/-niŋ/-nuŋ/-nüŋ이 생겨 이것이 현대 터키어로 이어지는 것이다. 이렇게 속격 어미의 끝에 있는 자음 n은 과거에는 ŋ이었고, 일부 방언에서는 여전히 ŋ이다. 속격 어미를 표로 나타내면 다음과 같다.

마지막 음절의 모음	모음 뒤	자음 뒤
a, ı	-nın	-ın
e, i	-nin	-in
o, u	-nun	-un
ö, ü	-nün	-ün

evin kapısı '집의 문'

Kore'nin başkenti '한국의 수도'

터키어에서는 고유명사 다음에 '를 붙인다.

Ankara'nın '앙카라의'   Kore'nin '한국의'

터키어 문장은 속격으로 끝날 수 있다.

Bu kitap onun(dur). '이 책은 그의 것이다.'

O kalem öğretmenin(dir). '그 연필은 선생님의 것이다.'

Şu defter kimin? '저 공책은 누구의 것입니까?'

절대격의 명사, 속격의 대명사와 사용되는 후치사들이 있다.

ülke için '나라를 위하여'   senin için '너를 위하여'

Ankara kadar '앙카라만큼'   bizim kadar '우리만큼'

(3) 대격(accusative case)

대격은 '~을'을 뜻한다. 대격 어미는 -ı/-i/-u/-ü인데, 모음 다음에는 연결 자음 y가 사용되어 -yı/-yi/-yu/-yü이다. 터키어는 두 모음이 나란히 오는 것을 싫어하기 때문에 두 모음의 충돌을 막기 위하여 연결자음 y가 들어간다. 대격 어미를 표로 나타내면 다음과 같다.

마지막 음절의 모음	모음 뒤	자음 뒤
a, ı	-yı	-ı
e, i	-yi	-i
o, u	-yu	-u
ö, ü	-yü	-ü

대격 어미가 붙은 낱말은 동사의 직접 목적어가 된다. 이러한 낱말은 사람 이름, 땅 이름, 사물 이름이거나 소유 어미나 지시대명사와 함께 사용되는 경우다.

목적어가 필요한 동사를 타동사, 목적어가 필요하지 않은 동사를 자동사라 한다. 목적어는 절대격으로 있을 수도 있고 대격 어미 -(y)I (즉, 자음 뒤에서 -ı, -i, -u, -ü, 모음 뒤에서 -yı, -yi, -yu, -yü)가 붙을 수도 있다. 대격 어미가 붙을 때에는 특정한 대상을 뜻한다.

> Sokakta bir köpek gördüm. '나는 골목에서 (어떤) 개를 보았다.'
>
> Sokakta senin köpeğini gördüm. '나는 골목에서 너의 개를 보았다.'(특정한 대상)
>
> Kahve seviyorum. '나는 커피를 사랑한다.'
>
> Seni seviyorum. '나는 너를 사랑한다.'(특정한 대상)

타동사 바로 앞에 목적어가 올 때에는 대격 어미가 붙지 않을 수 있지만, 목적어가 타동사와 떨어져 앞에 올 때에는 목적어에 반드시 대격 어미를 붙여야 한다.

> Lokantada yemek yedik '우리는 식당에서 음식을 먹었다/식사했다.'
>
> Yemeği lokantada yedik. '우리는 음식을 식당에서 먹었다.'

(4) 여격(dative case)

여격은 동작의 방향, 시간이나 공간을 통한 동작을 나타낸다.

여격 어미는 -(y)A, 즉 -a/-e/-ya/-ye '~에, ~로'로 표현된다. 동사 어간이 자음으로 끝나면 -a/-e, 모음으로 끝나면 -ya/-ye가 붙는다. 터키어는 두 모음이 나란히 오는 것을 싫어하기 때문에 두 모음의 충돌을 막기 위하여 연결 자음 y가 들어간다. 낱말의 마지막 모음이 후설이면(즉, a, ı, o, u 중 하나이면) -a/-ya, 전설이면(즉, e, i, ö, ü 중 하나이면) -e/-ye가 붙는다.

마지막 음절의 모음	모음 뒤	자음 뒤
a, ı, o, u	-ya	-a
e, i, ö, ü	-ye	-e

ağaç '나무' ağaçlar '나무들'

ağaca '나무에' ağaçlara '나무들에'

ütü '다리미' ütüler '다리미들'

ütüye '다리미에' ütülere '다리미들에'

ver- '주다'와 같은 동사에서는 여격 어미가 간접 목적어를 나타낸다.

Kutuyu Ahmet'e verdi. '그는 상자를 아흐메트에게 주었다.'

여격의 낱말과 사용되는 동사들이 있다.

Biz otobüse biniyoruz. '우리는 버스에 탄다.'

Eve döndü. '그는 집에 돌아왔다.'

İşe başladım. '나는 일을 시작하였다.'

Ona güldü. '그는 그에게/그것에 웃었다.'

Öğrenci sınıfa giriyor. '학생이 교실에 들어간다.'

Ben Ankara'ya gidiyorum. '나는 앙카라에 간다.'

Arkadaşım Türkiye'ye geliyor. '나의 친구가 터키에 온다.'

Bize baktılar. '그들은 우리를 보았다. 그들은 우리를 돌보았다.'

Kedi ağaca tırmanıyor. '고양이가 나무에 기어오른다.'

Annesi ona hediye veriyor. '그의 어머니가 그에게 선물을 준다.'

여격의 낱말과 사용되는 후치사들이 있다.

eve doğru '집을 향하여'

kapıya kadar '문까지'

gazeteye göre '신문에 따르면, 신문에 의하면'

düşmana karşı '적에 대(항)하여'

의문대명사 ne '무엇'의 여격형인 neye는 흔히 niye로 사용되는데 '왜, 어째서'를 뜻한다.

Niye geldin? '너는 왜 왔니?'

(5) 처격(locative case)

'~에서'를 뜻하는 처격은 어떤 시점이나 지점을 나타낸다.

처격 어미는 -da/-de/-ta/-te이다. -ta/-te는 Fe paşa çok hasta 'Fe 장군이 무척 아프다'의 자음들 중 하나, 즉 무성자음으로 끝나는 낱말 뒤에 붙는다. 처격 어미를 표로 나타내면 다음과 같다.

마지막 음절의 모음	모음/유성자음 뒤	무성자음 뒤
a, ı, o, u	-da	-ta
e, i, ö, ü	-de	-te

Türkiye'de '터키에서'   ağaçta '나무에서'

처격 어미가 붙은 낱말이 문장의 맨 마지막에 오면, 이 문장은 '~이 ~에 있다'를 뜻한다.

İstanbul Türkiye'de. '이스탄불은 터키에 있다.'

Ablam okulda. '나의 언니/누나는 학교에 있다.'

Ben evdeyim. '나는 집에 있다.'

문장에서 처격 어미가 주어보다 먼저 오면 '~이 있다', '~이 없다'를 뜻하는 문장을 만들기 위해서는 반드시 문장의 마지막에 var '~이 있다'나 yok '~이 없다'를 사용해야 한다.

Türkiye'de İstanbul var. '터키에 이스탄불이 있다.'

Okulda ablam yok. '학교에 나의 언니/누나가 없다.'

분수를 표현할 때에 분모에 처격 어미가 붙는다.

3'te 2(üçte iki) '3분의 2'

100'de 15(yüzde on beş) '100분의 15, 15%'

yüzde yüz '100%'

dörtte bir '4분의 1'(4분의 1은 특히 시간을 나타낼 때 çeyrek라 는 페르시아어 차용어로 나타내기도 한다)

터키어에는 '~도'를 뜻하는 접속사 da/de가 있다. da/de는 앞의 낱말 과 언제나 떼어서 표기된다. 그러므로 ta/te 형태는 없다. 후설모음 a, ı, o, u 다음에는 da, 전설모음 e, i, ö, ü 다음에는 de가 사용된다.

Erdoğan da geldi. '에르도안도 왔다.'

evde de '집에서도'

da/de가 되풀이되어 사용되면 '~도 ~도'를 뜻한다.

sana da bana da '너에게도 나에게도'

senden de benden de '너에게서도 나에게서도'

(6) 탈격(ablative case)

'~로부터, ~에서부터'를 뜻하는 탈격은 -dan/-den/-tan/-ten으로 표현된다. -tan/-ten은 Fe paşa çok hasta 'Fe 장군이 무척 아프다'의 자음들 중 하나, 즉 무성자음으로 끝나는 낱말 뒤에 붙는다. 탈격을 표로 나타내면 다음과 같다.

마지막 음절의 모음	모음/유성자음 뒤	무성자음 뒤
a, ı, o, u	-dan	-tan
e, i, ö, ü	-den	-ten

탈격은 어떤 시점이나 지점으로부터 떠나는 동작을 나타낸다.

Ankara'dan kaç kişi geldi? '앙카라에서 몇 사람이 왔습니까?'

Arkadaşım okuldan geldi. '나의 친구는 학교에서 왔다.'

탈격은 원인을 나타낸다.

Babası hastalıktan öldü. '그의 아버지는 병으로 죽었다.'

Sıcaktan başım ağrıyor. '더워서/더위 때문에 나는 머리가 쑤신다.'

탈격은 재료를 나타낸다.

kardan adam '눈사람'

taştan bir ev '돌집, 석조 집'

탈격은 비교를 나타낸다. 단순한 비교를 할 때에는 비교하는 말에 탈격 어미를 붙이면 된다.

benden büyük '나보다 큰'

sizden iyi '너희/당신보다 좋은'

sizden az çalışkan '너희/당신보다 덜 부지런한'

ondan az '그(것)보다 적은'

비교를 완전하게 표현할 때에는 부사 daha '더'와 daha az '덜'을 함께 사용한다.

benden daha büyük '나보다 더 큰'

sizden daha iyi '너희/당신보다 더 좋은'

ondan daha az '그(것)보다 더 적은, 그(것)보다 덜'

최상급은 부사 en '가장, 제일', en az '가장 덜, 최소로'로 표현된다.

en büyük '가장 큰, 제일 큰'

en az '가장 적은, 최소의; 적어도, 최소한'

en az çalışkan '가장 덜 부지런한, 제일 덜 부지런한'

피동문에서 아랍어 차용어인 taraf '쪽, 방향'에 소유 어미가 붙은 뒤 여기에 탈격 어미가 붙어서 행위자가 표현된다.

(benim) tarafımdan '나에 의해'

(senin) tarafından '너에 의해'

(onun) tarafından '그에 의해'

(bizim) tarafımızdan '우리에 의해'

(sizin) tarafınızdan '너희/당신에 의해'

(onların) tarafından '그들에 의해'

polis tarafından '경찰에 의해'

피동문에서 행위자는 -ca/-ce/-ça/-çe로 표현되기도 한다.

polisçe '경찰에 의해'

탈격의 낱말과 사용되는 동사들이 있다.

Ben sigaradan nefret ediyorum. '나는 담배를 싫어한다.'

Bilgisayardan faydalanıyoruz. '우리는 컴퓨터를 이용한다.'

Çocuk odadan çıktı. '아이가 방에서 나갔다/나왔다.'

Yılandan korkuyor. '그는 뱀을 무서워한다. 그는 뱀이 무섭다.'

Okuldan söz ediyor. '그는 학교에 대하여 말한다.'

Senden hoşlanıyor. '그는 너를 좋아한다.'

Uçaktan indiler. '그들은 비행기에서 내렸다.'

탈격의 낱말과 사용되는 후치사들이 있다.

benden başka '나 외에는, 나를 제외하고는'

dünden beri '어제부터'

senden dolayı/ötürü '너 때문에'

konserden sonra '연주회 후에'

탈격 어미가 붙어 만들어진 부사들이 있다.

birdenbire는 '갑자기, 별안간'(글자 그대로는 '하나에서 하나에')

doğrudan doğruya '곧장, 똑바로, 즉시'(글자 그대로는 '곧은 (것)
      에서 곧은 (것)에')

eskiden '옛날에, 이전에, 예전에' < eski '옛'

gerçekten '정말로, 참으로, 실제로' < gerçek '참, 진실, 사실'

11. 의문문

터키어의 의문문은 의문사가 있는 경우와 의문사가 없는 경우로 나뉜다.

(1) 의문사가 있는 경우

문장이 그대로 의문문이 된다.

① kim '누구'

   Sen kimsin? '너는 누구니?'

   Kim geldi? '누가 왔니?'

   Öğrenciler kimi beklediler? '학생들은 누구를 기다렸습니까?'

② ne '무엇'

   Bu ne? '이것은 무엇입니까?'

   Sen ne istiyorsun? '너는 무엇을 원하니?'

   Ne gerek? '무엇이 필요합니까?'

③ kaç '몇, 얼마'

   Bir yılda kaç ay var? '한 해에 몇 달이 있습니까?'

   Otelde kaç gece kaldılar? '그들은 호텔에서 몇 밤 묵었습니까?'

④ kaçıncı '몇째, 몇 번째'

   Odanız kaçıncı katta? '당신의 방은 몇 층에 있습니까?'

⑤ hangi '어느, 어떤, 무슨'

   Hangi gün geldin? '너는 어느 날 왔니?'

   Siz hangi kitabı okudunuz? '당신은 어느 책을 읽었습니까?'

⑥ ne kadar '얼마'

Bu ne kadar? '이것은 얼마입니까?'

Burada ne kadar kalacağız? '우리는 여기에서 얼마나 머무를 것
입니까?'

⑦ niçin ~ neden ~ niye '왜, 무엇 때문에'

Sen niçin(~ neden ~ niye) geldin? '너는 왜 왔니?'

Çocuk niçin ağlıyor? '아이가 왜 웁니까?'

Ahmet neden okula gelmedi? '아흐메트는 왜 학교에 오지 않았니?'

⑧ nasıl '어떠한, 어떻게'

Otobüs nasıl gidiyor? '버스는 어떻게 갑니까?'

Öğretmeni nasıl beklediler? '그들은 선생님을 어떻게 기다렸습니까?'

⑨ nere '어디'

Senin evin nerede? '너의 집은 어디에 있니?'

Siz nereye gidiyorsunuz? '당신은 어디에 가십니까?'

⑩ ne zaman '언제'

Sen eve ne zaman döneceksin? '너는 집에 언제 돌아갈 것이니?'

(2) 의문사가 없는 경우

물어보고 싶은 말 다음에 '~까? ~니?'를 뜻하는 mı/mi/mu/mü를 붙
인다. a/ı 다음에는 mı, e/i 다음에는 mi, o/u 다음에는 mu, ö/ü 다음에
는 mü가 온다. 이것들의 위치는 자유롭다.

Bakan dün Çin'e gitti. '장관이 어제 중국에 갔다.'

Bakan dün Çin'e gitti mi? '장관이 어제 중국에 갔습니까?'(갔는

지를 물어봄)

Bakan dün Çin'e mi gitti. '장관이 어제 중국에 갔습니까?'(간 곳이 중국인지를 물어봄)

Bakan dün mü Çin'e gitti. '장관이 어제 중국에 갔습니까?'(간 때가 어제인지를 물어봄)

Bakan mı dün Çin'e gitti. '장관이 어제 중국에 갔습니까?'(간 사람이 장관인지를 물어봄)

Ben seni çok seviyorum '나는 너를 무척 사랑한다'

Ben seni çok seviyor muyum '내가 너를 무척 사랑하니?'(사랑하는지를 물어봄)

Ben seni çok mu seviyorum '내가 너를 무척 사랑하니?'(사랑하는 정도가 무척인지를 물어봄)

Ben seni mi çok seviyorum '내가 너를 무척 사랑하니?'(내가 사랑하는 사람이 너인지를 물어봄)

Ben mi seni çok seviyorum '내가 너를 무척 사랑하니?'(너를 사랑하는 사람이 나인지를 물어봄)

12. 대명사

(1) 인칭대명사

터키어에서 사용되는 인칭대명사와 그 격변화는 다음과 같다.

수	단수			복수		
인칭	1	2	3	1	2	3
절대격	ben	sen	o	biz	siz	onlar
속격	benim	senin	onun	bizim	sizin	onların
대격	beni	seni	onu	bizi	sizi	onları
여격	bana	sana	ona	bize	size	onlara
처격	bende	sende	onda	bizde	sizde	onlarda
탈격	benden	senden	ondan	bizden	sizden	onlardan

‘나의’를 뜻하는 낱말은 benin이 아니라 benim이다. 어말의 n이 어두의 b에 동화된 것이다.

　benim çantam ‘나의 가방’

‘나에게’를 뜻하는 낱말은 bene가 아니라 bana이다. 옛 문헌과 사투리에서는 baŋa로 나타난다.

　Bana gel! ‘나에게 와라!’

‘너에게’를 뜻하는 낱말은 sene가 아니라 sana이다. 옛 문헌과 사투리에서는 saŋa로 나타난다.

　Bu iş sana uygun. ‘이 일은 너에게 알맞다.’

‘그를’을 뜻하는 낱말은 oyu가 아니라 onu이다.

　Onu bekliyorum. ‘나는 그를 기다린다.’

‘그에게’를 뜻하는 낱말은 oya가 아니라 ona이다. 옛 문헌과 사투리에서는 oŋa로 나타난다.

　Ona hediye verdik. ‘우리는 그에게 선물을 주었다.’

‘그한테, 그에게’를 뜻하는 낱말은 oda가 아니라 onda이다.

　Onda çok para var. ‘그에게 돈이 많이 있다. 그는 돈이 많다.’

‘그로부터, 그에게서; 그보다’를 뜻하는 낱말은 odan이 아니라

ondan이다.

ondan önce '그보다 먼저'

'우리의'를 뜻하는 낱말은 bizin이 아니라 bizim이다. 어말의 n이 어두의 b에 동화된 것이다.

bizim köyümüz '우리의 마을'

터키어 문장에서는 주어가 대명사인 경우에는 생략될 수 있다. 서술어에 있는 인칭 어미를 보고 주어를 알 수 있기 때문이다.

Ben geldim. ~ Geldim. '내가 왔다.'

Sen iyi bir öğretmensin. ~ İyi bir öğretmensin. '너는 좋은 선생님
이다.'

sen은 다음의 경우에 사용된다.

① 아이나 아랫사람에게 말할 때

② 친근함의 표시

③ 어떤 개인에 대한 모욕

④ 신(神)에게 진지하게 말하거나 죽은 사람을 언급할 때

siz는 다음의 경우에 사용된다.

① 한 사람보다 많은 사람에게 말할 때

② 한 개인에게 정중하게 말할 때

biz는 정중하고 겸손한 표현을 위해 ben 대신에 사용될 때가 있다.

① 공식적으로 말할 때에 때때로 ben 대신에 사용된다.

② ben 대신에 biz를 사용하는 작가들이 있다.

③ 필자의 경험으로는, 학위논문을 제출할 때에 ben 대신에 biz
를 사용하는 것이 겸손한 표현이다.

(2) 지시대명사

터키어에서 사용되는 지시대명사와 그 격변화는 다음과 같다.

수	단수			복수		
	이	그	저	이들	그들	저들
절대격	bu	o	şu	bunlar	onlar	şunlar
속격	bunun	onun	şunun	bunların	onların	şunların
대격	bunu	onu	şunu	bunları	onları	şunları
여격	buna	ona	şuna	bunlara	onlara	şunlara
처격	bunda	onda	şunda	bunlarda	onlarda	şunlarda
탈격	bundan	ondan	şundan	bunlardan	onlardan	şunlardan

지시대명사 o '그'는 단수 3인칭 대명사와 같다. 단수 3인칭 대명사 o는 본래 지시대명사였다. 본래의 단수 3인칭 대명사 *in은 3인칭 소유 어미 -(s)I(n)에 그 흔적이 남아 있는 것으로 알려져 있다.

단수 지시대명사들의 사격(斜格) 어간들은 bun-, on-, şun-이다. 이 사격 어간들을 본으로 삼아 유추에 의해 복수 지시대명사들에서 복수 어미 -lar 앞에 n이 덧붙여졌다.

şu는 '다음의 ~', '다음과 같다'의 뜻으로도 많이 사용된다.

Şu kitabı oku! '다음의 책을 읽어라!'

bu, şu, o는 그다음에 오는 명사를 수식할 때에는 형용사이고, 단독으로 사용될 때에는 대명사이다. 대명사일 때에는 격어미가 붙는다.

bu ülke '이 나라'   o gün '그날'

Bu, benim babam. '이 사람은 나의 아버지다.'

Onun evine gidiyorum. '나는 그의 집에 간다.'

bu, şu, o에서 다음의 낱말들이 만들어졌다. 이 낱말들은 형용사나

부사로 사용된다: böyle '이러한, 이렇게', şöyle '저러한, 저렇게', öyle '그러한, 그렇게'

Böyle oldu. '그것은 이렇게 되었다.'

böyle bir gün '이러한 날'

터키어에서 bura '여기'(< bu ara '이 사이'), şura '저기'(< şu ara '저 사이'), ora '거기'(< o ara '그 사이'), nere '어디'(< ne ara '무슨 사이')는 주어와 보어로 사용될 때에는 3인칭 소유 어미와 함께 사용된다. 즉 burası '여기', şurası '저기', orası '거기', neresi '어디'. 이들 낱말의 격변화를 표로 나타내면 다음과 같다.

절대격	burası	şurası	orası	neresi
속격	buranın	şuranın	oranın	nerenin
대격	burayı	şurayı	orayı	nereyi
여격	buraya	şuraya	oraya	nereye
처격	burada	şurada	orada	nerede
탈격	buradan	şuradan	oradan	nereden

(3) 의문대명사

의문대명사로서 kim '누구?'와 ne '무엇?'이 있다. kim과 ne는 다음과 같이 격변화 한다.

구분	단수		복수	
절대격	kim	ne	kimler	neler
속격	kimin	neyin	kimlerin	nelerin
대격	kimi	neyi	kimleri	neleri
여격	kime	neye, niye	kimlere	nelere
처격	kimde	nede	kimlerde	nelerde
탈격	kimden	neden	kimlerden	nelerden

ne는 형용사로 사용되기도 한다.

ne zaman '언제?'

ne는 '얼마나'를 뜻하여 감탄을 나타내기도 한다.

ne güzel '얼마나 아름다운가!'

의문대명사처럼 의문을 나타내는 낱말이 들어 있는 문장에서는 따로 '~까? ~니?'를 뜻하는 mı/mi/mu/mü를 써서는 안 된다. 의문을 나타내는 낱말 자체가 '~까? ~니?'를 뜻하기 때문이다.

Kim geldi? '누가 왔습니까?'

Bu ne? '이것은 무엇입니까?'

의문을 나타내는 낱말로는 kaç '몇, 얼마', hangi '어느, 무슨', nasıl '어떠한, 어떻게', kaçıncı '몇 번째, 몇째', nere '어디', niçin ~ neden ~ niye '왜' 등이 더 있다.

(4) 재귀대명사

kendi '자신, 자아'에 소유 어미가 붙으면 재귀대명사가 된다.

구분	단수			복수		
	1인칭	2인칭	3인칭	1인칭	2인칭	3인칭
절대격	kendim	kendin	kendisi	kendimiz	kendiniz	kendileri
속격	kendimin	kendinin	kendisinin	kendimizin	kendinizin	kendilerinin
대격	kendimi	kendini	kendisini	kendimizi	kendinizi	kendilerini
여격	kendime	kendine	kendisine	kendimize	kendinize	kendilerine
처격	kendimde	kendinde	kendisinde	kendimizde	kendinizde	kendilerinde
탈격	kendimden	kendinden	kendisinden	kendimizden	kendinizden	kendilerinden

3인칭 단수의 경우 kendi의 모음 i를 3인칭 소유 어미로 착각하여

kendisi 대신에 kendi를 사용하기도 한다.

Kendine geldi '그는 제정신이 들었다.'

소유 어미를 지닌 낱말 앞에 kendi가 사용되면 '~자신의 ~'를 뜻한다.

kendi kitabım '나 자신의 책'

kendi kitabın '너 자신의 책'

kendi kitabı '그 자신의 책; 그들 자신의 책'

kendi kitabımız '우리 자신의 책'

kendi kitabınız '너희/당신 자신의 책'

kendi kitapları '그들 자신의 책, 그들 자신의 책들; 그 자신의 책들'

kendi kitaplarım '나 자신의 책들'

kendi kitapların '너 자신의 책들'

(onun) kendi kitapları '그 자신의 책들'

kendi kitaplarımız '우리 자신의 책들'

kendi kitaplarınız '너희/당신 자신의 책들'

(onların) kendi kitapları '그들 자신의 책, 그들 자신의 책들'

kendi가 여격의 재귀대명사 앞에서 사용되면 '스스로, 자진해서, 자발적으로'를 뜻한다.

kendi kendime '내가 스스로, 내가 자진해서'

kendi kendine '네가 스스로, 네가 자진해서'

kendi kendisine ~ kendi kendine '그가 스스로, 그가 자진해서'

kendi kendimize '우리가 스스로, 우리가 자진해서'

kendi kendinize '너희가/당신이 스스로, 너희가/당신이 자진해서'

kendi kendilerine ~ kendi kendine '그들이 스스로, 그들이 자진해서'

(5) 부정대명사

bazı/kimi '얼마간의, 다소의', birkaç '몇몇', birçok '많은, 꽤 많은', çok '많은; 대부분', hep '언제나; 모두'에 복수 인칭의 소유 어미가 붙어 부정대명사로 사용된다. 이때에 hep은 '모두', çok는 '대부분'을 뜻한다.

bazımız/kimimiz '우리 중 일부/몇몇'

bazınız/kiminiz '너희/당신들 중 일부/몇몇'

bazısı/kimisi ~ bazıları/kimileri '그들 중 일부/몇몇'

birçoğumuz '우리 중 많은 사람'

birçoğunuz '너희/당신들 중 많은 사람'

birçoğu ~ birçokları '그들 중 많은 사람'

birkaçımız '우리 몇몇'

birkaçınız '너희 몇몇'

birkaçı ~ birkaçları '그들 몇몇'

çoğumuz '우리 대부분'

çoğunuz '너희/당신들 대부분'

çoğun ~ çokları '그들 대부분'

hepimiz '우리 모두'

hepiniz '너희/당신들 모두'

hepsi '그들 모두'(< hep-i-si[30]); 3인칭 소유 어미가 두 번 사용되었음)

---

30) 필자는 앙카라에서 이렇게 hepisi로 발음하는 터키 사람을 본 적이 있다.

다음의 낱말들도 부정의 수를 나타낸다.

az '적은, 소수의':

      az kişi '적은/소수의 사람'

      az sayı '적은 수'

      az sermaye '적은 자본, 적은 자본금'

birtakım '얼마간의'(언제나 복수형의 낱말들과 사용됨):

      birtakım hastalıklar '얼마간의 질병들'

      birtakım insanlar '얼마간의 사람들'

      birtakım olaylar '얼마간의 사건들'

bütün '전체의, 모든':

      bütün dünya '전 세계, 온 누리, 온 세상'

      bütün ağaçlar '모든 나무들'

      bütün gazeteler '모든 신문들'

her '각각의, ~마다, 매~':

      her gün '매일, 날마다'

      her yıl '매년, 해마다'

      her biri ~ herkes '각자, 모든 사람, 누구나'

13. 수사

(1) 기수

터키어에서 사용되는 기수는 다음과 같다.

bir	1	yirmi beş	25	dört bin	4,000
iki	2	yirmi altı	26	beş bin	5,000
üç	3	yirmi yedi	27	altı bin	6,000
dört	4	yirmi sekiz	28	yedi bin	7,000
beş	5	yirmi dokuz	29	sekiz bin	8,000
altı	6	otuz	30	dokuz bin	9,000
yedi	7	kırk	40	on bin	1만
sekiz	8	elli	50	yüz bin	10만
dokuz	9	altmış	60	bir milyon	100만
on	10	yetmiş	70	on milyon	1,000만
on bir	11	seksen	80	yüz milyon	1억
on iki	12	doksan	90	bir milyar	10억
on üç	13	yüz	100	on milyar	100억
on dört	14	iki yüz	200	yüz milyar	1,000억
on beş	15	üç yüz	300	bir trilyon	1조
on altı	16	dört yüz	400	on trilyon	10조
on yedi	17	beş yüz	500	yüz trilyon	100조
on sekiz	18	altı yüz	600	bin trilyon	1,000조
on dokuz	19	yedi yüz	700	on bin trilyon	1경
yirmi	20	sekiz yüz	800	yüz bin trilyon	10경
yirmi bir	21	dokuz yüz	900	bir katrilyon	100경
yirmi iki	22	bin	1,000	on katrilyon	1,000경
yirmi üç	23	iki bin	2,000	yüz katrilyon	1해
yirmi dört	24	üç bin	3,000	sıfır	0

다섯 자리 이상의 숫자들은 세 자리마다 ,가 아니라 .을 사용한다.

모든 숫자는 따로 표기된다.

1989 (bin dokuz yüz seksen dokuz)

2011 (iki bin on bir)

374.766 (üç yüz yetmiş dört bin yedi yüz altmış altı)

999.999 (dokuz yüz doksan dokuz bin dokuz yüz doksan dokuz)

49.750.812 (kırk dokuz milyon yedi yüz elli bin sekiz yüz on iki)

28.434.250.310.500 (yirmi sekiz trilyon dört yüz otuz dört milyar
iki yüz elli milyon üç yüz on bin beş yüz)

소수에서는 .이 아니라 ,을 사용한다. 부호 , 바로 앞의 수 다음에는 tam '완전한'을 사용하고, 부호 , 다음의 수는 분수로 읽는다.

38,6 (otuz sekiz tam, onda altı)

25,33 (yirmi beş tam, yüzde otuz üç)

0,45 (sıfır tam, yüzde kırk beş)

돈은 다음과 같이 읽고 붙여서 표기한다.

650,35 (altıyüzelliTL,otuzbeşKr) (altı yüz elli lira, otuz beş kuruş로
읽는다)

TL = Türk lirası; Kr = kuruş (1 TL = 100 Kr)

터키어에서는 숫자 다음에 항상 단수형 낱말이 온다.

bir kere/kez/defa/sefer '한 번'

iki ev '집 두 채, 두 집'

üç çocuk '세 아이'

dört cami '네 모스크'

beş cadde '다섯 거리(街)'

altı gece '여섯 밤(夜)'

yedi gün '일곱 날, 7일'

sekiz hafta '여덟 주'

dokuz fincan '아홉 잔'

on kız '열 소녀'

bin bir gece '1,001밤'

Dün sabah Ankara'dan kaç kişi geldi? '어제 아침에 앙카라에서 몇 사람이 왔습니까?'

Beş kişi geldi. '다섯 사람이 왔다.'

Postacı günde iki defa gelir. '집배원이 하루에 두 번 온다.'

몇몇 굳은 표현에서는 숫자 다음에 복수형 낱말이 온다.

Ali Baba ve Kırk Haramiler '알리 바바와 40인의 도적'

Pamuk Prenses ve Yedi Cüceler '백설 공주와 일곱 난쟁이'

Yedi Göller '7호수들'(앙카라 서북쪽 흑해 연안의 땅 이름)

2012 yıl은 '2012(개나 되는) 해 (동안)', 2012 yılı는 '(서기) 2012년'을 뜻한다.

기수에 소유 어미가 붙어 대명사로 사용되기도 한다.

İkimiz burayı çok iyi biliyoruz. '우리 둘은 이곳을 아주 잘 압니다.'

(2) 서수

서수는 기수에 -(I)ncI라는 접미사를 붙여 만든다. 즉 모음 다음에는 -ncı/-nci/-ncu/-ncü, 자음 다음에는 연결 모음 ı/i/u/ü가 들어가서 -ıncı/-inci/-uncu/-üncü가 붙는다.

birinci '첫째'   ikinci '둘째'   üçüncü '셋째'

dördüncü '넷째'   beşinci '다섯째'   altıncı '여섯째'

yedinci '일곱째'   sekizinci '여덟째'   dokuzuncu '아홉째'

onuncu '열째'   on birinci '열한째'   yirminci '스무째'

otuzuncu '서른째'   kırkıncı '마흔째'   ellinci '쉰째'

altmışıncı '예순째'   yetmişinci '일흔째'   sekseninci '여든째'

doksanıncı '아흔째'   yüzüncü '백 번째'   bininci '천 번째', ……

dörtüncü가 아니라 dördüncü인 것은 ö가 원래는 장모음이었기 때문이다.

숫자 다음에 점을 찍어 서수를 나타내기도 한다.

1. '첫째'   2. '둘째'   3. '셋째'

4. '넷째'   5. '다섯째'   6. '여섯째'

7. '일곱째'   8. '여덟째'   9. '아홉째'

10. '열째'   11. '열한째'   20. '스무째'

30. '서른째'   40. '마흔째'   50. '쉰째'

60. '예순째'   70. '일흔째'   80. '여든째'

90. '아흔째'   100. '백 번째'   1000. '천 번째', ……

숫자 다음에 작은따옴표(')와 접미사 -(I)ncI를 표기하여 서수를 나
타내기도 한다.

1'inci '첫째'   2'nci '둘째'   3'üncü '셋째'

4'üncü '넷째'   5'inci '다섯째'   6'ncı '여섯째'

7'nci '일곱째'   8'inci '여덟째'   9'uncu '아홉째'

10'uncu '열째'   11'inci '열한째'   20'nci '스무째'

30'uncu '서른째'   40'ıncı '마흔째'   50'nci '쉰째'

60'ıncı '예순째'   70'inci '일흔째'   80'inci '여든째'

90'ıncı '아흔째'   100'üncü '백 번째'   1,000'inci '천 번째', ······

kaçıncı는 '몇째, 몇 번째', ilk는 '처음, 첫', son ~ sonuncu는 '마지막'

을 뜻한다.

Daireniz kaçıncı katta? '당신의 아파트는 몇 층에 있습니까?'

ilk işi '그의 첫 일'

son uyarı '최후통첩'

서수의 표기 예

II. Mehmet [İkinci Mehmet] '메흐메트 2세'

XIV. Louis [On dördüncü Louis] '루이 14세'

XXI. yüzyıl [Yirmi birinci yüzyıl] '21세기'

2. Cadde [İkinci Cadde] '2번가'

20. Sokak [Yirminci Sokak] '20번 골목'

(3) 분수

분수를 표현할 때에 분모에 처격 어미가 붙고 분자는 기수를 그대

로 쓴다.

3'te 2 (üçte iki) '3분의 2'

100'de 25 (yüzde yirmi beş, % 25) '100분의 25, 25%'

yüzde yüz (% 100) '100%'

dörtte bir '4분의 1'

yüzde가 %를 뜻하므로 % 부호는 숫자보다 먼저 사용된다.

   % 3,5 (yüzde üç buçuk) '3.5%'

'4분의 1'은 특히 시간을 나타낼 때 çeyrek라는 페르시아어 차용어로 나타내기도 한다. 이때에는 '4분의 1시간', 즉 '15'분을 나타낸다.

   '절반'을 뜻하는 낱말로 yarım, yarı와 buçuk가 있다. yarım과 yarı는 그 앞에 다른 숫자가 없을 때, buçuk는 그 앞에 숫자가 있을 때 사용된다. 그러므로 buçuk는 '~와 (그 단위의) 절반'을 뜻한다. yarı는 명사로도 사용되는데 yarım은 그렇지 않다.

   yarım kilo '반 킬로그램' = beş yüz gram '500그램'

   yarım kilometre '반 킬로미터' = beş yüz metre '500미터'

   yarım saat '반시간' = otuz dakika '30분'

   bir buçuk saat '1시간 반, 1.5시간'

   on buçuk kilometre '10킬로미터 반, 10.5킬로미터'

   iki buçuk kilo '2킬로그램 반, 2.5킬로그램'

   gece yarısı ~ yarı gece '한밤, 자정'

   yarı göçebe '반유목민'

   Orada iki buçuk ay kaldım. '나는 거기에서 두 달 반 머물렀다.'

(4) 분배 수사

분배 수사는 기수에 -(ş)Ar라는 접미사를 붙여 만든다. 모음 다음에는 -şAr, 즉 -şar/-şer가 붙고 자음 다음에는 -Ar, 즉 -ar/-er가 붙는다.

   birer '하나씩'   ikişer '둘씩'   üçer '셋씩'

   dörder '넷씩'   beşer '다섯씩'   altışar '여섯씩'

yedişer '일곱씩'	sekizer '여덟씩'	dokuzar '아홉씩'
onar '열씩'	on birer '열하나씩'	yirmişer '스물씩'
otuzar '서른씩'	kırkar '마흔씩'	ellişer '쉰씩'
altmışar '예순씩'	yetmişer '일흔씩'	seksener '여든씩'
doksanar '아흔씩'	yüzer '백씩'	biner '천씩', ……

Şu kelimelerle birer cümle yapın. '다음 낱말들로 하나씩 문장을 만
드시오.'

원래 분배 수사를 만드는 접미사는 -ar/-er이기 때문에 모음으로 끝
나는 숫자 다음에는 모음충돌을 막기 위하여 자음 y를 넣어야 한다. 그
런데 옛날에 beşer '다섯씩'(< beş-er)이라는 낱말이 be-şer로 잘못 분석
되는 바람에 모음으로 끝나는 숫자에 y 대신에 ş가 들어가게 되었다.

분배 수사는 숫자가 아니라 글로 나타낸다.

2'şer가 아니라 ikişer

9'ar가 아니라 dokuzar

100'er가 아니라 yüzer, ……

dörter가 아니라 dörder인 것은 ö가 원래는 장모음이었기 때문이다.
'반씩'을 뜻하는 낱말은 yarımar가 아니라 yarımşar이다.

(5) 사칙연산

더하기는 '+'(artı), 빼기는 '-'(eksi), 곱하기는 '×'(çarpı), 나누기는
'÷, /, :'(bölü), 같다는 '='(eşit)를 사용한다. 나누기 부호가 세 가지
이다.

사칙연산의 예

5 + 3 = 8 (Beş artı üç eşittir sekiz.)

11 − 4 = 7 (On bir eksi dört eşittir yedi.)

9 × 2 = 18 (Dokuz çarpı iki eşittir on sekiz.)

12 ÷ 6 = 2 (On iki bölü altı eşittir iki.)

(6) 날짜 읽기

터키어에서 날짜는 유럽의 여러 언어와 마찬가지로 날-달-해 순서여서 한국어와는 정반대이다. 날짜는 다음과 같이 세 가지 방식으로 표기된다.

14 Mayıs 2012 [on dört Mayıs iki bin on iki] '2012년 5월 14일'

14.5.2012

14.V.2012

'2012년 5월 14일 월요일'은 14 Mayıs 2012 Pazartesi로 나타낸다.

요일 이름은 다음과 같다.

pazar '일요일'(< 페르시아어 bāzār '시장(市場)')

pazartesi '월요일'(< pazar ertesi; ertesi '그다음')

salı '화요일'(< 아랍어 thālith '셋째')

çarşamba '수요일'(< 페르시아어 čahāršambe)

perşembe '목요일'(< 페르시아어 panǰšambe)

cuma [dʒumɑː] '금요일'(< 아랍어 ǰumʻa)

cumartesi '토요일'(< cuma ertesi; ertesi '그다음')

요일 이름은 대개 낱말 gün '날'과 함께 사용된다.

pazar günü '일요일'

pazartesi günü '월요일'

salı günü '화요일'

çarşamba günü '수요일'

perşembe günü '목요일'

cuma günü '금요일'

cumartesi günü '토요일'

달 이름은 다음과 같다.

ocak '1월' < ocak '화덕'

şubat '2월' < 아랍어 šubāṭ < 시리아어

mart '3월' < 라틴어 Martius

nisan[niːsɑn] '4월' < 아랍어 nīsān < 시리아어

mayıs '5월' < 라틴어 maius

haziran[hɑziːɾɑn] '6월' < 아랍어 ḥazīrān < 시리아어

temmuz '7월' < 아랍어 tammūz < 시리아어

ağustos '8월' < 라틴어 Augustus

eylül '9월' < 아랍어 aylūl < 시리아어

ekim '10월' < ekim '씨뿌리기, 파종' < ek- '씨 뿌리다, 심다' +
    i + -m

kasım '11월' < 아랍어 qāsim

aralık '12월' < aralık '사이, 간격' < ara '사이' + -lık

달 이름은 낱말 ay '달'과 함께 사용되기도 한다.

ocak ayı '1월'	şubat ayı '2월'	mart ayı '3월'
nisan ayı '4월'	mayıs ayı '5월'	haziran ayı '6월'
temmuz ayı '7월'	ağustos ayı '8월'	eylül ayı '9월'
ekim ayı '10월'	kasım ayı '11월'	aralık ayı '12월'

시간을 나타내는 명사는 절대격 형태로 사용되어 부사어가 되는 경우가 많다.

salı günü '화요일에'

bu ay '이달에, 이번 달에'

gelecek hafta '다음 주에'

(7) 시간 읽기

kaç saat는 '몇 시간?', saat kaç는 '몇 시?'를 뜻한다.

saniye[sɑːnijɛ]는 '초', dakika[dɑkiːkɑ]는 '분'을 뜻한다.

공식적으로는 24시까지 읽지만, 한국어와 마찬가지로 구어체에서는 12시까지만 읽는다. '몇 시'라는 뜻으로 시계를 보는 방법은 다음과 같다. 앞에서 언급한 것처럼, 시간을 나타낼 때 çeyrek '4분의 1'이라는 페르시아어 차용어를 사용하기도 한다. 이때에 çeyrek는 '4분의 1시간', 즉 '15'분을 나타낸다.

① 분침이 12나 6에 있을 때

saat bir '1시'   saat iki '2시'

saat dokuz '9시'   saat on iki '12시, 24시'

saat bir buçuk '1시 30분'   saat yedi buçuk '7시 30분'

saat on iki buçuk '12시 30분' = saat yarım

② 분침이 12와 6 사이에 있을 때, 즉 시계 오른쪽에 있을 때:

~(y)I ~ geçiyor.(글자 그대로는 '~을 ~ 지난다.')

Saat ikiyi yedi geçiyor. '2시 7분'

Saat onu çeyrek geçiyor. '10시 15분'

Saat on biri yirmi dokuz geçiyor. '11시 29분'

③ 분침이 6과 12 사이에 있을 때, 즉 시계 왼쪽에 있을 때:

~(y)A ~ var.(글자 그대로는 '~에 ~ (남아) 있다.')

Saat ikiye yedi var. '1시 53분'

Saat ona çeyrek var. '9시 45분'

Saat on bire yirmi dokuz var. '10시 31분'

saat kaçta는 '몇 시에?'를 뜻한다. '몇 시에?'라는 뜻으로 시계를 보
는 방법은 다음과 같다.

① 분침이 12나 6에 있을 때에는 -DA, 즉 -da/-de/-ta/-te라는 처격을
사용한다.

saat birde '1시에'   saat ikide '2시에'

saat on ikide '12시에, 24시에' saat bir buçukta '1시 30분에'

saat yedi buçukta '7시 30분에' saat on buçukta '10시 30분에'

saat on iki buçukta '12시 30분에' = saat yarımda

② 분침이 12와 6 사이에 있을 때, 즉 시계 오른쪽에 있을 때:

~(y)I ~ geçe(글자 그대로는 '~을 ~ 지나')

saat ikiyi yedi geçe '2시 7분에'

saat sekizi on dakika üç saniye geçe '8시 10분 3초에'

saat onu çeyrek geçe '10시 15분에'

saat on biri yirmi dokuz geçe '11시 29분에'

③ 분침이 6과 12 사이에 있을 때, 즉 시계 왼쪽에 있을 때:

~(y)A ~ kala(글자 그대로는 '~에 ~ 남아')

saat ikiye yedi kala '1시 53분에'

saat ona çeyrek kala '9시 45분에'

saat on bire yirmi dokuz kala '10시 31분에'

시간과 분을 숫자로 나타낼 때 그 사이에 점을 찍는다.

Tren 09.15'te kalktı. '기차는 9시 15분에 떠났다.'

Toplantı 13.00'te başladı. '모임은 오후 1시에 시작되었다.'

14. 형용사

(1) 형용사의 일반 특징

터키어 형용사는 한국어와 마찬가지로 명사를 수식할 때 명사 앞에 온다.

büyük kız '큰 소녀'   küçük kız '작은 소녀'

genç adam '젊은 남자'   yaşlı kadın '늙은 여자'

수사 bir는 형용사와 명사 사이에 들어가면 영어로 'a, an'를 뜻하여 굳이 해석할 필요가 없는 반면에, 형용사 앞에 오면 영어로 'one', 즉 '한 ~, 하나의 ~'을 뜻한다.

büyük bir kız '(어떤) 큰 소녀'

bir büyük kız '한 큰 소녀'

çok küçük bir kız '(어떤) 아주 작은 소녀'

iki çok küçük kız '두 명의 아주 작은 소녀'

형용사는 서술어로도 사용된다.

Bir kız uzun, bir kız kısa. '한 소녀는 키가 크고 한 소녀는 키가 작다.'

Bu küçük kız çok güzel. '이 작은 소녀가 매우 예쁘다.'

Bu kız çok küçük ve çok güzel. '이 소녀는 아주 작고 아주 예쁘다.'

Bu çay çok iyi. '이 차(茶)는 아주 좋다.'

O kız uzun. '그 소녀는 키가 크다.'

한국어와는 달리 형용사는 명사로도 사용된다.

Bu genç kız güzel. '이 젊은 아가씨는 예쁘다.'

Onun annesi genç. '그의 어머니는 젊다.'

Bu genç çalışkan. '이 젊은이는 부지런하다.'

형용사와 부사가 대개 같은 형태이다.

Bizim öğretmenimiz çok iyi. '우리의 선생님은 아주 좋다.'

Bunu çok iyi biliyorum. '나는 이것을 아주 잘 안다.'

yavaş koşu '조깅'("느린 달리기")

yavaş yürü- '천천히/느릿느릿 걷다'

같은 형용사를 두 번 사용하면 부사가 되기도 한다.

sık '잦은'   sık sık '자주'

Bebek mutlu mutlu uyuyor. '아기가 행복하게 잔다.'

Ben yavaş yavaş yürüdüm. '나는 천천히/느릿느릿 걸었다.'

Çocuk sesli sesli ağlıyor. '아이가 소리 내어 운다.'

Öğrenciler neşeli neşeli şarkı söylüyor. '학생들이 즐겁게 노래 부른다.'

(2) 형용사의 강조형

형용사의 첫 음절을 열린음절(즉, 모음으로 끝나는 음절)로 만든 다음에 이것에 p, r, s, m 중 하나를 붙여 만든다.

이렇게 해서 만들어진 형용사 강조형은 첫 음절에 강세가 있고 '매우/무척 ~한, ~디 ~한, 새~/시~'를 뜻한다.

형용사가 모음으로 시작되면 p가 붙지만 자음으로 시작되면 p, r, s, m 중 어느 것이 붙을지는 확실하지 않으므로 그때그때 알아 두어야 한다.

형용사 강조형의 예

açık '열린'   apaçık '활짝 열린'

beyaz '흰, 하얀'   bembeyaz '희디 흰, 새하얀'

çıplak '벗은'   çırçıplak '홀딱 벗은, 벌거벗은'

siyah '검은'   simsiyah '검디검은, 새까만'

uzun '긴'   upuzun '길디긴, 아주 긴'

같은 형용사가 두 번 반복되고 이 둘 사이에 의문첨사 mı/mi/mu/mü 가 있으면, 형용사의 강조형이 된다.

güzel mi güzel '아주 아름다운'

şirin mi şirin '아주 달콤한, 아주 상냥한, 아주 매력적인'

tatlı mı tatlı '아주 달콤한'

uzun mu uzun '아주 긴'

(3) 형용사의 비교

단순한 비교를 할 때에는 비교하는 말에 탈격 어미를 붙이면 된다.

benden büyük '나보다 큰'

sizden iyi '너희/당신보다 좋은'

ondan az '그(것)보다 적은'

비교를 완전하게 표현할 때에는 부사 daha '더'와 daha az '덜'을 함께 사용한다.

İstanbul, Adana'dan daha güzeldir. '이스탄불은 아다나보다 더 아름답다.'

Uçak trenden daha hızlı gider. '비행기는 기차보다 더 빨리 간다.'

ondan daha az '그(것)보다 더 적은, 그(것)보다 덜'

(4) 형용사의 최상급

형용사의 최상급은 부사 en '가장, 제일', en az '가장 덜, 최소로'로 표현된다.

Balina, hayvanların en irisidir. '고래는 동물 중에서 가장 크다.'

Hayvanların en irisi balinadır. '동물 중에서 가장 큰 것은 고래다.'

Kış, en soğuk mevsimdir. '겨울은 가장 추운 계절이다.'

Taşıtların en hızlısı uçaktır. '탈것 중에서 가장 빠른 것은 비행기다.'

İzmir'den en uygun hediye, incir ve üzümdür. '이즈미르로부터 가장 알맞은 선물은 무화과와 포도다.'

en büyük '가장 큰, 제일 큰'

en az '가장 적은, 최소의; 적어도, 최소한'

en az çalışkan '가장 덜 부지런한, 제일 덜 부지런한'

(5) 명사에서 형용사를 파생시키는 접미사

명사에 -lı/-li/-lu/-lü가 붙으면 '~이 있는', -sız/-siz/-suz/-süz가 붙으면 '~이 없는'을 뜻하는 형용사가 만들어진다.

sakallı '(턱)수염이 있는'   paltolu '외투가 있는'

sakalsız '(턱)수염이 없는'   paltosuz '외투가 없는'

Şekerli kahve seviyorum. '나는 설탕을 넣은 커피를 좋아한다.'

Gözlüklü ve uzun boyluyum. '나는 안경을 썼고, 키가 크다.'

Kalemsiz bir öğrenci silahsız asker gibidir. '연필이 없는 학생은 무기가 없는 군인 같다.'

땅 이름에 -lı/-li/-lu/-lü가 붙으면 '~ 사람'을 뜻한다.

Ankaralı '앙카라 사람'   Çinli '중국사람'

İskoçyalı '스코틀랜드 사람'   İstanbullu '이스탄불 사람'

Koreli '한국사람'   Polonyalı '폴란드 사람'

Tunuslu '튀니지 사람'   Ürdünlü '요르단 사람'

15. 부사

(1) 부사의 일반 특징

형용사는 대개 부사로도 사용될 수 있다. 부사들은 수식하는 동사, 형용사, 부사보다 먼저 온다.

Çin çok kalabalık bir ülkedir. '중국은 아주 인구가 많은 나라다.'

Kahveyi pek çabuk içti. '그는 커피를 아주 빨리 마셨다.'

Tren hızlıca geçti. '기차가 빠르게 지나갔다.'

(2) 장소 부사

장소 부사들은 동사의 방향을 나타낸다.

ileri '앞으로'	geri '뒤로'
aşağı '아래로'	yukarı '위로'
içeri '안으로'	dışarı '밖으로'
beri '이쪽으로'	

(3) 시간 부사

시간을 나타내는 명사들은 시간 부사로 사용된다.

bugün '오늘'	yarın '내일'
dün '어제'	şimdi '지금'
sabah '아침에'	akşam '저녁에'

(4) 상태 부사

상태 부사로 다음과 같은 것들이 있다.

iyi '잘'	yavaş '느리게, 천천히'
doğru '곧장'	yine '또'
şöyle '저렇게'	yalnız '다만, 단지'

(5) 수량 부사

수량 부사로 다음과 같은 것들이 있다.

az '조금'	çok '아주, 무척'
pek '아주, 무척'	biraz '조금'
eksik '부족하게, 불충분하게'	fazla '너무'
seyrek '드물게'	sık '자주'

(6) 비교 부사

형용사의 비교급과 최상급에서는 다음의 부사들이 사용된다.

daha '더'	en '가장, 제일'

(7) hiç

hiç는 '아무도 (~ 않다/아니다)', hiç bir는 '단 하나도 (~ 않다/아니다)'를 뜻한다. 이들과는 동사의 부정(否定)형이 사용된다.

Hiç bir şey istemedi. '그는 아무것도 원하지 않았다.'

hiç는 동사의 부정형과 사용될 때에는 '전혀, 전연, 결코(never)', 동사의 긍정 의문형과 사용될 때에는 'ever'를 뜻한다.

Hiç İstanbul'a gittiniz mi? '당신은 이스탄불에 간 적이 있습니까?'

16. 약어와 단위

(1) 단체, 책, 정기간행물, 방향 등의 약어

대개 각각의 낱말의 첫 글자를 대문자로 하여 나타낸다.

AB(Avrupa Birliği) '유럽연합'

ABD(Amerika Birleşik Devletleri) '아메리카합중국, 미국'

APS(Acele Posta Servisi) '속달우편서비스'

AŞ(anonim şirket) '유한책임회사'

AÜ(Anadolu Üniversitesi, Ankara Üniversitesi, Atatürk Üniversitesi)
'아나돌루 대학교, 앙카라 대학교, 아타튀르크 대학교'

BDT(Bağımsız Devletler Topluluğu) '독립국가연합'

BM(Birleşmiş Milletler) '국제연합, 유엔'

BÜ(Boğaziçi Üniversitesi) '보스포루스 대학교'

DTCF(Dil ve Tarih-Coğrafya Fakültesi) '언어 및 역사-지리 대학'
(앙카라대학교 인문대학의 정식 명칭)

GAP(Güneydoğu Anadolu Projesi) '동남 아나톨리아 프로젝트'

KDV(katma değer vergisi) '부가가치세'

KKTC(Kuzey Kıbrıs Türk Cumhuriyeti) '북 키프로스 튀르크
공화국'

MEB(Millî Eğitim Bakanlığı) '교육부'

MÖ(Milattan önce) '기원전'

MS(Milattan sonra) '기원후'

ODTÜ(Orta Doğu Teknik Üniversitesi) '중동공과대학교'

Ş(şirket) '회사'

TBMM(Türkiye Büyük Millet Meclisi) '터키 대국민 의회'(터키
의회의 정식 명칭)

TCDD(Türkiye Cumhuriyeti Devlet Demiryolları) '터키 공화국 국
영 철도'

TDK(Türk Dil Kurumu) '터키 언어 협회'

THY(Türk Hava Yolları) '터키 항공'

TL(Türk lirası) '터키 리라'

TÖMER(Türkçe Öğretim Merkezi)[31] '퇴메르("터키어 교육 센
터")'(앙카라대학교 부설 언어교육원의 이름)

TRT(Türkiye Radyo Televizyon Kurumu) '터키 라디오 텔레비전
공사'(터키 국영 방송의 정식 명칭)

TTK(Türk Tarih Kurumu) '터키 역사 협회'

Ü(üniversite) '대학교'

YÖK(Yükseköğretim Kurulu) '고등교육위원회'

---

31) 1984년에 터키어 교육 센터로 출발했는데, 지금은 Türkçe ve Yabancı Dil Araştırma ve Uygulama
Merkezi '터키어 및 외국어 연구 및 적용 센터'로 바뀌었다. 그렇지만 터키어 교육 센터의 약어인
TÖMER라는 이름을 계속 사용하고 있다.

KB(Kutadgu Bilig)[32] '쿠타드구 빌릭'

TD(Türk Dili) '튀르크 딜리("터키어; 튀르크어"; 터키 언어 협회의 정기간행물 이름)

B(batı) '서(쪽)'

D(doğu) '동(쪽)'

G(güney) '남(쪽)'

K(kuzey) '북(쪽)'

GB(güneybatı) '서남(쪽)'

GD(güneydoğu) '동남(쪽)'

KB(kuzeybatı) '서북(쪽)'

KD(kuzeydoğu) '동북(쪽)'

T.C.(Türkiye Cumhuriyeti) '터키 공화국'과 T.(Türkçe) '터키어; 튀르크어'를 제외하고는 대문자로 된 약어에서는 점을 찍지 않는다.

(2) 세계적으로 사용되는 원소 이름과 단위의 약어

이들은 터키어에서도 그대로 사용된다.

C(karbon) '탄소'

Ca(kalsiyum) '칼슘'

Fe(demir) '철'

---

32) 더 정확한 표기는 Qutaδɣu Bilig으로서 "(사람들을 두 세상 모두에서) 행복하게 하는 지식"을 뜻한다. 11세기 후반에 Balasagun 사람 Yūsuf Ḫāṣṣ Ḫājib가 집필하였다. 모두 6645 beyit(二行連句, couplet)가 확인되는 이 책의 원본은 전해지지 않고 후대에 필사된 Herat(또는 Wien) 사본, Fergana 사본, Cairo 사본의 세 필사본만 전한다. 튀르크족이 중앙아시아에서 세운 최초의 이슬람 왕조인 카라한(Karakhanid) 왕조(840-1212)의 언어를 알 수 있는 대표적인 문헌 중 하나이다.

g(gram) '그램'

kg(kilogram) '킬로그램'

mg(miligram) '밀리그램'

m(metre) '미터'

km(kilometre) '킬로미터'

cm(santimetre, santim) '센티미터'

mm(milimetre) '밀리미터'

m²(metre kare) '제곱미터, 평방미터'

cm²(santimetre kare) '제곱센티미터'

m³(metre küp) '세제곱미터, 입방미터'

l(litre) '리터'

(3) 그 밖의 경우

낱말의 첫 글자와 중요한 글자들을 바탕으로 끝에 점을 찍어 약어를 만든다.

Alb.(albay) '대령'

Alm.(Almanca) '도이치어, 독일어'

Apt.(apartman, apartmanı) '아파트'

Ar.(Arapça) '아랍어'

Arş. Gör.(araştırma görevlisi) '연구원, 연구 조교'

As.İz.(askerî inzibat) '헌병'

Av.(avukat) '변호사'

bk.(bakınız) '보시오!'

Bnb.(binbaşı) '소령'

Böl.(bölüm, Bölümü) '학과, 과'

Bul.(bulvar, Bulvarı) '대로(大路)'

coğ.(coğrafya) '지리학'

Cum. Bşk.(cumhurbaşkanı, cumhurbaşkanlığı) '대통령, 대통령직/
대통령궁'

çev.(çeviren) '번역한 사람'

dk.(dakika) '분(分)'

Doç.(doçent) '부교수'

doğ.(doğum tarihi) '출생일'

Dr.(doktor) '박사'

ed.(edebiyat) '문학'

Ens.(enstitü, Enstitüsü) '연구소'

f.(fiil) '동사'

Fak.(fakülte, Fakültesi) '대학'

Gen.(general) '장군, 장성'

Gön.(gönderen) '보내는 사람, 발송인'

Hst.(hastane, hastanesi) '병원'

hzl.(hazırlayan) '준비한/마련한 사람'

İng.(İngilizce) '영어'

is.(isim) '명사(名詞)'

krş.(karşılaştırınız) '비교하시오!'

Mah.(mahalle, mahallesi) '지구(地區)'

Md.(müdür; müdürlük, müdürlüğü) '책임자, 관리자, 장; ~장실'

öl.(ölüm tarihi) '사망일'

Prof.(profesör) '교수'

s.(sayfa) '페이지, 쪽'

sf.(sıfat) '형용사'

Sn.(sayın) '존경하는, 친애하는'

Sok.(sokak, Sokağı) '~로(路)'

Şb.(şube) '지점, 지국'

vb.(ve başkası, ve başkaları, ve benzeri, ve benzerleri, ve bunun
    gibi) '~ 등, 등등'

vs.(ve saire) '~ 등, 등등'

Yrd. Doç.(yardımcı doçent) '조교수'

Yzb.(yüzbaşı) '대위'

(4) 전통적인 단위

① 길이

arşın '아르신' (68cm)

ayak = kadem '발(足)' (37.887cm = 12 parmak)

endaze '엔다제' (65cm)

eski mil '구식 마일, 옛 마일' (1,894.35m = 5,000 ayak)

fersah '파라싱(parasang)' (5.685km = 3 eski mil)

hat '선' (2.63mm = 12 nokta)

karış '뼘' (손을 폈을 때에 엄지손가락 끝과 새끼손가락 끝 사이
    의 거리)

kulaç '발' (1.8288m; 양팔을 폈을 때에 두 팔의 손가락 끝 사이의 거리)

nokta '점' (0.219mm)

parmak '손가락' (3.157cm = 12 hat)

zira '지라' (75.774cm; 팔꿈치에서 가운뎃손가락 끝까지의 거리 = 2 ayak)

② 부피

kile '킬레' (0.037m³ = 4 şinik)

şinik '시닉' (0.00925m³)

③ 무게

batman '바트만' (7.697kg = 6 okka)

çeki '체키' (225.789kg = 4 kantar)

dirhem '드라크마(drachma)' (3.207g = 16 kırat)

kantar '대저울' (56.452kg = 44 okka)

kırat '캐럿' (0.2004g)

miskal '미스칼' (4.81gr = 1.5 dirhem)

okka '옥카' = kıyye '크이예' (1.283kg = 400 dirhem)

17. 접미사/어미 -ca/-ce/-ça/-çe

(1) 민족/국민이나 나라 이름에 붙을 때에

민족/국민이나 나라 이름에 -ca/-ce/-ça/-çe가 붙으면 그것의 언어를 뜻한다. 접미사 -ca/-ce/-ça/-çe에는 강세가 없다. -ça/-çe는 Fe paşa çok hasta 'Fe 장군이 무척 아프다'의 자음들 중 하나, 즉 무성자음으로 끝나는 낱말 뒤에 붙는다.

Alman '도이칠란트 사람'	Almanca '도이치어, 독일어'
Arap '아랍 사람'	Arapça '아랍어'
Çin '중국'	Çince '중국어'
Fransız '프랑스 사람'	Fransızca '프랑스어'
İngiliz '잉글랜드 사람'	İngilizce '영어'
İspanyol '에스파냐 사람'	İspanyolca '에스파냐어'
İsveç '스웨덴'	İsveççe '스웨덴어'
Japon '일본 사람'	Japonca '일본어'
Kazak '카자흐 사람'	Kazakça '카자흐어'
Kore '한국'	Korece '한국어'
Moğol '몽골 사람'	Moğolca '몽골어'
Türk '터키 사람'	Türkçe '터키어'

(2) 인칭대명사에 붙을 때에

인칭대명사에 -ca/-ce/-ça/-çe가 붙으면 '~의 생각에 따르면, ~의 생각으로는, ~이/가 보기에는'을 뜻한다. 이때에 -ca/-ce/-ça/-çe는 -a/-e göre와 같은 뜻이 된다. -ca/-ce/-ça/-çe에는 강세가 없다.

> bence = bana göre '나의 생각에 따르면, 나의 생각으로는, 내가 보기에는'
>
> sence = sana göre '너의 생각에 따르면, 너의 생각으로는, 네가 보기에는'
>
> onca = ona göre '그의 생각에 따르면, 그의 생각으로는, 그가 보기에는'
>
> (다만 onca는 '그토록, 그만큼, 그 정도로'의 뜻으로 더 많이 사용되는 듯하다.)
>
> bizce = bize göre '우리의 생각에 따르면, 우리의 생각으로는, 우리가 보기에는'
>
> sizce = size göre '너희/당신의 생각에 따르면, 너희/당신의 생각으로는, 너희가/당신이 보기에는'
>
> Sizce Türkiye'nin en önemli sorunu ne? '당신이 보기에는 터키에서 가장 중요한 문제는 무엇입니까?'

onlarca는 '그들의 생각에 따르면, 그들의 생각으로는, 그들이 보기에는'을 뜻하지 않는다. 이 뜻으로는 onlara göre를 사용한다.

(3) 10 단위의 수들의 복수형에 붙을 때에

10 단위의 수들을 복수형으로 하여 -ca/-ce를 붙이면 '수십의 ~', '수백의 ~' 등을 뜻한다. -ca/-ce에는 강세가 없다.

> onlarca '수십의 ~'   yüzlerce '수백의 ~'

binlerce '수천의 ~'　　　　　　　　on binlerce '수만의 ~'

yüz binlerce '수십만의 ~'　　　　　milyonlarca '수백만의 ~' ……

Buraya binlerce turist geliyor. '여기에 수천 명의 관광객이 온다.'

Dünya üzerinde binlerce dil var. '세계에는 수천 개의 언어가 있다.'

Dünyada milyonlarca insan açlık çekiyor. '세계에서 수백만의 사람이 기아에 시달린다.'

(4) 지시대명사에 붙을 때에

지시대명사에 -ca가 붙으면 '~만큼'을 뜻한다. -ca에는 강세가 없다.

bunca '이만큼'　　　　onca '그만큼'　　　　şunca '저만큼'

Bunca yıl çalıştım. '나는 이만큼의 해 동안 일했다.'

(5) 시간을 나타내는 명사의 복수형에 붙을 때에

시간을 나타내는 명사의 복수형에 -ca/-ce를 붙이면 '몇 ~동안'을 뜻한다. -ca/-ce에는 강세가 없다.

saniyelerce '몇 초 동안'　　　　dakikalarca '몇 분 동안'

saatlerce '몇 시간 동안'　　　　günlerce '며칠 동안'

haftalarca '몇 주 동안'　　　　aylarca '몇 달 동안'

yıllarca '몇 년 동안'

Aylarca birçok şirkete özgeçmiş gönderdim. '나는 몇 달 동안 많은 회사에 이력서를 보냈다.'

Baban da yıllarca öyle söyledi. '너의 아버지도 몇 년 동안 그렇

게 말했다.'

Dinleyiciler şarkıcıyı dakikalarca alkışladılar. '청중은 가수에게 몇 분 동안 환호를 보냈다.'

Günlerce sokağa çıkmadım. '나는 며칠 동안 거리에 나가지 않았다.'

(6) 형용사나 명사에 -ca/-ce/-ça/-çe가 붙을 때에

형용사나 명사에 -ca/-ce/-ça/-çe가 붙으면 부사가 된다. -ca/-ce/-ça/-çe 에는 강세가 없다.

aptal '어리석은'	aptalca '어리석게'
çocuk '어린이, 아이'	çocukça '유치한; 유치하게'
kısa '짧은'	kısaca '짧게, 짤막하게'

Öğretmeni sessizce beklediler. '그들은 선생님을 조용히 기다렸다.'

Sekreter mektubu dikkatlice okudu. '비서는 편지를 주의 깊게 읽었다.'

(7) 형용사에 -ca/-ce/-ça/-çe가 붙을 때에

형용사에 -ca/-ce/-ça/-çe가 붙으면 '약간 ~한, 조금 ~한'을 뜻하는 형용사가 된다. 이때에는 -ca/-ce/-ça/-çe에 강세가 있다.

zayıf '야윈, 마른'	zayıfça '조금 야윈, 약간 마른'
güzel '예쁜, 아름다운'	güzelce '예쁘장한'

(8) 일반 명사에 -ca/-ce/-ça/-çe가 붙을 때에

일반 명사에 -ca/-ce/-ça/-çe가 붙으면 tarafından '~에 의해서'를 뜻하기도 한다.[33] 따라서 피동문에서 많이 사용된다. -ca/-ce/-ça/-çe에는 강세가 없다.

bilim adamlarınca = bilim adamları tarafından '학자들에 의해서'

O adam polisçe aranıyor. = O adam polis tarafından aranıyor. '경찰이 그 남자를 찾고 있다.' ("그 남자는 경찰에 의해서 찾아지고 있다.")

일반 명사에 -ca/-ce/-ça/-çe가 붙으면 '~이 모두 함께, 온 ~이'를 뜻한다. -ca/-ce/-ça/-çe에는 강세가 없다.

Biz her akşam ailece yürüyüş yapıyoruz. '우리는 저녁마다 온 가족이 걷기를 한다.'

Bugün okulca müzeye gittik. '우리는 오늘 온 학교가 박물관에 갔다.'

Yarın sınıfça tiyatroya gideceğiz. '우리는 내일 온 학급이 극장에 갈 것이다.'

---

33) taraf '쪽, 방향': tarafımdan '나에 의해서', tarafından '너에 의해서', tarafından '그에 의해서; 그들에 의해서', tarafımızdan '우리에 의해서', tarafınızdan '너희/당신에 의해서'.

18. 소속 어미 -ki

(1) 처격의 명사에 붙을 때에

처격의 명사에 붙으면 '~에 있는'을 뜻하는 형용사가 된다.

odadaki '방에 있는'

sınıftaki masa '교실에 있는 탁자'

masadaki kitap '탁자에 있는 책'

Ankara'daki sis nedeniyle uçaklar kalkmıyor. '앙카라에 있는 안개
    때문에 비행기들이 이륙하지 않는다.'

Ben Mehmet'teki kitabı okudum. '나는 메흐메트한테 있는 책을
    읽었다.'

터키어에서 형용사는 명사로도 사용되므로, -daki/-deki/-taki/-teki는
'~에 있는 사람, ~에 있는 것'을 뜻하기도 한다.

odadakiler '방에 있는 사람들, 방에 있는 것들'

evdekiler '집에 있는 사람들, 집에 있는 것들'

(2) 시간을 나타내는 명사에 붙을 때에

시간을 나타내는 명사에 붙으면 '~의'를 뜻하는 형용사가 된다.

sabahki ders '아침의 수업'

sonraki iş '나중의 일'

Dün geceki yağmur nedeniyle yol ıslak ve kaygandı. '어젯밤의 비
    때문에 길은 젖고 미끄러웠다.'

Yarınki sınav çok önemli. '내일의 시험은 무척 중요하다.'

(3) 속격의 명사나 대명사에 붙을 때에

속격의 명사나 대명사에 붙으면 '~의 것'을 뜻하는 대명사가 된다.

Ali'ninki '알리의 것'   benimki '나의 것'

bizimki '우리의 것'   benimkiler '나의 것들'

Benim kitabım çantamda, seninki nerede? '나의 책은 나의 가방에
있다. 너의 것은 어디에 있니?'

Ayşe'nin saçları Fatma'nınkilerden daha uzun. '아이셰의 머리카
락들은 파트마의 것들보다 더 길다.'

Bu kitap benim değil과 Bu kitap benimki değil은 '이 책은 나의 것이
아니다'를 뜻하는데, 앞의 문장은 나의 것이 아니라고 단순히 부정하
는 것이고, 뒤의 문장은 나에게 책이 있기는 하지만 이 책은 아니라
는 것을 나타낸다.

-ki의 사격(斜格) 어간은 -kin이다.

구분	단수			복수		
절대격	benimki	seninki	onunki	bizimki	sizinki	onlarınki
속격	benimkinin	seninkinin	onunkinin	bizimkinin	sizinkinin	onlarınkinin
대격	benimkini	seninkini	onunkini	bizimkini	sizinkini	onlarınkini
여격	benimkine	seninkine	onunkine	bizimkine	sizinkine	onlarınkine
처격	benimkinde	seninkinde	onunkinde	bizimkinde	sizinkinde	onlarınkinde
탈격	benimkinden	seninkinden	onunkinden	bizimkinden	sizinkinden	onlarınkinden
절대격	benimkiler	seninkiler	onunkiler	bizimkiler	sizinkiler	onlarınkiler
속격	benimkilerin	seninkilerin	onunkilerin	bizimkilerin	sizinkilerin	onlarınkilerin
대격	benimkileri	seninkileri	onunkileri	bizimkileri	sizinkileri	onlarınkileri
여격	benimkilere	seninkilere	onunkilere	bizimkilere	sizinkilere	onlarınkilere
처격	benimkilerde	seninkilerde	onunkilerde	bizimkilerde	sizinkilerde	onlarınkilerde
탈격	benimkilerden	seninkilerden	onunkilerden	bizimkilerden	sizinkilerden	onlarınkilerden

(4) 모음조화의 적용 여부

소속 어미 -ki는 모음조화의 적용을 받지는 않지만 dün '어제'와
gün '날(日)' 다음에 붙을 때에는 원순모음으로 되어 -kü가 된다.
  bugünkü gençler '오늘의 젊은이들'
  Bugünkü ders çok ilginçti. '오늘의 수업은 무척 재미있었다.'
  Dünkü sınav bugünkünden daha zordu. '어제의 시험은 오늘의 것
    보다 더 어려웠다.'
  Salı günkü toplantıya katılalım! '화요일의 모임에 참석합시다!'
    (salı günü '화요일, 화요일 날')

19. 동사

(1) 기본형

터키어 동사는 기본형이 -mak/-mek로 끝난다. 동사 어간의 마지막
모음이 후설이면(즉, a, ı, o, u 중 하나이면) -mak, 전설이면(즉, e, i,
ö, ü 중 하나이면) -mek가 붙는다. 그런데 -mak/-mek는 동사에서 명사
를 파생시키는 접미사이기도 하다.
  almak '가지는 것, 가지기; 가지다'
  bilmek '아는 것, 알기; 알다'
  bulmak '찾아내는 것, 찾아내기; 찾아내다'
  gelmek '오는 것, 오기; 오다'

görmek '보는 것, 보기; 보다'

gülmek '웃는 것, 웃기; 웃다'

kırmak '부수는 것, 부수기; 부수다'

olmak '되는 것, 되기; 되다'

그러므로 동사를 gel- '오다', ol- '되다'로, 어간에 하이픈(-)을 붙여 표현할 수 있다.

al-, bil-, bul-, gel-, gör-, gül-, kır-, ol-

동사 어간만 말하면 2인칭 단수, 즉 너에 대한 명령이 된다.

gel '와!, 오너라!'　　　　　　　git '가!, 가거라!'

(2) 부정(否定)어간

동사의 부정어간은 -ma-/-me-, 즉 a, ı, o, u 뒤에서는 -ma-, e, i, ö, ü 뒤에서는 -me-인데, 이것에는 강세가 붙지 않는다. 강세는 이것 바로 앞 음절에 붙는다.

al- '받다'　　　　　　　**al**ma- '받지 않다'

git- '가다'　　　　　　　**git**me- '가지 않다'

gel- '오다'　　　　　　　**gel**me- '오지 않다'

oku- '읽다'　　　　　　　ok**u**ma- '읽지 않다'

(3) 수의 일치

문장에서 동사와 주어는 인칭과 수가 일치한다. 주어가 대명사일 경우에, 특별히 강조하는 경우가 아니라면 이 대명사는 사용되지 않는다.

Geldim. '내가 왔다.' Ben geldim. '내가 왔다.'

Gördünüz. '너희가/당신이 봤다.'

Siz gördünüz. '너희가/당신이 봤다.'

그런데 문장에서 인칭과 수가 일치하지 않는 경우가 있다.

① 인칭대명사가 서술어이면 인칭 어미도 바로 앞의 인칭대명사와 일치한다.

Sen sınıfın en çalışkan öğrencisisin. '너는 학급에서 가장 부지런한 학생이다.'

⇔

Sınıfın en çalışkan öğrencisi sensin. '학급에서 가장 부지런한 학생은 너다.'

② 소유 어미를 지닌 부정대명사와 수사에 속격 어미가 붙으면 그 다음의 명사는 3인칭 단수가 된다.

Hepimiz yarın oraya gideceğiz. '우리 모두는 내일 그곳에 갈 것이다.'

⇔

Hepimizin tabağında birer biftek var. '우리 모두의 접시에는 비프스테이크가 한 개씩 있다.'

İkiniz onu tanıyorsunuz. '너희/당신들 둘은 그를 안다.'

⇔

İkinizin evinde televizyon var mı? '너희/당신들 둘의 집에는 텔레비전이 있니/있습니까?'

(4) 현재 시제

현재 시제는 -Iyor라는 시제 어미에 인칭 어미를 붙여 표현한다. 시제 어미 -Iyor는 본래 -a/-e yor에서 발전한 것이므로 여기의 I는 연결 모음이 아니다. 동사 어간이 자음으로 끝나면 -ıyor, -iyor, -uyor, -üyor가 붙고, 모음으로 끝나면 이 모음은 탈락하고 바로 앞의 모음에 따라 -ıyor, -iyor, -uyor, -üyor가 붙는다. 긍정형에서 강세는 yor 바로 앞의 모음 ı/i/u/ü에 붙는다.

어간 모음	단수			복수		
	1인칭	2인칭	3인칭	1인칭	2인칭	3인칭
a, ı	-ıyorum	-ıyorsun	-ıyor	-ıyoruz	-ıyorsunuz	-ıyorlar
e, i	-iyorum	-iyorsun	-iyor	-iyoruz	-iyorsunuz	-iyorlar
o, u	-uyorum	-uyorsun	-uyor	-uyoruz	-uyorsunuz	-uyorlar
ö, ü	-üyorum	-üyorsun	-üyor	-üyoruz	-üyorsunuz	-üyorlar

oku- '읽다', okuma- '읽지 않다', sev- '사랑하다', sevme- '사랑하지 않다'
    okuyorum '내가 읽는다'
    okuyorlar '그들이 읽는다'
    okumuyorsun '네가 읽지 않는다'
    okumuyoruz '우리가 읽지 않는다'
    seviyor '그가 사랑한다'
    seviyorsunuz '너희가/당신이 사랑한다'
    sevmiyorum '내가 사랑하지 않는다'
    sevmiyorlar '그들이 사랑하지 않는다'

현재 시제는 현재 일어나고 있는 일뿐만 아니라 가까운 미래에 일어날 일도 표현한다.

3인칭 복수형은 사람이 주어일 때에만 사용되는 것이 일반적인 듯한데, 인터넷을 보면 그렇지 않은 경우들이 있다. 3인칭 복수의 경우 사람이 주어라도 동사를 단수형으로 나타낼 수 있다.

Öğrenciler geliyorlar. ~ Öğrenciler geliyor. '학생들이 온다.'

현재 일어나고 있는 일만 나타낼 때에는 -makta/-mekte라는 현재 시제를 사용할 수도 있다. -makta/-mekte는 동사에서 명사를 파생시키는 접미사 -mak/-mek에 처격 어미가 붙은 형태이다.

어간 모음	단수			복수		
	1인칭	2인칭	3인칭	1인칭	2인칭	3인칭
a, ı, o, u	-maktayım	-maktasın	-makta	-maktayız	-maktasınız	-maktalar
e, i, ö, ü	-mekteyim	-mektesin	-mekte	-mekteyiz	-mektesiniz	-mekteler

oku- '읽다', okuma- '읽지 않다', sev- '사랑하다', sevme- '사랑하지 않다'

okumaktayım '내가 읽고 있다'

okumakta '그가 읽고 있다'

okumamaktasın '네가 읽지 않고 있다'

okumamaktalar '그들이 읽지 않고 있다'

sevmektesin '네가 사랑하고 있다'

sevmekteyiz '우리가 사랑하고 있다'

sevmemekte '그가 사랑하지 않고 있다'

sevmemekteler '그들이 사랑하지 않고 있다'

의문어미 -mI, 즉 -mı/-mi/-mu/-mü가 현재 시제 어미와 사용될 때에는 -Iyor 다음에 온다. 그러므로 -mu 다음에 인칭 어미가 붙는다. 다만

3인칭 복수의 경우 예외적으로 인칭 어미가 시제 어미 다음에 온다. 긍정형에서 강세는 yor에 붙는다.

어간 모음	단수			복수		
	1인칭	2인칭	3인칭	1인칭	2인칭	3인칭
a, ı	-ıyor muyum	-ıyor musun	-ıyor mu	-ıyor muyuz	-ıyor musunuz	-ıyorlar mı
e, i	-iyor muyum	-iyor musun	-iyor mu	-iyor muyuz	-iyor musunuz	-iyorlar mı
o, u	-uyor muyum	-uyor musun	-uyor mu	-uyor muyuz	-uyor musunuz	-uyorlar mı
ö, ü	-üyor muyum	-üyor musun	-üyor mu	-üyor muyuz	-üyor musunuz	-üyorlar mı

okuyor musun? '네가 읽니?'

okuyor mu? '그가 읽니?'

okumuyor muyum? '내가 읽지 않니?'

okumuyor musunuz? '너희가 읽지 않니?/당신이 읽지 않습니까?'

seviyor musun? '네가 사랑하니?'

seviyorlar mı? '그들이 사랑하니?'

sevmiyor mu? '그가 사랑하지 않니?'

sevmiyor muyuz? '우리가 사랑하지 않니?'

-makta/-mekte 다음에 의문어미 -mı/-mi가 온다. 그러므로 -mı/-mi에 인칭 어미가 붙는다. 다만 3인칭 복수의 경우 예외적으로 인칭 어미가 시제 어미 다음에 온다.

어간 모음	단수			복수		
	1인칭	2인칭	3인칭	1인칭	2인칭	3인칭
a, ı, o, u	-makta mıyım	-makta mısın	-makta mı	-makta mıyız	-makta mısınız	-maktalar mı
e, i, ö, ü	-mekte miyim	-mekte misin	-mekte mi	-mekte miyiz	-mekte misiniz	-mekteler mi

okumakta mıyım '내가 읽고 있니?'

okumakta mı '그가 읽고 있니?'

okumamakta mısın '네가 읽지 않고 있니?'

okumamaktalar mı '그들이 읽지 않고 있니?'

sevmekte misin '네가 사랑하고 있니?'

sevmekte miyiz '우리가 사랑하고 있니?'

sevmemekte mi '그가 사랑하지 않고 있니?'

sevmemekteler mi '그들이 사랑하지 않고 있니?'

(5) 과거 시제

터키어 과거 시제는 가시적 과거 시제와 불가시적 과거 시제로 나뉜다. 가시적 과거 시제는 말하는 사람이 직접 행동하거나 본 것을 말하는 시제이다. '~이/가 ~하였다'로 번역할 수 있다. 불가시적 과거 시제는 말하는 사람이 나중에 알게 되었거나 누군가에게 들은 것을 말하는 시제이다. '~이/가 ~하였구나', '~이/가 ~하였다더라/~하였대/~하였다고 한다'로 번역할 수 있다. 옛날이야기에서 많이 사용된다.

① 가시적 과거 시제

가시적 과거 시제는 -DI라는 시제 어미에 소유 어미에서 발전한 인칭 어미를 붙여 표현한다. 동사 어간이 모음이나 유성 자음으로 끝나면 -dı/-di/-du/-dü가 붙고, 무성 자음, 즉 Fe paşa çok hasta 'Fe 장군이 무척 아프다'의 자음 중 하나로 끝나면 -tı/-ti/-tu/-tü가 붙는다. 긍정형에서는 시제 어미에 강세가 있다.

어간 모음	어간의 마지막 음	단수			복수		
		1인칭	2인칭	3인칭	1인칭	2인칭	3인칭
a, ı	모음, 유성 자음	-dım	-dın	-dı	-dık	-dınız	-dılar
	무성 자음	-tım	-tın	-tı	-tık	-tınız	-tılar
e, i	모음, 유성 자음	-dim	-din	-di	-dik	-diniz	-diler
	무성 자음	-tim	-tin	-ti	-tik	-tiniz	-tiler
o, u	모음, 유성 자음	-dum	-dun	-du	-duk	-dunuz	-dular
	무성 자음	-tum	-tun	-tu	-tuk	-tunuz	-tular
ö, ü	모음, 유성 자음	-düm	-dün	-dü	-dük	-dünüz	-düler
	무성 자음	-tüm	-tün	-tü	-tük	-tünüz	-tüler

aldım '내가 받았다'

aldılar '그들이 받았다'

almadın '네가 받지 않았다'

almadık '우리가 받지 않았다'

koştu '그가 달렸다'

koştunuz '너희가/당신이 달렸다'

koşmadım '내가 달리지 않았다'

koşmadılar '그들이 달리지 않았다'

가시적 과거 시제에서 3인칭 복수형은 사람이 주어일 때에 사용되는 것이 일반적인 듯한데, 인터넷을 보면 그렇지 않은 경우들이 있다. 3인칭 복수의 경우 사람이 주어라도 동사를 단수형으로 나타낼 수 있다.

Öğrenciler geldiler. ~ Öğrenciler geldi. '학생들이 왔다.'

가시적 과거 시제 어미와 함께 사용될 경우에 의문첨사 mI는 인칭 어미 다음에 따로 표기된다. 인칭 어미 다음에 오므로 mI 다음에는 인칭 어미가 붙지 않는다.

어간 모음	어간의 마지막 음	단수			복수		
		1인칭	2인칭	3인칭	1인칭	2인칭	3인칭
a, ı	모음, 유성 자음	-dım mı	-dın mı	-dı mı	-dık mı	-dınız mı	-dılar mı
	무성 자음	-tım mı	-tın mı	-tı mı	-tık mı	-tınız mı	-tılar mı
e, i	모음, 유성 자음	-dim mi	-din mi	-di mi	-dik mi	-diniz mi	-diler mi
	무성 자음	-tim mi	-tin mi	-ti mi	-tik mi	-tiniz mi	-tiler mi
o, u	모음, 유성 자음	-dum mu	-dun mu	-du mu	-duk mu	-dunuz mu	-dular mı
	무성 자음	-tum mu	-tun mu	-tu mu	-tuk mu	-tunuz mu	-tular mı
ö, ü	모음, 유성 자음	-düm mü	-dün mü	-dü mü	-dük mü	-dünüz mü	-düler mi
	무성 자음	-tüm mü	-tün mü	-tü mü	-tük mü	-tünüz mü	-tüler mi

aldın mı? '네가 받았니?'

aldılar mı? '그들이 받았니?'

almadım mı? '내가 받지 않았니?'

almadınız mı? '너희가 받지 않았니?/당신이 받지 않았습니까?'

koştu mu? '그가 달렸니?'

koştuk mu? '우리가 달렸니?'

koşmadım mı? '내가 달리지 않았니?'

koşmadılar mı? '그들이 달리지 않았니?'

② 불가시적 과거 시제

불가시적 과거 시제는 -mIş라는 시제 어미에 인칭대명사에서 발전한 인칭 어미를 붙여 표현한다. 그러므로 인칭 어미에는 강세가 없다.

어간 모음	단수			복수		
	1인칭	2인칭	3인칭	1인칭	2인칭	3인칭
a, ı	-mışım	-mışsın	-mış	-mışız	-mışsınız	-mışlar
e, i	-mişim	-mişsin	-miş	-mişiz	-mişsiniz	-mişler
o, u	-muşum	-muşsun	-muş	-muşuz	-muşsunuz	-muşlar
ö, ü	-müşüm	-müşsün	-müş	-müşüz	-müşsünüz	-müşler

almışsın '네가 받았구나/받았다더라'

almışız '우리가 받았구나/받았다더라'

almamışım '내가 받지 않았구나/받았다더라'

almamışlar '그들이 받지 않았구나/받지 않았다더라'

koşmuş '그가 달렸구나/달렸다더라'

koşmuşuz '우리가 달렸구나/달렸다더라'

koşmamışsınız '너희가/당신이 달리지 않았구나/않았다더라'

koşmamışlar '그들이 달리지 않았구나/않았다더라'

불가시적 과거 시제에서 3인칭 복수형은 사람이 주어일 때에 사용되는 것이 일반적인 듯한데, 인터넷을 보면 그렇지 않은 경우들이 있다. 3인칭 복수의 경우 사람이 주어라도 동사를 단수형으로 나타낼 수 있다.

Öğrenciler gelmişler. ~ Öğrenciler gelmiş. '학생들이 왔구나./왔대.'

불가시적 과거 시제 어미와 함께 사용될 경우에 의문첨사 mI는 인칭 어미 다음에 따로 표기된다. mI 다음에 인칭 어미가 붙는다. 다만 3인칭 복수의 경우 예외적으로 인칭 어미가 시제 어미 다음에 온다.

어간 모음	단수			복수		
	1인칭	2인칭	3인칭	1인칭	2인칭	3인칭
a, ı	-mış mıyım	-mış mısın	-mış mı	-mış mıyız	-mış mısınız	-mışlar mı
e, i	-miş miyim	-miş misin	-miş mi	-miş miyiz	-miş misiniz	-mişler mi
o, u	-muş muyum	-muş musun	-muş mu	-muş muyuz	-muş musunuz	-muşlar mı
ö, ü	-müş müyüm	-müş müsün	-müş mü	-müş müyüz	-müş müsünüz	-müşler mi

almış mı? '그가 받았대?'

almış mıyız? '우리가 받았대?'

almamış mıyım? '내가 받지 않았대?'

almamışlar mı? '그들이 받지 않았대?'

koş**muş** musun? '네가 달렸대?'

koş**muş** musunuz? '너희가 달렸대?/당신이 달렸답니까?'

koş**ma**mış mıyım? '내가 달리지 않았대?'

koş**ma**mış mı? '그가 달리지 않았대?'

③ 명사와 형용사의 과거 표현

명사와 형용사는 그 자체로는 시제를 나타낼 수 없다. 그런데 동사 i- '~이다'의 과거 시제형인 i-di를 붙이면 '~이었다'를 뜻한다:

idim '나는 ~이었다'   idik '우리는 ~이었다'

idin '너는 ~이었다'   idiniz '너희는/당신은 ~이었다'

idi '그는 ~이었다'   idiler '그들은 ~이었다'

3인칭 복수형은 사람이 주어일 때에 사용되는 것이 일반적인 듯하다. 3인칭 복수의 경우 사람이 주어라도 동사를 단수형으로 나타낼 수 있다.

i-di는 대개는 따로 사용되지 않고 바로 앞 낱말에 붙는다. 자음으로 끝나는 낱말에 붙으면 i-di의 첫 모음 i가 떨어지고 -di가 남는데, -di는 유성 자음 뒤에서는 바로 앞 음절의 모음에 따라 -dı/-di/-du/-dü로 되고, 무성 자음, 즉 Fe paşa çok hasta 'Fe 장군이 무척 아프다'의 자음 중 하나의 뒤에서는 -tı/-ti/-tu/-tü로 된다. 이때에 -dı/-di/-du/-dü/-tı/-ti/-tu/-tü에는 강세가 붙지 않는다.

Öğretmen i-di-n > Öğretmendin. '너는 선생님이었다.'

Gül i-di > Güldü. '그것은 장미였다.'

Var i-di-k > Vardık. '우리가 있었다, 우리는 있었다.'

Yok i-di-m > Yoktum. '내가 없었다, 나는 없었다.'

모음으로 끝나는 낱말에 붙으면 이 모음과 i-di의 첫 모음 i 사이에 연결 자음 y가 들어간 다음에 i-di의 첫 모음 i가 떨어진다. 이때 남은 -di는 바로 앞 음절의 모음에 따라 -dı/-di/-du/-dü로 되는데, -dı/-di/-du/-dü에는 강세가 붙지 않는다.

Kızı i-di-m > Kızıyidim > Kızıydım. '나는 그의/그들의 딸이었다.'

Mavi i-di > Maviyidi > Maviydi. '그것은 파랬다.'

이것을 표로 나타내면 다음과 같다.

마지막 음절의 모음	낱말의 마지막 음		단수			복수		
			1인칭	2인칭	3인칭	1인칭	2인칭	3인칭
a, ı	모음		-ydım	-ydın	-ydı	-ydık	-ydınız	-ydılar
	자음	유성음	-dım	-dın	-dı	-dık	-dınız	-dılar
		무성음	-tım	-tın	-tı	-tık	-tınız	-tılar
e, i	모음		-ydim	-ydin	-ydi	-ydik	-ydiniz	-ydiler
	자음	유성음	-dim	-din	-di	-dik	-diniz	-diler
		무성음	-tim	-tin	-ti	-tik	-tiniz	-tiler
o, u	모음		-ydum	-ydun	-ydu	-yduk	-ydunuz	-ydular
	자음	유성음	-dum	-dun	-du	-duk	-dunuz	-dular
		무성음	-tum	-tun	-tu	-tuk	-tunuz	-tular
ö, ü	모음		-ydüm	-ydün	-ydü	-ydük	-ydünüz	-ydüler
	자음	유성음	-düm	-dün	-dü	-dük	-dünüz	-düler
		무성음	-tüm	-tün	-tü	-tük	-tünüz	-tüler

의문첨사 mI가 i-di와 함께 사용될 때에는 mI가 i-di 바로 앞에 놓인다. 대개는 mI와 i-di가 결합된다.

마지막 음절의 모음	단수			복수		
	1인칭	2인칭	3인칭	1인칭	2인칭	3인칭
a, ı	mıydım	mıydın	mıydı	mıydık	mıydınız	mıydılar
e, i	miydim	miydin	miydi	miydik	miydiniz	miydiler
o, u	muydum	muydun	muydu	muyduk	muydunuz	muydular
ö, ü	müydüm	müydün	müydü	müydük	müydünüz	müydüler

Öğretmen miydin? '너는 선생님이었니?'

Gül müydü? '그것은 장미었니?'

Var mıydık? '우리가 있었니?'

Yok muydum? '내가 없었니?'

Kızı mıydım? '나는 그의/그들의 딸이었니?'

Mavi miydi? '그것은 파랬니?'

동사 i- '~이다'의 과거 시제형인 i-miş를 붙이면 '~라고 한다/~라더라, ~이었다고 한다/~이었다더라, ~였구나/~이구나'를 뜻한다. i-miş가 붙으면 과거의 일만 나타내는 것은 아니다:

imişim '나는 ~라고 한다/~라더라, ~이었다고 한다/~이었다더라, ~였구나/~이구나'

imişsin '너는 ~라고 한다/~라더라, ~이었다고 한다/~이었다더라, ~였구나/~이구나'

imiş '그는 ~라고 한다/~라더라, ~이었다고 한다/~이었다더라, ~였구나/~이구나'

imişiz '우리는 ~라고 한다/~라더라, ~이었다고 한다/~이었다더라, ~였구나/~이구나'

imişsiniz '너희는/당신은 ~라고 한다/~라더라, ~이었다고 한다/
~이었다더라, ~였구나/~이구나'

imişler '그들은 ~라고 한다/~라더라, ~이었다고 한다/~이었다더
라, ~였구나/~이구나'.

3인칭 복수형은 사람이 주어일 때에 사용되는 것이 일반적인 듯하다.
3인칭 복수의 경우 사람이 주어라도 동사를 단수형으로 나타낼 수 있다.
i-miş는 대개는 따로 사용되지 않고 바로 앞 낱말에 붙는다. 이것을
표로 나타내면 다음과 같다.

마지막 음절의 모음	낱말의 마지막 음	단수			복수		
		1인칭	2인칭	3인칭	1인칭	2인칭	3인칭
a, ı	모음	-ymışım	-ymışsın	-ymış	-ymışız	-ymışsınız	-ymışlar
	자음	-mışım	-mışsın	-mış	-mışız	-mışsınız	-mışlar
e, i	모음	-ymişim	-ymişsin	-ymiş	-ymişiz	-ymişsiniz	-ymişler
	자음	-mişim	-mişsin	-miş	-mişiz	-mişsiniz	-mişler
o, u	모음	-ymuşum	-ymuşsun	-ymuş	-ymuşuz	-ymuşsunuz	-ymuşlar
	자음	-muşum	-muşsun	-muş	-muşuz	-muşsunuz	-muşlar
ö, ü	모음	-ymüşüm	-ymüşsün	-ymüş	-ymüşüz	-ymüşsünüz	-ymüşler
	자음	-müşüm	-müşsün	-müş	-müşüz	-müşsünüz	-müşler

자음으로 끝나는 낱말에 붙으면 i-miş의 첫 모음 i가 떨어지고 -miş
가 남는데, -miş는 바로 앞 음절의 모음에 따라 -mış/-miş/-muş/-müş로
된다. 이때에 -mış/-miş/-muş/-müş에는 강세가 붙지 않는다.

Öğretmen i-miş-sin > Öğretmenmişsin. '너는 선생님이었다고/선
생님이라고 한다, 너는 선생님이었구나/선생님이구나.'

Gül i-miş > Gülmüş. '그것은 장미였다고/장미라고 한다, 그것은
장미였구나/장미구나.'

Var i-miş-iz > Varmışız. '우리가 있었다고/있다고 한다, 우리가
있었구나/있구나.'

Yok i-miş-im > Yokmuşum. '내가 없었다고/없다고 한다, 내가
없었구나/없구나.'

모음으로 끝나는 낱말에 붙으면 이 모음과 i-miş의 첫 모음 i 사이
에 연결 자음 y가 들어간 다음에 i-miş의 첫 모음 i가 떨어진다. 이때
남은 -miş는 바로 앞 음절의 모음에 따라 -mış/-miş/-muş/-müş로 되는
데, -mış/-miş/-muş/-müş에는 강세가 붙지 않는다.

Kızı i-miş-im > Kızıyimişim > Kızıymışım. '나는 그의/그들의 딸
이었다/딸이라고 한다, 나는 그의/그들의 딸이었구나/딸이
구나.'

Mavi i-miş > Maviyimiş > Maviymiş. '그것은 파랬다/파랗다고
한다, 그것은 파랬구나/파랗구나.'

의문첨사 mI가 i-miş와 함께 사용될 때에는 mI가 i-miş 바로 앞에
놓인다. 대개는 mI와 i-miş가 결합된다.

마지막 음절의 모음	단수			복수		
	1인칭	2인칭	3인칭	1인칭	2인칭	3인칭
a, ı	mıymışım	mıymışsın	mıymış	mıymışız	mıymışsınız	mıymışlar
e, i	miymişim	miymişsin	miymiş	miymişiz	miymişsiniz	miymişler
o, u	muymuşum	muymuşsun	muymuş	muymuşuz	muymuşsunuz	muymuşlar
ö, ü	müymüşüm	müymüşsün	müymüş	müymüşüz	müymüşsünüz	müymüşler

Öğretmen miymişsin? '너는 선생님이었다고/선생님이라고 하니?
너는 선생님이었니?'

Gül müymüş? '그것은 장미였다고/장미라고 하니? 그것은 장미
였니?'

Var mıymışız? '우리가 있었다고/있다고 하니? 우리가 있었니?'

Yok muymuşum? '내가 없었다고/없다고 하니? 내가 없었니?'

Kızı mıymışım? '나는 그/그들의 딸이었다고/딸이라고 하니?
나는 그의/그들의 딸이었니?'

Mavi miymiş? '그것은 파랬다고/파랗다고 하니? 그것은 파랬니?'

명사와 형용사는 değil '~이 아니다'로 부정형이 만들어진다. değil
에 i-di나 i-miş가 붙어 과거 표현을 한다. i-di나 i-miş는 대개 바로 앞
의 değil과 결합된다.

değildim '나는 ~ 아니었다/않았다'

değildin '너는 ~ 아니었다/않았다'

değildi '그는 ~ 아니었다/않았다'

değildik '우리는 ~ 아니었다/않았다'

değildiniz '너희는/당신은 ~ 아니었다/않았다'

değillerdi ~ değildiler '그들은 ~ 아니었다/않았다'

değilmişim '나는 ~ 아니었다고/아니라고/않았다고/않다고 한다,
~ 아니었구나/아니구나'

değilmişsin '너는 ~ 아니었다고/아니라고/않았다고/않다고 한다,
~ 아니었구나/아니구나'

değilmiş '그는 ~ 아니었다고/아니라고/않았다고/않다고 한다,
~ 아니었구나/아니구나'

değilmişiz '우리는 ~ 아니었다고/아니라고/않았다고/않다고 한
다, ~ 아니었구나/아니구나'

değilmişiniz '너희는/당신은 ~ 아니었다고/아니라고/않았다고/않

다고 한다, ~ 아니었구나/아니구나'

değillermiş ~ değilmişler '그들은~아니었다고/아니라고/않았다고/

않다고 한다, ~ 아니었구나/아니구나'

3인칭 복수형은 사람이 주어일 때에 사용되는 것이 일반적인 듯하

다. 3인칭 복수의 경우 사람이 주어라도 동사를 단수형으로 나타낼

수 있다.

명사와 형용사의 과거 부정의 예

Öğrenci değildim. '나는 학생이 아니었다.'

Öğrenci değildiler(~ değillerdi). '그들은 학생이 아니었다.'

Çalışkan değildin. '너는 부지런하지 않았다.'

Çalışkan değildik. '우리는 부지런하지 않았다.'

Öğrenci değilmiş. '그는 학생이 아니었다고/아니라고 한다, 아니

었구나/아니구나.'

Öğrenci değilmişsiniz. '너희는/당신은 학생이 아니었다고/아니라

고 한다, 아니었구나/아니구나.'

Çalışkan değilmişsin. '너는 부지런하지 않았다고/않다고 한다,

않았구나/않구나.'

Çalışkan değilmişler(~ değillermiş). '그들은 부지런하지 않았다고/

않다고 한다, 않았구나/않구나.'

의문첨사가 değil과 함께 사용될 때에는 mi가 değil 바로 뒤에 놓인다.

Öğrenci değil miydim? '나는 학생이 아니었니?'

Öğrenci değil miydiler?(~ değiller miydi?) '그들은 학생이 아니었니?'

Çalışkan değil miydi? '그는 부지런하지 않았니?'

Çalışkan değil miydiniz? '너희는 부지런하지 않았니?/당신은 부지런하지 않았습니까?'

Öğrenci değil miymişim. '나는 학생이 아니었다고/아니라고 하니?'

Öğrenci değil miymişler?(~ değiller miymiş?) '그들은 학생이 아니었다고/아니라고 하니?'

Çalışkan değil miymişsin. '너는 부지런하지 않았다고/않다고 하니?'

Çalışkan değil miymişiz. '우리는 부지런하지 않았다고/않다고 하니?'

(6) 미래 시제

① 미래 시제

미래 시제는 -AcAk, 즉 -acak/-ecek라는 시제 어미에 인칭대명사에서 발전한 인칭 어미를 붙여 표현한다.

어간 모음	어간의 마지막 음	단수			복수		
		1인칭	2인칭	3인칭	1인칭	2인칭	3인칭
a, ı, o, u	모음	-yacağım	-yacaksın	-yacak	-yacağız	-yacaksınız	-yacaklar
	자음	-acağım	-acaksın	-acak	-acağız	-acaksınız	-acaklar
e, i, ö, ü	모음	-yeceğim	-yeceksin	-yecek	-yeceğiz	-yeceksiniz	-yecekler
	자음	-eceğim	-eceksin	-ecek	-eceğiz	-eceksiniz	-ecekler

-AcAk의 끝에 있는 k는 모음 앞에서 ğ로 바뀐다. 즉 1인칭 어미에서 그러하다.

동사 어간이 모음으로 끝나면 미래 시제 앞에 연결 자음 y가 붙어서 두 모음이 나란히 오는 것을 막는다. 대개 y 앞의 모음 a는 ı로, e는 i로 발음되어 과거에는 이러한 상황이 표기법에 반영되었지만 요즈음에는 그렇지 않다.

2인칭 단수형과 복수형은 명령법으로도 사용될 수 있다.

3인칭 복수형은 사람이 주어일 때에 사용되는 것이 일반적인 듯하다. 3인칭 복수의 경우 사람이 주어라도 동사를 단수형으로 나타낼 수 있다.

부정형은 어간에 -ma-/-me-를 붙인다. 바로 뒤에 오는 연결자음 y의 영향으로 ma는 mı로, me는 mi로 발음되어 과거에는 이러한 상황이 표기법에 반영되었지만 요즈음에는 그렇지 않다.

> Ben eve gideceğim. '나는 집에 갈 것이다.'
>
> gideceksiniz '너희가/당신이 갈 것이다; 너희가 가라/당신이 가시오.'
>
> bulacak '그가 찾아낼 것이다.'
>
> bulacağız '우리가 찾아낼 것이다.'
>
> gitmeyeceksin '네가 가지 않을 것이다; 네가 가지 마라.'
>
> gitmeyecekler '그들이 가지 않을 것이다.'
>
> bulmayacaksın '네가 찾아내지 않을 것이다; 네가 찾아내지 마라.'
>
> bulmayacağız '우리가 찾아내지 않을 것이다.'

미래 시제 어미와 함께 사용될 때에 의문첨사 mı/mi/mu/mü는 미래

시제 어미 다음에 놓인다. 의문첨사 mı/mi/mu/mü 다음에 인칭 어미가
붙는다. 3인칭 복수형에서는 인칭 어미가 시제 어미 다음에 붙는다.

어간 모음	어간의 마지막 음	단수			복수		
		1인칭	2인칭	3인칭	1인칭	2인칭	3인칭
a, ı, o, u	모음	-yacak mıyım	-yacak mısın	-yacak mı	-yacak mıyız	-yacak mısınız	-yacaklar mı
	자음	-acak mıyım	-acak mısın	-acak mı	-acak mıyız	-acak mısınız	-acaklar mı
e, i, ö, ü	모음	-yecek miyim	-yecek misin	-yecek mi	-yecek miyiz	-yecek misiniz	-yecekler mi
	자음	-ecek miyim	-ecek misin	-ecek mi	-ecek miyiz	-ecek misiniz	-ecekler mi

Yarın gidecek misiniz? '너희는 내일 갈 것이니?/당신은 내일 갈
것입니까?'

gidecekler mi? '그들이 갈 것이니?'

bulacak mı? '그가 찾아낼 것이니?'

bulacak mıyız? '우리가 찾아낼 것이니?'

gitmeyecek miyim? '내가 가지 않을 것이니?'

gitmeyecek misin? '네가 가지 않을 것이니?'

bulmayacak mısın? '네가 찾아내지 않을 것이니?'

bulmayacaklar mı? '그들은 찾아내지 않을 것이니?'

② 명사와 형용사의 미래 표현

명사와 형용사는 그 자체로는 시제를 나타낼 수 없다. 그런데 동사
ol- '되다'의 미래 시제형인 ol-acak를 붙이면 '~이/가 될 것이다'를 뜻
한다:

olacağım '나는 ~ 될/~ 일 것이다'

olacaksın '너는 ~ 될/~ 일 것이다; 너는 ~ 되어라'

olacak '그는 ~ 될/~ 일 것이다'

olacağız '우리는 ~ 될/~ 일 것이다'

olacaksınız '너희는/당신은 ~ 될/~ 일 것이다; 너희는 ~ 되어라,
   당신은 ~ 되시오'

olacaklar '그들은 ~ 될/~ 일 것이다.'

Futbolcu olacağım. '나는 축구 선수가 될 것이다.'

Sınav zor olacak. '시험은 어려울 것이다.'

　3인칭 복수형은 사람이 주어일 때에 사용되는 것이 일반적인 듯하다. 3인칭 복수의 경우 사람이 주어라도 동사를 단수형으로 나타낼 수 있다.

(7) 초월 시제

　초월 시제는 습관적인 행동, 변하지 않는 진리, 말하는 이의 의지를 나타낸다. 언제나 진리인 것은 미래에도 진리일 것이므로 초월 시제는 미래 시제로도 사용된다.

　초월 시제는 옛날이야기나 속담에서 많이 볼 수 있다. 옛날이야기에서 사용될 때에는 과거 시제의 뜻이 있다.

① 긍정형

　초월 시제의 긍정형은 -r/-Ar/-Ir, 즉 -r/-ar/-er/-ır/-ir/-ur/-ür라는 시제 어미에 인칭대명사에서 발전한 인칭 어미가 붙은 형태이다.

어간 모음	어간의 마지막 음		단수			복수		
			1인칭	2인칭	3인칭	1인칭	2인칭	3인칭
a, ı	모음		-rım	-rsın	-r	-rız	-rsınız	-rlar
	자음	단음절	-arım	-arsın	-ar	-arız	-arsınız	-arlar
		다음절	-ırım	-ırsın	-ır	-ırız	-ırsınız	-ırlar
e, i	모음		-rim	-rsin	-r	-riz	-rsiniz	-rler
	자음	단음절	-erim	-ersin	-er	-eriz	-ersiniz	-erler
		다음절	-irim	-irsin	-ir	-iriz	-irsiniz	-irler
o, u	모음		-rum	-rsun	-r	-ruz	-rsunuz	-rlar
	자음	단음절	-arım	-arsın	-ar	-arız	-arsınız	-arlar
		다음절	-urum	-ursun	-ur	-uruz	-ursunuz	-urlar
ö, ü	모음		-rüm	-rsün	-r	-rüz	-rsünüz	-rler
	자음	단음절	-erim	-ersin	-er	-eriz	-ersiniz	-erler
		다음절	-ürüm	-ürsün	-ür	-ürüz	-ürsünüz	-ürler

초월 시제의 긍정형은 동사 어간이 모음으로 끝나면 어간에 -r가 붙는다.

bekleriz '우리가 기다린다/기다릴 것이다'

okurum '내가 읽는다/읽을 것이다'

초월 시제의 긍정형은 동사 어간이 단음절이고 자음으로 끝나면 대개 -Ar, 즉 -ar/-er가 붙는다.

Çocuklar şeker severler. '아이들은 사탕을 좋아한다.'

Kedi köpekten korkar. '고양이는 개를 무서워한다.'

초월 시제의 긍정형은 어간이 단음절이고 자음으로 끝나는 다음의 13개 동사에만 -Ir, 즉 -ır/-ir/-ur/-ür가 붙는다.

al- '받다, 얻다, 사다, 빼앗다': alır

bil- '알다': bilir

bul- '찾아내다, 발견하다': bulur

dur- '서다, 멈추다': durur

gel- '오다': gelir

gör- '보다': görür

kal- '머무르다, 묵다, 남다': kalır

ol- '되다': olur

öl- '죽다': ölür

san- '생각하다, 여기다': sanır

var- '이르다, 도달하다': varır

ver- '주다': verir

vur- '때리다, 치다': vurur

de- '말하다'의 수동형인 den- '말해지다', ye- '먹다'의 수동형인 yen- '먹히다'에도 -Ir가 붙는다.

denir, yenir

초월 시제의 긍정형은 어간이 다음절이고 자음으로 끝나면 -Ir, 즉 -ır/-ir/-ur/-ür가 붙는다.

gecikir '그가 늦는다/늦을 것이다'

otururum '나는 앉는다/앉을 것이다'

② 부정형

초월 시제의 부정형은 -mAz, 즉 -maz/-mez라는 시제 어미에 인칭대명사에서 발전한 인칭 어미가 붙은 형태이다. 1인칭 단수에서는 -mAm, 즉 -mam/-mem이고 1인칭 복수에서는 -mAyIz, 즉 -mayız/-meyiz이다.

어간 모음	단수			복수		
	1인칭	2인칭	3인칭	1인칭	2인칭	3인칭
a, ı, o, u	-mam	-mazsın	-maz	-mayız	-mazsınız	-mazlar
e, i, ö, ü	-mem	-mezsin	-mez	-meyiz	-mezsiniz	-mezler

anlamazlar '그들은 이해하지 않는다/않을 것이다'

gitmem '나는 가지 않는다/않을 것이다'

다른 부정어간들과는 달리 -mAz에는 강세가 있다.

3인칭 복수형은 사람이 주어일 때에 사용되는 것이 일반적인 듯하다. 3인칭 복수의 경우 사람이 주어라도 동사를 단수형으로 나타낼 수 있다.

③ 의문첨사가 붙을 경우

초월 시제 긍정형과 함께 사용될 경우 의문첨사 mI는 초월 시제 어미 다음에 오고 여기에 인칭 어미가 붙는다. 3인칭 복수의 경우에는 인칭 어미가 초월 시제 어미에 붙는다.

어간 모음	어간의 마지막 음		단수			복수		
			1인칭	2인칭	3인칭	1인칭	2인칭	3인칭
a, ı	모음		-r mıyım	-r mısın	-r mı	-r mıyız	-r mısınız	-rlar mı
	자음	단음절	-ar mıyım	-ar mısın	-ar mı	-ar mıyız	-ar mısınız	-arlar mı
		다음절	-ır mıyım	-ır mısın	-ır mı	-ır mıyız	-ır mısınız	-ırlar mı
e, i	모음		-r miyim	-r misin	-r mi	-r miyiz	-r misiniz	-rler mi
	자음	단음절	-er miyim	-er misin	-er mi	-er miyiz	-er misiniz	-erler mi
		다음절	-ir miyim	-ir misin	-ir mi	-ir miyiz	-ir misiniz	-irler mi
o, u	모음		-r muyum	-r musun	-r mu	-r muyuz	-r musunuz	-rlar mı
	자음	단음절	-ar mıyım	-ar mısın	-ar mı	-ar mıyız	-ar mısınız	-arlar mı
		다음절	-ur muyum	-ur musun	-ur mu	-ur muyuz	-ur musunuz	-urlar mı
ö, ü	모음		-r müyüm	-r müsün	-r mü	-r müyüz	-r müsünüz	-rler mi
	자음	단음절	-er miyim	-er misin	-er mi	-er miyiz	-er misiniz	-erler mi
		다음절	-ür müyüm	-ür müsün	-ür mü	-ür müyüz	-ür müsünüz	-ürler mi

çıkar mısın? '너는 나가니?/나갈 것이니?'

beklerler mi? '그들은 기다리니?/기다릴 것이니?'

초월 시제 부정형과 함께 사용될 경우 의문첨사 mI는 초월 시제 어미 다음에 오고 여기에 인칭 어미가 붙는다. 모든 인칭에서 -maz/-mez가 사용된다. 3인칭 복수의 경우에는 인칭 어미가 초월 시제 어미에 붙는다.

어간 모음	단수			복수		
	1인칭	2인칭	3인칭	1인칭	2인칭	3인칭
a, ı, o, u	-maz mıyım	-maz mısın	-maz mı	-maz mıyız	-maz mısınız	-mazlar mı
e, i, ö, ü	-mez miyim	-mez misin	-mez mi	-mez miyiz	-mez misiniz	-mezler mi

gitmez miyiz? '우리는 가지 않니?/않을 것이니?'

okumazlar mı? '그들은 읽지 않니?/않을 것이니?'

초월시제의 2인칭 복수 의문형이 터키어에서 가장 정중한 명령이다.

Lütfen, kitabınızı bana verir misiniz? '당신의 책을 나에게 주시겠습니까?'

(8) 과거 진행 시제

'~하고 있었다, ~하는 중이었다'를 뜻하는 과거 진행 시제는 -Iyordu (< -Iyor idi)에 소유 어미에서 발전한 인칭 어미가 붙은 형태이다. 3인칭 복수에서 -Iyordular 형태는 적게 사용된다.

어간 모음	단수			복수		
	1인칭	2인칭	3인칭	1인칭	2인칭	3인칭
a, ı	-ıyordum	-ıyordun	-ıyordu	-ıyorduk	-ıyordunuz	-ıyorlardı, -ıyordular
e, i	-iyordum	-iyordun	-iyordu	-iyorduk	-iyordunuz	-iyorlardı, -iyordular
o, u	-uyordum	-uyordun	-uyordu	-uyorduk	-uyordunuz	-uyorlardı, -uyordular
ö, ü	-üyordum	-üyordun	-üyordu	-üyorduk	-üyordunuz	-üyorlardı, -üyordular

geliyordum '나는 오고 있었다, 나는 오는 중이었다'

gitmiyorlardı ~ gitmiyordular '그들은 가지 않고 있었다'

의문첨사 mI가 -Iyordu와 함께 사용될 때에는 -Iyor muydu로 되어 여기에 소유 어미에서 발전한 인칭 어미가 붙는다. 3인칭 복수에서 -Iyor muydular 형태는 적게 사용된다.

어간 모음	단수			복수		
	1인칭	2인칭	3인칭	1인칭	2인칭	3인칭
a, ı	-ıyor muydum	-ıyor muydun	-ıyor muydu	-ıyor muyduk	-ıyor muydunuz	-ıyorlar mıydı, -ıyor muydular
e, i	-iyor muydum	-iyor muydun	-iyor muydu	-iyor muyduk	-iyor muydunuz	-iyorlar mıydı, -iyor muydular
o, u	-uyor muydum	-uyor muydun	-uyor muydu	-uyor muyduk	-uyor muydunuz	-uyorlar mıydı, -uyor muydular
ö, ü	-üyor muydum	-üyor muydun	-üyor muydu	-üyor muyduk	-üyor muydunuz	-üyorlar mıydı, -üyor muydular

geliyor muydun? '너는 오고 있었니?, 너는 오는 중이었니?'

gitmiyorlar mıydı ~ gitmiyor muydular '그들은 가지 않고 있었니?'

'~하고 있었다, ~하는 중이었다'를 뜻하는 과거 진행 시제로는 -mAktAydI(< -mAktA idi)에 소유 어미에서 발전한 인칭 어미가 붙은 형태도 있다. 3인칭 복수에서는 -mAktAlArdI도 가능하다.

어간 모음	단수			복수		
	1인칭	2인칭	3인칭	1인칭	2인칭	3인칭
a, ı, o, u	-maktaydım	-maktaydın	-maktaydı	-maktaydık	-maktaydınız	-maktalardı, -maktaydılar
e, i, ö, ü	-mekteydim	-mekteydin	-mekteydi	-mekteydik	-mekteydiniz	-mektelerdi, -mekteydiler

bilmemektelerdi ~ bilmemekteydiler '그들은 모르고 있었다'

okumaktaydım '나는 읽고 있었다'

의문첨사 mI가 -mAktAydI와 함께 사용될 때에는 -mAktA mIydI로 되어 여기에 소유 어미에서 발전한 인칭 어미가 붙는다.

어간	단수			복수		
모음	1인칭	2인칭	3인칭	1인칭	2위칭	3인칭
a, ı, o, u	-makta mıydım	-makta mıydın	-makta mıydı	-makta mıydık	-makta mıydınız	-maktalar mıydı, -makta mıydılar
e, i, ö, ü	-mekte miydim	-mekte miydin	-mekte miydi	-mekte miydik	-mekte miydiniz	-mekteler miydi, -mekte miydiler

bilmemekteler miydi? ~ bilmemekte miydiler? '그들은 모르고 있었니?'

okumakta mıydın? '너는 읽고 있었니?'

'~하고 있었다더라/있다더라/~한다더라'를 뜻하는 과거 진행 시제는 -Iyormuş(< -Iyor imiş)에 인칭대명사에서 발전한 인칭 어미가 붙은 것이다. 과거 시제뿐만 아니라 현재 시제의 뜻도 있다. 3인칭 복수에서 -Iyormuşlar 형태는 적게 사용되는 듯하다.

어간 모음	단수			복수		
	1인칭	2인칭	3인칭	1인칭	2인칭	3인칭
a, ı	-ıyormuşum	-ıyormuşsun	-ıyormuş	-ıyormuşuz	-ıyormuşsunuz	-ıyorlarmış, -ıyormuşlar
e, i	-iyormuşum	-iyormuşsun	-iyormuş	-iyormuşuz	-iyormuşsunuz	-iyorlarmış, -iyormuşlar
o, u	-uyormuşum	-uyormuşsun	-uyormuş	-uyormuşuz	-uyormuşsunuz	-uyorlarmış, -uyormuşlar
ö, ü	-üyormuşum	-üyormuşsun	-üyormuş	-üyormuşuz	-üyormuşsunuz	-üyorlarmış, -üyormuşlar

geliyormuşsun '너는 오고 있었다더라/있다더라/온다더라'

gitmiyorlarmış ~ gitmiyormuşlar '그들은 가지 않고 있었다더라/
있다더라/가지 않는다더라'

의문첨사 mI가 -Iyormuş와 함께 사용될 때에는 -Iyor muymuş로 되어
여기에 인칭대명사에서 발전한 인칭 어미가 붙는다. 3인칭 복수에서
-Iyor muymuşlar 형태는 가능하기는 하지만 사용되지는 않는 듯하다.

어간 모음	단수			복수		
	1인칭	2인칭	3인칭	1인칭	2인칭	3인칭
a, ı	-ıyor muymuşum	-ıyor muymuşsun	-ıyor muymuş	-ıyor muymuşuz	-ıyor muymuşsunuz	-ıyorlar mıymış
e, i	-iyor muymuşum	-iyor muymuşsun	-iyor muymuş	-iyor muymuşuz	-iyor muymuşsunuz	-iyorlar mıymış
o, u	-uyor muymuşum	-uyor muymuşsun	-uyor muymuş	-uyor muymuşuz	-uyor muymuşsunuz	-uyorlar mıymış
ö, ü	-üyor muymuşum	-üyor muymuşsun	-üyor muymuş	-üyor muymuşuz	-üyor muymuşsunuz	-üyorlar mıymış

geliyor muymuş? '그는 오고 있었대?/있대?, 그는 온대?'

gitmiyorlar mıymış '그들은 가지 않고 있었대?/있대?, 그들은 가
지 않는대?'

'~하고 있었다더라/있다더라'를 뜻하는 과거 진행 시제로는 -mAktAymIş
(< -mAktA imiş)에 인칭대명사에서 발전한 인칭 어미가 붙은 것도 있
다. 과거 시제뿐만 아니라 현재 시제의 뜻도 있다.

어간	단수			복수		
모음	1인칭	2인칭	3인칭	1인칭	2인칭	3인칭
a, ı, o, u	-maktaymışım	-maktaymışsın	-maktaymış	-maktaymışız	-maktaymışsınız	-maktalarmış, -maktaymışlar
e, i, ö, ü	-mekteymişim	-mekteymişsin	-mekteymiş	-mekteymişiz	-mekteymişsiniz	-mektelermiş, -mekteymişler

gelmekteymişsin '너는 오고 있었다더라/있다더라'

gitmemektelermiş ~ gitmemekteymişler '그들은 가지 않고 있었다
더라/있다더라'

의문첨사 mI가 -mAktAymIş와 함께 사용될 때에는 -mAktA mIymIş
로 되어 여기에 인칭대명사에서 발전한 인칭 어미가 붙는다. 3인칭
복수에서 -mAktA mIymIşlAr 형태는 가능하기는 하지만 사용되지는
않는 듯하다.

어간 모음	단수			복수		
	1인칭	2인칭	3인칭	1인칭	2인칭	3인칭
a, ı, o, u	-makta mıymışım	-makta mıymışsın	-makta mıymış	-makta mıymışız	-makta mıymışsınız	-maktalar mıymış
e, i, ö, ü	-mekte miymişim	-mekte miymişsin	-mekte miymiş	-mekte miymişiz	-mekte miymişsiniz	-mekteler miymiş

gelmekte miymiş? '그는 오고 있었대?/있대?'

gitmemekteler miymiş? '그들은 가지 않고 있었대?/있대?'

(9) 과거 완료 시제

과거 완료는 -mIştI(< -mIş idi)에 소유 어미에서 발전한 인칭 어미가 붙어 표현된다. 3인칭 복수에서 -mIştIlAr 형태는 드물게 사용되는 듯하다.

어간 모음	단수			복수		
	1인칭	2인칭	3인칭	1인칭	2인칭	3인칭
a, ı	-mıştım	-mıştın	-mıştı	-mıştık	-mıştınız	-mışlardı, -mıştılar
e, i	-miştim	-miştin	-mişti	-miştik	-miştiniz	-mişlerdi, -miştiler
o, u	-muştum	-muştun	-muştu	-muştuk	-muştunuz	-muşlardı, -muştular
ö, ü	-müştüm	-müştün	-müştü	-müştük	-müştünüz	-müşlerdi, -müştüler

gelmemiştim '내가 오지 않았었다, 내가 온 적이 없다'
okumuştu '그가 읽었었다, 그가 읽은 적이 있다'

의문첨사 mI가 -mIştI와 함께 사용될 때에는 -mIş mIydI로 되어 여기에 소유 어미에서 발전한 인칭 어미가 붙는다. 3인칭 복수에서 -mIş mIydIlAr 형태는 드물게 사용되는 듯하다.

어간 모음	단수			복수		
	1인칭	2인칭	3인칭	1인칭	2인칭	3인칭
a, ı	-mış mıydım	-mış mıydın	-mış mıydı	-mış mıydık	-mış mıydınız	-mışlar mıydı, -mış mıydılar
e, i	-miş miydim	-miş miydin	-miş miydi	-miş miydik	-miş miydiniz	-mişler miydi, -miş miydiler
o, u	-muş muydum	-muş muydun	-muş muydu	-muş muyduk	-muş muydunuz	-muşlar mıydı, -muş muydular
ö, ü	-müş müydüm	-müş müydün	-müş müydü	-müş müydük	-müş müydünüz	-müşler miydi, -müş müydüler

gelmemiş miydin? '네가 오지 않았었니?, 네가 온 적이 없니?'

okumuş muydu? '그가 읽었었니?, 그가 읽은 적이 있니?'

과거 완료는 -DIydI(< -DI idi)에 소유 어미에서 발전한 인칭 어미가
붙어 표현되기도 한다. 인칭 어미는 -ydI에 붙는다. 이 형태는 -mIştI
형태보다 적게 사용되는 듯하다.

어간 모음	어간의 마지막 음	단수			복수		
		1인칭	2인칭	3인칭	1인칭	2인칭	3인칭
a, ı	모음, 유성 자음	-dıydım	-dıydın	-dıydı	-dıydık	-dıydınız	-dıydılar
	무성 자음	-tıydım	-tıydın	-tıydı	-tıydık	-tıydınız	-tıydılar
e, i	모음, 유성 자음	-diydim	-diydin	-diydi	-diydik	-diydiniz	-diydiler
	무성 자음	-tiydim	-tiydin	-tiydi	-tiydik	-tiydiniz	-tiydiler
o, u	모음, 유성 자음	-duydum	-duydun	-duydu	-duyduk	-duydunuz	-duydular
	무성 자음	-tuydum	-tuydun	-tuydu	-tuyduk	-tuydunuz	-tuydular
ö, ü	모음, 유성 자음	-düydüm	-düydün	-düydü	-düydük	-düydünüz	-düydüler
	무성 자음	-tüydüm	-tüydün	-tüydü	-tüydük	-tüydünüz	-tüydüler

gelmediydim '내가 오지 않았었다, 내가 온 적이 없다'

okuduydu '그가 읽었었다, 그가 읽은 적이 있다'

의문첨사 mI가 -DIydI와 함께 사용되는 것은 가능하지 않은 것 같다.

과거 완료는 -DImdI(< -DIm idi) 등에 소유 어미에서 발전한 인칭
어미가 붙어 표현되기도 한다. 인칭 어미는 -DI에 붙는다. 그러므로 3
인칭 단수 다음에만 -ydI가 붙고 나머지 인칭에서는 -DI 다음에 소유
어미에서 발전한 인칭 어미와 -DI가 붙는다. 이 형태는 -mIştI 형태보
다 적게 사용되는 듯하다.

어간 모음	어간의 마지막 음	단수			복수		
		1인칭	2인칭	3인칭	1인칭	2인칭	3인칭
a, ı	모음, 유성 자음	-dımdı	-dındı	-dıydı	-dıktı	-dınızdı	-dılardı
	무성 자음	-tımdı	-tındı	-tıydı	-tıktı	-tınızdı	-tılardı
e, i	모음, 유성 자음	-dimdi	-dindi	-diydi	-dikti	-dinizdi	-dilerdi
	무성 자음	-timdi	-tindi	-tiydi	-tikti	-tinizdi	-tilerdi
o, u	모음, 유성 자음	-dumdu	-dundu	-duydu	-duktu	-dunuzdu	-dulardı
	무성 자음	-tumdu	-tundu	-tuydu	-tuktu	-tunuzdu	-tulardı
ö, ü	모음, 유성 자음	-dümdü	-dündü	-düydü	-düktü	-dünüzdü	-dülerdi
	무성 자음	-tümdü	-tündü	-tüydü	-tüktü	-tünüzdü	-tülerdi

gelmedimdi '내가 오지 않았었다, 내가 온 적이 없다'

okuduydu '그가 읽었었다, 그가 읽은 적이 있다'

의문첨사 mI가 -DImdI 등과 함께 사용될 때에는 -DIm mIydI 등으로 된다. 드물게 사용되는 것 같다.

어간 모음	어간의 마지막 음	단수			복수		
		1인칭	2인칭	3인칭	1인칭	2인칭	3인칭
a, ı	모음, 유성 자음	-dım mıydı	-dın mıydı	-dı mıydı	-dık mıydı	-dınız mıydı	-dılar mıydı
	무성 자음	-tım mıydı	-tın mıydı	-tı mıydı	-tık mıydı	-tınız mıydı	-tılar mıydı
e, i	모음, 유성 자음	-dim miydi	-din miydi	-di miydi	-dik miydi	-diniz miydi	-diler miydi
	무성 자음	-tim miydi	-tin miydi	-ti miydi	-tik miydi	-tiniz miydi	-tiler miydi
o, u	모음, 유성 자음	-dum muydu	-dun muydu	-du muydu	-duk muydu	-dunuz muydu	-dular mıydı
	무성 자음	-tum muydu	-tun muydu	-tu muydu	-tuk muydu	-tunuz muydu	-tular mıydı
ö, ü	모음, 유성 자음	-düm müydü	-dün müydü	-dü müydü	-dük müydü	-dünüz müydü	-düler miydi
	무성 자음	-tüm müydü	-tün müydü	-tü müydü	-tük müydü	-tünüz müydü	-tüler miydi

gelmedin miydi? '네가 오지 않았었니?, 네가 온 적이 없니?'

okudu muydu? '그가 읽었었니?, 그가 읽은 적이 있니?'

(10) 미래 시제의 과거형

'~할 것이었다, ~할 참이었다'를 뜻하는 미래 시제의 과거형은 -AcAktI(< -AcAk idi)에 소유 어미에서 발전한 인칭 어미를 붙여 표현한다. 3인칭 복수에서는 -AcAklArdI가 더 많이 사용되는 듯하다.

어간 모음	어간의 마지막 음	단수			복수		
		1인칭	2인칭	3인칭	1인칭	2인칭	3인칭
a, ı, o, u	모음	-yacaktım	-yacaktın	-yacaktı	-yacaktık	-yacaktınız	-yacaklardı, -yacaktılar
	자음	-acaktım	-acaktın	-acaktı	-acaktık	-acaktınız	-acaklardı, -acaktılar
e, i, ö, ü	모음	-yecektim	-yecektin	-yecekti	-yecektik	-yecektiniz	-yeceklerdi, -yecektiler
	자음	-ecektim	-ecektin	-ecekti	-ecektik	-ecektiniz	-eceklerdi, -ecektiler

gelmeyecektin '너는 오지 않을 것이었다/참이었다'

okuyacaklardı ~ okuyacaktılar '그들이 읽을 것이었다/참이었다'

의문첨사가 -AcAktI와 함께 사용될 때에는 -AcAk mIydI로 된다. mIydI에 소유 어미에서 발전한 인칭 어미를 붙인다.

어간 모음	어간의 마지막 음	단수			복수		
		1인칭	2인칭	3인칭	1인칭	2인칭	3인칭
a, ı, o, u	모음	-yacak mıydım	-yacak mıydın	-yacak mıydı	-yacak mıydık	-yacak mıydınız	-yacaklar mıydı, -yacak mıydılar
	자음	-acak mıydım	-acak mıydın	-acak mıydı	-acak mıydık	-acak mıydınız	-acaklar mıydı, -acak mıydılar
e, i, ö, ü	모음	-yecek miydim	-yecek miydin	-yecek miydi	-yecek miydik	-yecek miydiniz	-yecekler miydi, -yecek miydiler
	자음	-ecek miydim	-ecek miydin	-ecek miydi	-ecek miydik	-ecek miydiniz	-ecekler miydi, -ecek miydiler

gelmeyecek miydin? '너는 오지 않을 것이었니?/참이었니?'

okuyacak mıydı? '그가 읽을 것이었니?/참이었니?'

　'~할 것이었대/것이래, ~할 참이었대/참이래'를 뜻하는 미래 시제의 과거형은 -AcAkmIş(< -AcAk imiş)에 인칭대명사에서 발전한 인칭 어미를 붙여 표현한다. 과거만 뜻하는 것이 아니다. 3인칭 복수에서는 -AcAklArmIş가 더 많이 사용되는 듯하다.

어간 모음	어간의 마지막 음	단수			복수		
		1인칭	2인칭	3인칭	1인칭	2인칭	3인칭
a, ı, o, u	모음	-yacakmışım	-yacakmışsın	-yacakmış	-yacakmışız	-yacakmışsınız	-yacaklarmış, -yacakmışlar
	자음	-acakmışım	-acakmışsın	-acakmış	-acakmışız	-acakmışsınız	-acaklarmış, -acakmışlar
e, i, ö, ü	모음	-yecekmişim	-yecekmişsin	-yecekmiş	-yecekmişiz	-yecekmişsiniz	-yeceklermiş, -yecekmişler
	자음	-ecekmişim	-ecekmişsin	-ecekmiş	-ecekmişiz	-ecekmişsiniz	-eceklermiş, -ecekmişler

gelmeyecekmişsin '너는 오지 않을 것이었대/것이래/참이었대/참
이래'

okuyacaklarmış ~ okuyacakmışlar '그들이 읽을 것이었대/것이래/
참이었대/참이래'

의문첨사 mI가 -AcAkmIş와 함께 사용될 때에는 -AcAkmIş mI로 된
다. mI에 소유 어미에서 발전한 인칭 어미를 붙인다.

어간 모음	어간의 마지막 음	단수			복수		
		1인칭	2인칭	3인칭	1인칭	2인칭	3인칭
a, ı, o, u	모음	-yacakmış mıyım	-yacakmış mısın	-yacakmış mı	-yacakmış mıyız	-yacakmış mısınız	-yacaklarmış mı, -yacakmışlar mı
	자음	-acakmış mıyım	-acakmış mısın	-acakmış mı	-acakmış mıyız	-acakmış mısınız	-acaklarmış mı, -acakmışlar mı
e, i, ö, ü	모음	-yecekmiş miyim	-yecekmiş misin	-yecekmiş mi	-yecekmiş miyiz	-yecekmiş misiniz	-yeceklermiş mi, -yecekmişler mi
	자음	-ecekmiş miyim	-ecekmiş misin	-ecekmiş mi	-ecekmiş miyiz	-ecekmiş misiniz	-eceklermiş mi, -ecekmişler mi

gelmeyecekmiş mi? '그는 오지 않을 것이었대?/것이래?/참이었
대?/참이래?'

okuyacaklarmış mı? ~ okuyacakmışlar mı? '그들이 읽을 것이었
대?/것이래?/참이었대?/참이래?'

의문첨사 mI가 -AcAkmIş와 함께 사용될 때에는 -AcAk mIymIş로도
된다. mIymIş에 소유 어미에서 발전한 인칭 어미를 붙인다. -AcAkmIş
mI 형태보다 적게 사용되는 듯하다.

어간 모음	어간의 마지막 음	단수			복수		
		1인칭	2인칭	3인칭	1인칭	2인칭	3인칭
a, ı, o, u	모음	-yacak mıymışım	-yacak mıymışsın	-yacak mıymış	-yacak mıymışız	-yacak mıymışsınız	-yacaklar mıymış, -yacak mıymışlar
	자음	-acak mıymışım	-acak mıymışsın	-acak mıymış	-acak mıymışız	-acak mıymışsınız	-acaklar mıymış, -acak mıymışlar
e, i, ö, ü	모음	-yecek miymişim	-yecek miymişsin	-yecek miymiş	-yecek miymişiz	-yecek miymişsiniz	-yecekler miymiş, -yecek miymişler
	자음	-ecek miymişim	-ecek miymişsin	-ecek miymiş	-ecek miymişiz	-ecek miymişsiniz	-ecekler miymiş, -ecek miymişler

gelmeyecek miymiş? '그는 오지 않을 것이었대?/것이래?/참이었
대?/참이래?'

okuyacaklar mıymış? ~ okuyacak mıymışlar? '그들이 읽을 것이었
대?/것이래?/참이었대?/참이래?'

(11) 초월 시제의 과거형

'~곤 했다'를 뜻하는 초월 시제의 과거 긍정형은 -r/-Ar/-Ir에 불완전
동사 i- '~이다'의 가시적 과거 시제형 idi를 붙여 표현한다. idi는 대개
바로 앞의 초월분사에 붙어서 -rdI/-ArdI/-IrdI 형태가 된다. 여기에 소
유어미에서 발전한 인칭 어미가 붙는다.

어간 모음	어간의 마지막 음		단수			복수		
			1인칭	2인칭	3인칭	1인칭	2인칭	3인칭
a, ı	모음		-rdım	-rdın	-rdı	-rdık	-rdınız	-rlardı, -rdılar
	자음	단음절	-ardım	-ardın	-ardı	-ardık	-ardınız	-arlardı, -ardılar
		다음절	-ırdım	-ırdın	-ırdı	-ırdık	-ırdınız	-ırlardı, -ırdılar
e, i	모음		-rdim	-rdin	-rdi	-rdik	-rdiniz	-rlerdi, -rdiler
	자음	단음절	-erdim	-erdin	-erdi	-erdik	-erdiniz	-erlerdi, -erdiler
		다음절	-irdim	-irdin	-irdi	-irdik	-irdiniz	-irlerdi, -irdiler
o, u	모음		-rdum	-rdun	-rdu	-rduk	-rdunuz	-rlardı, -rdular
	자음	단음절	-ardım	-ardın	-ardı	-ardık	-ardınız	-arlardı, -ardılar
		다음절	-urdum	-urdun	-urdu	-urduk	-urdunuz	-urlardı, -urdular
ö, ü	모음		-rdüm	-rdün	-rdü	-rdük	-rdünüz	-rlerdi, -rdüler
	자음	단음절	-erdim	-erdin	-erdi	-erdik	-erdiniz	-erlerdi, -erdiler
		다음절	-ürdüm	-ürdün	-ürdü	-ürdük	-ürdünüz	-ürlerdi, -ürdüler

giderdim '나는 가곤 했다'

okurlardı ~ okurdular '그들이 읽곤 했다'

'~하지 않곤 했다'를 뜻하는 초월 시제의 과거 부정형은 -mAz, 즉 -maz/-mez에 idi를 붙여 표현한다. idi는 대개 바로 앞의 초월분사에 붙어서 -mAzdI 형태가 된다.

어간 모음	단수			복수		
	1인칭	2인칭	3인칭	1인칭	2인칭	3인칭
a, ı, o, u	-mazdım	-mazdın	-mazdı	-mazdık	-mazdınız	-mazlardı, -mazdılar
e, i, ö, ü	-mezdim	-mezdin	-mezdi	-mezdik	-mezdiniz	-mezlerdi, -mezdiler

gitmezdin '너는 가지 않곤 했다'

okumazlardı ~ okumazdılar '그들은 읽지 않곤 했다'

초월 시제의 과거형은 조건문에서 '~했을 것이다/텐데'라는 뜻으로 사용된다.

Gelseydin, beni görürdün. '네가 왔더라면, 너는 나를 보았을 것이다/텐데.'

İyi dinlenseydi, hastalanmazdı. '그가 잘 쉬었더라면, 그는 병나지 않았을 것이다/텐데.'

의문첨사 mI가 -rdI/-ArdI/-IrdI와 함께 사용될 때에는 -r/-Ar/-Ir mIydI로 된다.

어간 모음	어간의 마지막 음		단수			복수		
			1인칭	2인칭	3인칭	1인칭	2인칭	3인칭
a, ı		모음	-r mıydım	-r mıydın	-r mıydı	-r mıydık	-r mıydınız	-rlar mıydı, -r mıydılar
	자음	단음절	-ar mıydım	-ar mıydın	-ar mıydı	-ar mıydık	-ar mıydınız	-arlar mıydı, -ar mıydılar
		다음절	-ır mıydım	-ır mıydın	-ır mıydı	-ır mıydık	-ır mıydınız	-ırlar mıydı, -ır mıydılar
e, i		모음	-r miydim	-r miydin	-r miydi	-r miydik	-r miydiniz	-rler miydi, -r miydiler
	자음	난음절	-er miydim	-er miydin	-er miydi	-er miydik	-er miydiniz	-erler miydi, -er miydiler
		다음절	-ir miydim	-ir miydin	-ir miydi	-ir miydik	-ir miydiniz	-irler miydi, -ir miydiler
o, u		모음	-r muydum	-r muydun	-r muydu	-r muyduk	-r muydunuz	-rlar mıydı, -r muydular
	자음	단음절	-ar mıydım	-ar mıydın	-ar mıydı	-ar mıydık	-ar mıydınız	-arlar mıydı, -ar mıydılar
		다음절	-ur muydum	-ur muydun	-ur muydu	-ur muyduk	-ur muydunuz	-urlar mıydı, -ur muydular
ö, ü		모음	-r müydüm	-r müydün	-r müydü	-r müydük	-r müydünüz	-rler miydi, -r müydüler
	자음	단음절	-er miydim	-er miydin	-er miydi	-er miydik	-er miydiniz	-erler miydi, -er miydiler
		다음절	-ür müydüm	-ür müydün	-ür müydü	-ür müydük	-ür müydünüz	-ürler miydi, -ür müydüler

gider miydin? '너는 가곤 했니?'

okurlar mıydı? ~ okur muydular? '그들이 읽곤 했니?'

İsteseydi, buraya gelir miydin? '그가 원했다면, 너는 여기에 왔겠니?'

의문첨사 mI가 -mAzdI와 함께 사용될 때에는 -mAz mIydI로 된다.

어간 모음	단수			복수		
	1인칭	2인칭	3인칭	1인칭	2인칭	3인칭
a, ı, o, u	-maz mıydım	-maz mıydın	-maz mıydı	-maz mıydık	-maz mıydınız	-mazlar mıydı, -maz mıydılar
e, i, ö, ü	-mez miydim	-mez miydin	-mez miydi	-mez miydik	-mez miydiniz	-mezler miydi, -mez miydiler

gitmez miydin '너는 가지 않곤 했니?'

gitmezler miydi ~ gitmez miydiler '그들은 가지 않곤 했습니까?'

Param olsaydı, oraya gitmez miydim? '내가 돈이 있었으면 그곳에 가지 않았겠니?'

(12) 분사

① 현재 분사

현재 분사는 -(y)An, 즉 -an/-en/-yan/-yen '~하는, ~한'으로 표현된다. 동사 어간이 자음으로 끝나면 -an/-en, 모음으로 끝나면 -yan/-yen이 붙는다.

터키어는 두 모음이 나란히 오는 것을 싫어하기 때문에 두 모음의 충돌을 막기 위하여 연결 자음 y가 들어간다. 동사 어간의 마지막 모음이 후설이면(즉, a, ı, o, u 중 하나이면) -an/-yan, 전설이면(즉, e, i, ö, ü 중 하나이면) -en/-yen이 붙는다.

어간 모음	모음 뒤	자음 뒤
a, ı, o, u	-yan	-an
e, i, ö, ü	-yen	-en

geç-en ay '지난달'

oku-y-an '읽는, 읽은'

oku-y-an çocuk '읽는/읽은 아이'

sev-en '사랑하는, 사랑한'

ben-i sev-en kişi '사랑하는/사랑한'

현재 분사라 하지만 과거 분사의 뜻도 있다. 그러므로 현재 일어나
고 있음을 강조하려고 -makta/-mekte ol-an '~하고 있는'으로 표현할
수 있다.

oku-makta ol-an '읽는, 읽고 있는'

oku-makta ol-an çocuk '읽는/읽고 있는 아이'

sev-mekte ol-an '사랑하는, 사랑하고 있는'

ben-i sev-mekte ol-an kişi '나를 사랑하는/사랑하고 있는 사람'

분사는 동사에서 출발한 일종의 형용사다. 터키어에서 형용사는
명사로도 사용된다. 따라서 현재 분사도 명사로 사용될 수 있다.

Bunu iste-y-en kişi var mı? '이것을 원하는 사람이 있습니까?'

⇨ Bunu isteyen var mı? '이것을 원하는 사람이 있습니까?'

fındık kır-an alet '개암 깨는 도구'

⇨ fındıkkıran '개암 깨는 도구, 개암 까는 도구; (대문자로 시
작할 경우) 차이콥스키의 발레 음악 이름'[34]

---

34) 한국어로 '호두까기인형'으로 알려진 차이콥스키의 발레 음악 이름은 러시아어로 Щелкунчик, 영어
로 Nutcracker, 도이치어로 Nussknacker, 터키어로 Fındıkkıran이라 한다. 영어의 nutcracker는 호두나
껍질이 딱딱한 것을 깨는 도구를 말한다. 껍질이 딱딱한 과일로는 호두와 더불어 개암도 있다. 터
키어 이름을 보면 이 발레 음악의 이름은 '호두까기인형'이 아니라 '개암까기인형'이어야 한다.
'호두까기인형'이었다면 터키어로 Cevizkıran이라 불렸을 것이다.
한편, 일본어를 통해 한국어로 '크시코스의 우편 마차'라는 이름으로 전해진 도이칠란트의
Hermann Necke(1850~1912)의 춤곡 이름은 헝가리어 Csikós Post[ʧiko ː ʃ poʃt] '우편 마차'를 잘못

oku-y-an çocuk '읽는/읽은 아이'

⇨ okuyan '읽는/읽은 사람'

sev-en kişi '사랑하는/사랑한 사람'

⇨ seven '사랑하는/사랑한'

oku-makta ol-an çocuk '읽는/읽고 있는 아이'

⇨ okumakta olan '읽는/읽고 있는 사람'

sev-mekte ol-an kişi '사랑하는/사랑하고 있는 사람'

⇨ sevmekte olan '사랑하는/사랑하고 있는 사람'

현재 분사는 -(y)IcI, 즉 -ıcı/-ici/-ucu/-ücü/-yıcı/-yici/-yucu/-yücü '~하
는'으로도 표현된다. 터키어는 두 모음이 나란히 오는 것을 싫어하기
때문에, 모음 다음에는 두 모음의 충돌을 막기 위하여 연결 자음 y가
들어간다. 다음과 같이 표로 나타낼 수 있다.

마지막 음절의 모음	모음 뒤	자음 뒤
a, ı	-yıcı	-ıcı
e, i	-yici	-ici
o, u	-yucu	-ucu
ö, ü	-yücü	-ücü

geç-ici işçi '일시적인 일꾼, 임시 직원, 임시 고용인'

kal-ıcı çözüm '영속적인/지속적인 해결'

öldür-ücü madde '치명적인 물질'

옮긴 것이다. 헝가리어로 csikós는 '(말을 돌보는) 카우보이'를 뜻하는데, 일본인들이 csikós를 지명
이나 인명으로 오해하였고 이것이 그대로 우리에게 전해진 것이다. 헝가리어 표기법에서 cs는 영
어의 ch, s는 영어의 sh, ó는 장모음 o를 나타내므로 csikós는 크시코스가 아니라 치코오시가 원음
에 가깝다.

분사는 동사에서 출발한 일종의 형용사다. 터키어에서 형용사는 명사로도 사용된다. 따라서 -(y)IcI도 명사로 사용될 수 있다.

> görücü '중매쟁이, 결혼하고 싶어 하는 남자를 위하여 신붓감을
> 보러 가는 여자' < gör- '보다' + -ücü
> okuyucu '독자, 구독자' < oku- '읽다' + y + -ucu
> tüketici '소비자' < tüket- '소비하다' + -ici

-(y)IcI의 첫 모음이 떨어진 형태도 있다:

> dilenci '거지, 걸인' < dilen- '구걸하다'
> öğrenci '학생' < öğren- '배우다'

② 과거 분사

과거 분사는 -DIk로 표현된다. 가시적 과거 시제 1인칭 복수형인 -DIk는 원래는 과거 분사 어미였다.

-DIk는 동사 어간이 모음이나 유성 자음으로 끝나면 -dık/-dik/-duk/ -dük로 되고, 무성 자음, 즉 Fe paşa çok hasta 'Fe 장군이 무척 아프다' 의 자음 중 하나로 끝나면 -tık/-tik/-tuk/-tük가 된다.

과거 분사라 하지만 '~한'뿐만 아니라 '~하는'을 뜻하기도 한다.

> Ankara'da gezmedik yer bırakmadım. '나는 앙카라에서 돌아다니
> 지 않은 곳을 남기지 않았다.'
> Bu, çalışkan bir öğrenciden beklendik bir harekettir. '이것은 부지
> 런한 학생에게서 기대된/기대되는 행동이다.'
> Okumadık gazete kalmadı. '읽지 않은 신문이 남지 않았다.'

과거 분사 어미 -DIk는 거의 대부분의 경우에 소유 어미가 붙은 형태로 사용된다. 그러므로 소유 어미가 붙은 -DIk는 '~이/가 ~한/하는'으로 번역할 수 있다.

어간 모음	어간의 마지막 음		단수			복수		
			1인칭	2인칭	3인칭	1인칭	2인칭	3인칭
a, ı	모음, 유성 자음	-dık	-dığım	-dığın	-dığı	-dığımız	-dığınız	-dıkları
	무성 자음	-tık	-tığım	-tığın	-tığı	-tığımız	-tığınız	-tıkları
e, i	모음, 유성 자음	-dik	-diğim	-diğin	-diği	-diğimiz	-diğiniz	-dikleri
	무성 자음	-tik	-tiğim	-tiğin	-tiği	-tiğimiz	-tiğiniz	-tikleri
o, u	모음, 유성 자음	-duk	-duğum	-duğun	-duğu	-duğumuz	-duğunuz	-dukları
	무성 자음	-tuk	-tuğum	-tuğun	-tuğu	-tuğumuz	-tuğunuz	-tukları
ö, ü	모음, 유성 자음	-dük	-düğüm	-düğün	-düğü	-düğümüz	-düğünüz	-dükleri
	무성 자음	-tük	-tüğüm	-tüğün	-tüğü	-tüğümüz	-tüğünüz	-tükleri

benim bildiğim konu 또는 bildiğim konu '내가 아는/안 주제'
　　(bildiğim < bil-dik-i-m)

senin okuduğun kitap 또는 okuduğun kitap '네가 읽는/읽은 책'
　　(okuduğun < oku-duk-u-n)

onun sattığı ekmek '그가 파는/판 빵'(sattığı <sat-tık-ı)

Attığım taş camı kırdı. '내가 던진 돌이 유리를 깼다.'

　3인칭 복수에서 -dıkları/-tıkları/-dikleri/-tikleri/-dukları/-tukları/-dükleri/-tükleri 대신에 단수형인 -dığı/-tığı/-diği/-tiği/-duğu/-tuğu/-düğü/-tüğü를 사용해도 된다.

　과거 분사 -DIk로 만들어진 명사들도 있다.

　bildik ~ tanıdık '아는 사람, 지인'

과거 분사는 -mIş, 즉 -mış/-miş/-muş/-müş로도 표현된다. 불가시적 과거 시제 어미 -mIş는 원래는 과거 분사 어미였는데 인칭 어미와 함께 사용되어 일반 시제를 나타내게 되었다.

어간 모음	
a, ı	-mış
e, i	-miş
o, u	-muş
ö, ü	-müş

-mIş는 '~한'을 뜻한다.

> Ankara'yı görmemiş bir köylü '앙카라를 보지 못한 (어떤) 시골 사람'
>
> geçmiş günler '지난날들'
>
> suya düşmüş arabalar '물에 떨어진 차들'

과거 분사 -mIş로 만들어진 명사들도 있다.

> dolmuş '돌무시 (소형 탈것)', geçmiş '과거', özgeçmiş '약력'

③ 미래 분사

미래 분사는 -AcAk, 즉 -acak/-ecek로 표현된다. 동사 어간이 모음으로 끝나면 미래 분사 어미 앞에 연결 자음 y가 붙어서 두 모음이 나란히 오는 것을 막는다. 미래 시제 어미 -AcAk는 원래는 미래 분사 어미였는데 인칭 어미와 함께 사용되어 일반 시제를 나타내게 되었다.

> gelecek ay '다음 달' (글자 그대로는 '올 달'; gelecek < gel-ecek)
>
> oturacak yer '좌석, 자리' (글자 그대로는 '앉을 곳'; oturacak < otur-acak)

미래 분사 어미 -AcAk에는 소유 어미가 붙을 경우에는 '~이/가 ~ 할'로 번역할 수 있다.

어간 모음	어간의 마지막 음		단수			복수		
			1인칭	2인칭	3인칭	1인칭	2인칭	3인칭
a, ı, o, u	모음	-yacak	-yacağım	-yacağın	-yacağı	-yacağımız	-yacağınız	-yacakları
	자음	-acak	-acağım	-acağın	-acağı	-acağımız	-acağınız	-acakları
e, i, ö, ü	모음	-yecek	-yeceğim	-yeceğin	-yeceği	-yeceğimiz	-yeceğiniz	-yecekleri
	자음	-ecek	-eceğim	-eceğin	-eceği	-eceğimiz	-eceğiniz	-ecekleri

benim okuyacağım kitap 또는 okuyacağım kitap '내가 읽을 책'

(okuyacağım < oku-y-acak-ı-m)

senin bilmeyeceğin konu 또는 bilmeyeceğin konu '네가 알지 못할

주제' (bilmeyeceğin < bil-me-y-ecek-i-n)

3인칭 복수에서 -acakları/-ecekleri/-yacakları/-yecekleri 대신에 단수형

인 -acağı/-eceği/-yacağı/-yeceği를 사용해도 된다.

분사는 동사에서 출발한 일종의 형용사다. 터키어에서 형용사는

명사로도 사용된다. 따라서 미래 분사도 명사로 사용될 수 있다.

İnecek kişi var mı? ~ İnecek var mı? '내릴 사람이 있습니까?'

미래 분사 -AcAk로 만들어진 명사들도 있다.

içecek '음료'(< iç- '마시다' + -ecek)

gelecek '미래, 장래'(< gel- '오다' + -ecek)

giyecek '옷, 의복'(< giy- '입다, 걸치다' + -ecek)

yakacak '땔감, 연료'(< yak- '태우다' + -acak)

yiyecek '식량, 음식'(< ye- '먹다' + y + -ecek)

미래 분사는 -AsI, 즉 -ası/-esi로도 표현된다. 동사 어간이 모음으로
끝나면 미래 분사 어미 앞에 연결 자음 y가 붙어서 두 모음이 나란히
오는 것을 막는다. 미래 분사는 -AsI는 그 사용이 한정되어 있다. 특
히 부정적인 표현에 사용된다.

> adı batası kâfir '몹시 싫은 이교도'("사라질 이교도")
> canı çıkası karı '뒈져버릴 여편네'("영혼이 나갈 여편네")
> kör olası herif '넨장맞을 녀석'("장님이 될 녀석")
> şaşılası şey '놀라운 것'

④ 초월 분사

초월 분사의 긍정형은 -Ar/-Ir/-r, 부정형은 -mAz로 표현된다. 초월
시제 어미 -Ar/-Ir/-r는 원래는 초월 분사 어미였는데 인칭 어미와 함
께 사용되어 일반 시제를 나타내게 되었다.

어간 모음	어간의 마지막 음		긍정	부정
a, ı	모음		-r	-maz
	자음	단음절	-ar	
		다음절	-ır	
e, i	모음		-r	-mez
	자음	단음절	-er	
		다음절	-ir	
o, u	모음		-r	-maz
	자음	단음절	-ar	
		다음절	-ur	
ö, ü	모음		-r	-mez
	자음	단음절	-er	
		다음절	-ür	

어간이 단음절이고 자음으로 끝나는 다음의 13개 동사에만 긍정형에서 -Ir, 즉 -ır/-ir/-ur/-ür가 붙는다.

al- '받다, 얻다, 사다, 빼앗다': alır

bil- '알다': bilir

bul- '찾아내다, 발견하다': bulur

dur- '서다, 멈추다': durur

gel- '오다': gelir

gör- '보다': görür

kal- '머무르다, 묵다, 남다': kalır

ol- '되다': olur

öl- '죽다': ölür

san- '생각하다, 여기다': sanır

var- '이르다, 도달하다': varır

ver- '주다': verir

vur- '때리다, 치다': vurur

초월 분사 어미 -Ar/-Ir/-r는 '~하는', -mAz는 '~하지 않는'으로 번역할 수 있다.

bilir kişi '전문가' (글자 그대로는 '아는 사람'; bilir < bil-ir)

çıkmaz sokak '막다른 골목' (글자 그대로는 '나가지 않는 골목'; çıkmaz < çık-maz; çık- '나가다, 나오다')

분사는 동사에서 출발한 일종의 형용사다. 터키어에서 형용사는 명사로도 사용된다. 따라서 초월 분사도 명사로 사용될 수 있다. 특히 -Ar/-Ir/-r가 영어의 -er을 연상시키기 때문인 듯, 행위자를 나타내는 명사에서 사용되는 경우가 있다.

gelir '수입, 소득' (< gel-ir; gel- '오다')

gider '경비, 지출' (< git-er; git- '가다')

düşünür '사상가' (< düşün-ür; düşün- '생각하다')

yazar '작가' (< yaz-ar; yaz- '쓰다, 저술하다')

　긍정의 초월 분사 -Ar/-Ir/-r와 부정의 초월 분사 -mAz가 함께 사용
되면 '~하자마자, ~하는 즉시'를 뜻한다.

gelir gelmez '오자마자, 오는 즉시'

gider gitmez '가자마자, 가는 즉시'

ister istemez '싫든 좋든, 좋아하든 말든'

uçar uçmaz '날자마자, 나는 즉시'

yer yemez '먹자마자, 먹는 즉시'

(13) 당위법

① -malı/-meli

'~해야 한다'는 뜻은 -malı/-meli로 표현된다. 여기에 인칭대명사에
서 발전한 인칭 어미가 붙는다. 3인칭 복수에서 단수형을 써도 된다.

어간 모음	단수			복수		
	1인칭	2인칭	3인칭	1인칭	2인칭	3인칭
a, ı, o, u	-malıyım	-malısın	-malı	-malıyız	-malısınız	-malılar
e, i, ö, ü	-meliyim	-melisin	-meli	-meliyiz	-melisiniz	-meliler

gelmelisin '너는 와야 한다'

gelmemeliler '그들은 오지 말아야 한다'

② -ma/-me + 소유 어미 + gerek/lâzım

글자 그대로는 '~이 ~함이/~하는 것이 필요하다'를 뜻하는 [-ma/-me + 소유 어미 + gerek/lâzım '필요한'] 구문은 '~해야 한다'를 표현한다.

gelmen gerek/lâzım '너는 와야 한다'

gelmemeleri gerek/lâzım '그들은 오지 말아야 한다'

③ -ma/-me + 소유 어미 + gerek-

글자 그대로는 '~이 ~함이/~하는 것이 필요하다'를 뜻하는 [-ma/-me + 소유 어미 + gerek- '필요하다'] 구문은 '~해야 한다'를 표현한다.

gelmen gerekiyor '너는 와야 한다'

gelmemeleri gerekiyor '그들은 오지 말아야 한다'

Bu akşam saat altıda burada olmanız gerekiyor. '당신은 오늘 저녁 6시에 여기에 있어야 한다.'

Bütün bu işler için para ödememiz gerekir. '우리는 이 모든 일들을 위하여 돈을 지불해야 한다.'

④ -mak/-mek gerek/lâzım

인칭과 상관없이 '~해야 한다'를 표현할 때에는 -mak/-mek gerek/lâzım을 사용한다. 이 구문은 글자 그대로는 '~함이/~하는 것이 필요하다'를 뜻한다.

gelmek gerek/lâzım '와야 한다'

gelmemek gerek/lâzım '오지 말아야 한다'

Otobüse binmek için bilet almak gerek/lâzım. '버스에 타려면 표를 사야 한다.'

Rusya'ya gitmek için vize almak gerek/lâzım. '러시아에 가려면 비자를 받아야 한다.'

⑤ -mak/-mek gerek-

인칭과 상관없이 '~해야 한다'를 표현할 때에는 -mak/-mek에 동사 gerek- '필요하다'를 붙여 사용할 수 있다.

gelmek gerekiyor '와야 한다'

gelmemek gerekiyor '오지 말아야 한다'

Doktora gitmeden önce randevu almak gerekir. '의사에게 가기 전에 랑데부를 받아야 한다.'

⑥ -mak/-mek zorunda

'~해야 한다'는 뜻은 -mak/-mek zorunda로도 표현된다. 여기에 인칭대명사에서 발전한 인칭 어미가 붙는다.

Herkes yaşamak için para kazanmak zorunda. '모든 사람은 살기 위하여 돈을 벌어야 한다.'

⑦ -mak/-mek mecburiyetinde

'~해야 한다'는 뜻은 -mak/-mek mecburiyetinde로도 표현된다. 여기에 인칭대명사에서 발전한 인칭 어미가 붙는다.

Ayağımızı yorganımıza göre uzatmak mecburiyetindeyiz. '우리는 발을 누비이불에 따라 뻗어야 한다.'

⑧ -maya/-meye mecbur

'~해야 한다'는 뜻은 낱말 mecbur '강요된, 강제된'과 함께 -maya/-meye mecbur로도 표현된다. 여기에 인칭대명사에서 발전한 인칭 어미가 붙는다.

Oraya gitmeye mecburum. '나는 그곳에 가야 한다.'

⑨ -malı/-meli가 의문 첨사와 함께 사용될 경우

의문 첨사 mI가 -malı/-meli와 함께 사용될 경우에 인칭 어미는 mI 다음에 온다.

어간 모음	단수			복수		
	1인칭	2인칭	3인칭	1인칭	2인칭	3인칭
a, ı, o, u	-malı mıyım	-malı mısın	-malı mı	-malı mıyız	-malı mısınız	-malılar mı
e, i, ö, ü	-meli miyim	-meli misin	-meli mi	-meli miyiz	-meli misiniz	-meliler mi

gelmeli misin? '너는 와야 하니?'

gelmemeliler mi? '그들은 오지 말아야 하니?'

⑩ -malı/-meli가 idi와 함께 사용될 경우

-malı/-meli에 idi가 붙은 -malıydı/-meliydi는 '~해야 했다, ~했어야 한다'를 뜻한다. 소유 어미에서 발전한 인칭 어미가 붙는다.

어간 모음	단수			복수		
	1인칭	2인칭	3인칭	1인칭	2인칭	3인칭
a, ı, o, u	-malıydım	-malıydın	-malıydı	-malıydık	-malıydınız	-malıydılar, -malılardı
e, i, ö, ü	-meliydim	-meliydin	-meliydi	-meliydik	-meliydiniz	-meliydiler, -melilerdi

gelmeliydin '너는 와야 했다, 너는 왔어야 한다.'

gelmemeliydiler ~ gelmemelilerdi '그들은 오지 말아야 했다, 그
들은 오지 말았어야 한다.'

⑪ -malıydı/-meliydi가 의문 첨사와 함께 사용될 경우

의문 첨사 mI가 -malıydı/-meliydi와 함께 사용될 경우에 -malı mıydı/
-meli miydi가 되고 소유 어미에서 발전한 인칭 어미가 붙는다.

어간 모음	단수			복수		
	1인칭	2인칭	3인칭	1인칭	2인칭	3인칭
a, ı, o, u	-malı mıydım	-malı mıydın	-malı mıydı	-malı mıydık	-malı mıydınız	-malı mıydılar, -malılar mıydı
e, I, ö, ü	-meli miydim	-meli miydin	-meli miydi	-meli miydik	-meli miydiniz	-meli miydiler, -meliler miydi

gelmeli miydin? '너는 와야 했니?, 너는 왔어야 하니?'

gelmemeli miydiler? ~ gelmemeliler miydi? '그들은 오지 말아야
했니?, 그들은 오지 말았어야 하니?'

⑫ -malı/-meli가 imiş와 함께 사용될 경우

-malı/-meli에 imiş가 붙은 -malıymış/-meliymiş는 '~해야 했대/했다고
한다/했구나, ~했어야 한대/한다고 한다/하구나'를 뜻한다. 인칭대명
사에서 발전한 인칭 어미가 붙는다.

어간 모음	단수			복수		
	1인칭	2인칭	3인칭	1인칭	2인칭	3인칭
a, ı, o, u	-malıymışım	-malıymışsın	-malıymış	-malıymışız	-malıymışsınız	-malıymışlar, -malılarmış
e, i, ö, ü	-meliymişim	-meliymişsin	-meliymiş	-meliymişiz	-meliymişsiniz	-meliymişler, -melilermiş

gelmeliymişsin '너는 와야 했대/했다고 한다/했구나, 너는 왔어
야 한대/한다고 한다/하구나'

gelmemeliymişler ~ gelmemelilermiş '그들은 오지 말아야 했대/
했다고 한다/했구나, 그들은 오지 말았어야 한대/한다고 한
다/하구나'

⑬ -malıymış/-meliymiş가 의문 첨사와 함께 사용될 경우

의문 첨사 mI가 -malıymış/-meliymiş와 함께 사용될 경우에 -malı
mıymış/-meli miymiş가 되고 인칭대명사에서 발전한 인칭 어미가 붙
는다.

어간 모음	단수			복수		
	1인칭	2인칭	3인칭	1인칭	2인칭	3인칭
a, ı, o, u	-malı mıymışım	-malı mıymışsın	-malı mıymış	-malı mıymışız	-malı mıymışsınız	-malı mıymışlar, -malılar mıymış
e, i, ö, ü	-meli miymişim	-meli miymişsin	-meli miymiş	-meli miymişiz	-meli miymişsiniz	-meli miymişler, -meliler miymiş

gelmeli miymişsin? '너는 와야 했대?, 너는 왔어야 한대?'

gelmemeli miymişler? ~ gelmemeliler miymiş? '그들은 오지 말아
야 했대?, 그들은 오지 말았어야 한대?'

(14) 기원-명령법

동사 어간에 -a/-e가 붙어서 기원법이 된다. 동사 어간이 모음으로
끝나면 모음충돌을 막기 위하여 연결자음 y가 들어간다. 기원법에서

는 다른 인칭 어미가 사용된다.

어간 모음	어간의 마지막 음	단수			복수		
		1인칭	2인칭	3인칭	1인칭	2인칭	3인칭
a, ı, o, u	모음	-yayım	-yasın	-ya	-yalım	-yasınız	-yalar
	자음	-ayım	-asın	-a	-alım	-asınız	-alar
e, i, ö, ü	모음	-yeyim	-yesin	-ye	-yelim	-yesiniz	-yeler
	자음	-eyim	-esin	-e	-elim	-esiniz	-eler

기원법은 1인칭에서만 주로 사용되고, 명령법은 2인칭과 3인칭에서 사용된다. 명령법에서는 다른 인칭 어미가 사용된다.

기원-명령법을 다음과 같이 나타낼 수 있다.

1인칭 단수 ('나는 ~할게'): -(y)AyIm

2인칭 단수 ('너는 ~해라!'): ―

3인칭 단수 ('그에게 ~하라고 해라!, 그가 ~하기를!): -sIn

1인칭 복수 ('우리는 ~하자!, 우리는 ~합시다!'): -(y)AlIm

2인칭 복수 ('너희는 ~해라!, 당신은 ~하시오!'): -(y)In, -(y)InIz

3인칭 복수 ('그들에게 ~하라고 해라!, 그들이 ~하기를!): -sInlAr

어간 모음	어간의 마지막 음	단수			복수		
		1인칭	2인칭	3인칭	1인칭	2인칭	3인칭
a, ı	모음	-yayım		-sın	-yalım	-yın, -yınız	-sınlar
	자음	-ayım			-alım	-ın, -ınız	
e, i	모음	-yeyim		-sin	-yelim	-yin, -yiniz	-sinler
	자음	-eyim			-elim	-in, -iniz	
o, u	모음	-yayım	-	-sun	-yalım	-yun, -yunuz	-sunlar
	자음	-ayım			-alım	-un, -unuz	
ö, ü	모음	-yeyim		-sün	-yelim	-yün, -yünüz	-sünler
	자음	-eyim			-elim	-ün, -ünüz	

gideyim '내가 갈게'

git! '가라!, 가!'

gitmesin! '그더러 가지 말라고 해!'

gitmeyelim '가지 말자!, 가지 맙시다!'

gidin! ~ gidiniz! '너희 가라!, 가시오!'

gitmesinler! '그들더러 가지 말라고 해!'

2인칭 단수의 명령형은 동사 어간 자체와 같다.

2인칭 복수에서 동사 어간이 모음으로 끝나면 모음충돌을 막기 위하여 연결자음 y가 들어간다.

2인칭 복수에서 -(y)InIz 형태가 -(y)In 형태보다 더 공손한 표현이다. 2인칭 복수형에서는 어미에 강세가 붙지 않는다.

3인칭 복수에서는 -sInlAr와 더불어 -sIn이 사용될 수도 있다.

의문 첨사 mı/mi/mu/mü는 2인칭에는 붙지 않는다.

어간 모음	어간의 마지막 음	단수		복수	
		1인칭	3인칭	1인칭	3인칭
a, ı	모음	-yayım mı	-sın mı	-yalım mı	-sınlar mı
	자음	-ayım mı		-alım mı	
e, i	모음	-yeyim mi	-sin mi	-yelim mi	-sinler mi
	자음	-eyim mi		-elim mi	
o, u	모음	-yayım mı	-sun mu	-yalım mı	-sunlar mı
	자음	-ayım mı		-alım mı	
ö, ü	모음	-yeyim mi	-sün mü	-yelim mi	-sünler mi
	자음	-eyim mi		-elim mi	

okuyayım mı? '내가 읽을까?'

gelmesinler mi? '그들더러 오지 말라고 할까?'

2인칭에서는 조건법에 감탄사 a/e가 붙어서 생긴 명령형이 하나 더
있다.

어간 모음	2인칭 단수	2인칭 복수
a, ı, o, u	-sana	-sanıza
e, i, ö, ü	-sene	-senize

otursana! '앉아!, 앉아라!'

gelmesenize! '오지 마시오!'

여러 상황에서 명령법으로 된 표현이 사용된다.

① 누군가가 아플 때: Geçmiş olsun! '낫기를!'

② 누군가가 장거리 여행을 마쳤을 때: Geçmiş olsun! '낫기를!'

③ 누군가가 먹거나 마실 때: Afiyet olsun! '맛있게 드십시오!'

④ 누군가가 자동차를 살 때: Hayırlı olsun! '축하합니다!' 또는
Güle güle kullanın! '잘 사용하십시오!'

⑤ 누군가의 생일에: Doğum gününüz kutlu olsun! '생일 축하합니다!'

⑥ 누군가가 집을 살 때: Hayırlı olsun! '축하합니다!' 또는 Güle
güle oturun! '잘 거주하십시오!'

⑦ 누군가가 결혼할 때: Bir yastıkta kocayın! '백년해로하세요!'(직
역: '한 베개에서 늙으세요!')

⑧ 누군가가 일할 때: Kolay gelsin! '수고하십시오!'(직역: '그것이 쉽기를!')

⑨ 누군가에게 적선하기 싫을 때: Allah versin! '알라께서 주시기를!'

(15) 조건법

조건법은 동사 어간에 어미 -sa/-se가 붙어 표현된다. 여기에 소유 어미에서 발전한 인칭 어미가 붙는다.

어간 모음	단수			복수		
	1인칭	2인칭	3인칭	1인칭	2인칭	3인칭
a, ı, o, u	-sam	-san	-sa	-sak	-sanız	-salar
e, i, ö, ü	-sem	-sen	-se	-sek	-seniz	-seler

gelsem '내가 오면'

gelmeseler '그들이 오지 않으면'

조건법은 어떤 행위가 이루어지는 것을 바랄 때 사용된다.

İki ekmek alsanız. '빵 두 개를 사시면 (좋겠습니다).'

조건법은 어떤 행위에 대한 조건을 나타낸다.

Mektup yazsa cevap verirdim. '그가 편지를 쓰면 나는 대답할 것이었다.'

Yarın gelse birlikte oraya gideriz. '내일 그가 오면 우리는 함께 그곳에 갈 것입니다.'

불완전 동사 i- '~이다'의 조건법은 다음과 같다.

isem '내가 ~이면'　　　　isek '우리가 ~이면'

isen '네가 ~이면'　　　　iseniz '너희가/당신이 ~이면'

ise '그가 ~이면'　　　　iseler '그들이 ~이면'

ise 등은 대개는 따로 사용되지 않고 바로 앞 낱말에 붙는다.

① 자음으로 끝나는 낱말에 붙으면 ise 등의 첫 모음 i가 떨어지고 se 등이 남는데, se 등은 바로 앞 음절의 모음에 따라 -sa/-se 등으로 된다. 이때에 -sa/-se 등에는 강세가 붙지 않는다.

② 모음으로 끝나는 낱말에 붙으면 이 모음과 ise 등의 첫 모음 i 사이에 연결 자음 y가 들어간 다음에 ise 등의 첫 모음 i가 떨어진다. 이때 남은 -se 등은 바로 앞 음절의 모음에 따라 -sa/-se 등으로 되는데 -sa/-se 등에는 강세가 붙지 않는다. 이것을 표로 나타내면 다음과 같다.

마지막 음절의 모음	낱말의 마지막 음	단수			복수		
		1인칭	2인칭	3인칭	1인칭	2인칭	3인칭
a, ı, o, u	모음	-ysam	-ysan	-ysa	-ysak	-ysanız	-ysalar
	자음	-sam	-san	-sa	-sak	-sanız	-salar
e, i, ö, ü	모음	-ysem	-ysen	-yse	-ysek	-yseniz	-yseler
	자음	-sem	-sen	-se	-sek	-seniz	-seler

evdeysem ~ evde isem '내가 집에 있으면'

öğrenci değilsen ~ öğrenci değil isen '네가 학생이 아니면'

hastaysa ~ hasta ise '그가 아프면'

페르시아어에서 차용된 접속사 eğer나 şayet '만약, 만일'을 조건문

앞에 두어 의미를 강화시키기도 한다. şayet가 eğer보다 가능성의 정
도가 약하다.

　　Eğer/Şayet sen gitmezsen ben de gitmem. '네가 가지 않으면 나도
　　가지 않을 것이다.'

2인칭 조건법에 감탄사 a/e가 붙으면 명령형이 된다.

어간 모음	2인칭 단수	2인칭 복수
a, ı, o, u	-sana	-sanıza
e, i, ö, ü	-sene	-senize

　　otursana! '앉아!, 앉아라!'
　　gelmesenize! '오지 마시오!'

　　조건법의 과거형은 -sa/-se idi > -sAydI 또는 -sa/-se imiş > -sAymIş
형태로 표현된다.

어간 모음	단수			복수		
	1인칭	2인칭	3인칭	1인칭	2인칭	3인칭
a, ı, o, u	-saydım -samdı	-saydın -sandı	-saydı	-saydık -saktı	-saydınız -sanızdı	-salardı -saydılar
e, i, ö, ü	-seydim -semdi	-seydin -sendi	-seydi	-seydik -sekti	-seydiniz -senizdi	-selerdi -seydiler

　　okusaydım ~ okusamdı '내가 읽었더라면'
　　silmeselerdi ~ silmeseydiler '그들이 지우지 않았더라면'

Telefon numaranı bilseydim sana telefon ederdim. '내가 너의 전화
번호를 알았더라면 너에게 전화했을 것이다.'

어간 모음	단수			복수		
	1인칭	2인칭	3인칭	1인칭	2인칭	3인칭
a, ı, o, u	-saymışım -sammış	-saymışsın -sanmış	-saymış	-saymışız -sakmış	-saymışsınız -sanızmış	-salarmış -saymışlar
e, i, ö, ü	-seymişim -scmmiş	-seymişsin senmiş	-seymiş	-seymişiz -sekmiş	-seymişsiniz -senizmiş	-selermiş -seymişler

görseymiş '그가 보았더라면'

çıkmasaymışım ~ çıkmasammış '내가 나가지 않았더라면'

Buraya gelseymişim iyi olurmuş. '내가 이곳에 왔더라면 좋았을
것이라고 한다.'

불완전 동사 i- '~이다'에 조건법 어미 -se가 붙은 ise가 시제 어미
다음에 붙는다.

① 현재 시제 어미 다음에서: -Iyor ise > -Iyorsa

어간 모음	단수			복수		
	1인칭	2인칭	3인칭	1인칭	2인칭	3인칭
a, ı	-ıyorsam	-ıyorsan	-ıyorsa	-ıyorsak	-ıyorsanız	-ıyorlarsa -ıyorsalar
e, i	-iyorsam	-iyorsan	-iyorsa	-iyorsak	-iyorsanız	-iyorlarsa -iyorsalar
o, u	-uyorsam	-uyorsan	-uyorsa	-uyorsak	-uyorsanız	-uyorlarsa -uyorsalar
ö, ü	-üyorsam	-üyorsan	-üyorsa	-üyorsak	-üyorsanız	-üyorlarsa -üyorsalar

geliyorsam '내가 오고 있으면'

görmüyorlarsa '그들이 보지 않고 있으면'

Uyuyorsa yarın gelirim. '그가 자고 있으면 나는 내일 오겠습니다.'

② 미래 시제 어미 다음에서: -(y)AcAk ise > -(y)AcAksA

어간 모음	어간의 마지막 음	단수			복수		
		1인칭	2인칭	3인칭	1인칭	2인칭	3인칭
a, ı, o, u	모음	-yacaksam	-yacaksan	-yacaksa	-yacaksak	-yacaksanız	-yacaklarsa -yacaksalar
	자음	-acaksam	-acaksan	-acaksa	-acaksak	-acaksanız	-acaklarsa -acaksalar
e, i, ö, ü 자음	모음	-yeceksem	-yeceksen	-yecekse	-yeceksek	-yecekseniz	-yecekseler -yecekseler
	자음	-eceksem	-eceksen	-ecekse	-eceksek	-ecekseniz	-eceklerse -ecekseler

okuyacaksan '네가 읽을 것이면'

gelmeyeceksek '우리가 오지 않을 것이면'

Gidecekseniz gidin. '당신이 갈 것이면 가시오.'

③ 가시적 과거 시제 어미 다음에서: -DI ise > -DIysA

어간 모음	어간의 마지막 음	단수			복수		
		1인칭	2인칭	3인칭	1인칭	2인칭	3인칭
a, ı	모음, 유성 자음	-dıysam -dımsa	-dıysan -dınsa	-dıysa	-dıysak -dıksa	-dıysanız -dınızsa	-dılarsa -dıysalar
	무성 자음	-tıysam -tımsa	-tıysan -tınsa	-tıysa	-tıysak -tıksa	-tıysanız -tınızsa	-tılarsa -tıysalar

e, i	모음, 유성 자음	-diysem -dimse	-diysen -dinse	-diyse	-diysek -dikse	-diyseniz -dinizse	-dilerse -diyseler
	무성 자음	-tiysem -timse	-tiysen -tinse	-tiyse	-tiysek -tikse	-tiyseniz -tinizse	-tilerse -tiyseler
o, u	모음, 유성 자음	-duysam -dumsa	-duysan -dunsa	-duysa	-duysak -duksa	-duysanız -dunuzsa	-dularsa -duysalar
	무성 자음	-tuysam -tumsa	-tuysan -tunsa	-tuysa	-tuysak -tuksa	-tuysanız -tunuzsa	-tularsa -tuysalar
ö, ü	모음, 유성 자음	-düysem -dümse	-düysen -dünse	-düyse	-düysek -dükse	-düyseniz -dünüzse	-dülerse -düyseler
	무성 자음	-tüysem -tümse	-tüysen -tünse	-tüyse	-tüysek -tükse	-tüyseniz -tünüzse	-tülerse -tüyseler

okuduysam ~ okudumsa '내가 읽었으면'

görmediyseniz ~ görmedinizse '너희가/당신이 보지 않았으면'

Anlamadıysan (~ Anlamadınsa) tekrar anlatayım. '네가 이해하지 않았다면 내가 다시 설명할게.'

④ 불가시적 과거 시제 어미 다음에서: -mIş ise > -mIşsA

어간 모음	단수			복수		
	1인칭	2인칭	3인칭	1인칭	2인칭	3인칭
a, ı	-mışsam -mışımsa	-mışsan -mışsınsa	-mışsa	-mışsak -mışızsa	-mışsanız -mışsınızsa	-mışlarsa -mışsalar
e, i	-mişsem -mişimse	-mişsen -mişsinse	-mişse	-mişsek -mişizse	-mişseniz -mişsinizse	-mişlerse -mişseler
o, u	-muşsam -muşumsa	-muşsan -muşsunsa	-muşsa	-muşsak -muşuzsa	-muşsanız -muşsunuzsa	-muşlarsa -muşsalar
ö, ü	-müşsem -müşümse	-müşsen -müşsünse	-müşse	-müşsek -müşüzse	-müşseniz -müşsünüzse	-müşlerse -müşseler

gitmişsem ~ gitmişimse '내가 갔다면'

uçmamışsa '그것이/그가 날지 않았다면'

Tatilden dönmüşse onu ziyaret edelim! '그가 휴가에서 돌아왔다면 그를 방문합시다!'

⑤ 초월 시제 어미 다음에서: -r/-Ar/-Ir ise > -rsA/-ArsA/-IrsA

어간 모음	어간의 마지막 음		단수			복수		
			1인칭	2인칭	3인칭	1인칭	2인칭	3인칭
a, ı	모음		-rsam	-rsan	-rsa	-rsak	-rsanız	-rlarsa -rsalar
	자음	단음절	-arsam	-arsan	-arsa	-arsak	-arsanız	-arlarsa -arsalar
		다음절	-ırsam	-ırsan	-ırsa	-ırsak	-ırsanız	-ırlarsa -ırsalar
e, i	모음		-rsem	-rsen	-rse	-rsek	-rseniz	-rlerse -rseler
	자음	단음절	-ersem	-ersen	-erse	-ersek	-erseniz	-erlerse -erseler
		다음절	-irsem	-irsen	-irse	-irsek	-irseniz	-irlerse -irseler
o, u	모음		-rsam	-rsan	-rsa	-rsak	-rsanız	-rlarsa -rsalar
	자음	단음절	-arsam	-arsan	-arsa	-arsak	-arsanız	-arlarsa -arsalar
		다음절	-ursam	-ursan	-ursa	-ursak	-ursanız	-urlarsa -ursalar
ö, ü	모음		-rsem	-rsen	-rse	-rsek	-rseniz	-rlerse -rseler
	자음	단음절	-ersem	-ersen	-erse	-ersek	-erseniz	-erlerse -erseler
		다음절	-ürsem	-ürsen	-ürse	-ürsek	-ürseniz	-ürlerse -ürseler

dönersem '내가 돌아오면'

anlamazlarsa ~ anlamazsalar '그들이 이해하지 않으면'

Sen gitmezsen ben de gitmem. '네가 가지 않으면 나도 가지 않을
것이다.'

어떤 동사를 두 번 조건법 어미로 표현하면, 즉 -sa -sa 또는 -se -se
로 하면, '기껏해야, 고작'을 뜻한다.

Bilse bilse bunu bilir. '그는 기껏해야 이것을 안다, 그가 (무엇인
가를) 안다면 그는 이것을 안다.'

Okusam okusam zaten en fazla 2 sene okurum. '내가 (혹시라도)
공부한다면 어쨌든 최대 2 년 공부할 것이다.'

Onlar gitse gitse "memlekete" gider, bu kadar kısa gün için de
gitmez. '그들은 기껏해야 "고향에" 간다, (그것도) 이만큼
짧은 날을 (즉, 기간을) 위해서는 가지 않는다.'

-sa/-se gerek 구문은 '~임이 틀림없다, 틀림없이 ~이다'를 뜻한다.

Bu iş o işlere benzemese gerek. '이 일은 그 일들을 닮지 않았음
이 틀림없다, 이 일은 틀림없이 그 일들을 닮지 않았다.'

Bunların bir bildikleri olsa gerek. '이들이 아는 것이 있음이 틀림
없다, 틀림없이 이들이 아는 것이 있다.'

Sorun bundan kaynaklansa gerek. '문제가 이것에서 비롯되는 것
임이 틀림없다, 문제는 틀림없이 이것에서 비롯된다.'

(16) 태

① 재귀태

재귀태는 동사 어간에 -(I)n-이 붙어 만들어진다. 즉 동사 어간이 자
음으로 끝날 경우에 이 자음과 n 사이에 연결모음 ı/i/u/ü가 붙는다.

어간 모음	모음 뒤	자음 뒤
a, ı	-n-	-ın-
e, i	-n-	-in-
o, u	-n-	-un-
ö, ü	-n-	-ün-

et- '하다'   edin- '얻다'

giy- '입다'   giyin- '옷을 입다'

yıka- '씻다'   yıkan- '몸을 씻다'

② 수동태

수동태는 동사 어간에 -(I)l-이나 -(I)n-이 붙어 만들어진다. 동사 어간이 모음이나 자음 l로 끝나면 -n-, l 외의 자음으로 끝나면 -l-이 붙는다. 동사 어간의 마지막 자음과 l/n 사이에는 연결모음 ı/i/u/ü가 들어간다.

어간 모음	모음 뒤	l 뒤	l 외의 자음 뒤
a, ı	-n-	-ın-	-ıl-
e, i	-n-	-in-	-il-
o, u	-n-	-un-	-ul-
ö, ü	-n-	-ün-	-ül-

sil- '지우다'   silin- '지워지다'

ver- '주다'   veril- '주어지다'

yıka- '씻다'   yıkan- '씻기다, 씻어지다'

인칭을 밝히지 않고 일반적인 표현을 할 때에는 자동사에 수동태 접미사가 붙는다.

bin- '(탈것에) 타다'　　　　　　binil- '타다'

git- '가다'　　　　　　　　　gidil- '가다'

Arabaya böyle binilir. '자동차는 이렇게 탑니다.'

Oraya nasıl gidilir? '그곳에는 어떻게 갑니까?'

③ 사동태

사동태는 동사 어간에 -DIr-, -(I)t-, -Ir-, -Ar-가 붙어 만들어진다. 이
들 접미사의 분포는 다음과 같다.

㉠ -DIr-가 가장 흔한 사동태 접미사이다.

㉡ 동사 어간이 다음절이고 모음이나 l/r로 끝날 경우에는 -DIr-가
아니라 -t-가 사용된다.

㉢ 어간이 단음절이고 자음, 특히 k로 끝나는 몇 개의 동사에는 -t-
가 붙는다. 이때에 동사 어간의 끝에 있는 자음과 t 사이에 연결 모음
ı/i/u/ü가 들어간다.

㉣ 어간이 단음절이고 자음, 특히 ç나 ş로 끝나는 20 개 정도의 동사
에는 -Ir-가 붙는다.

㉤ 어간이 단음절이고 자음으로 끝나는 몇 개의 동사에는 -Ar-가 붙
는다.

어간 모음	모음, 유성자음 뒤	무성자음 뒤	모음, l/r 뒤	k 뒤	자음 뒤	자음 뒤
a, ı	-dır-	-tır-	-t-	-ıt-	-ır-	-ar-
e, i	-dir-	-tir-	-t-	-it-	-ir-	-er-
o, u	-dur-	-tur-	-t-	-ut-	-ur-	-ar-
ö, ü	-dür-	-tür-	-t-	-üt-	-ür-	-er-

öl- '죽다'   öldür- '죽이다'

ye- '먹다'   yedir- '먹이다'

kes- '자르다'   kestir- '자르게 하다'

oku- '읽다, 공부하다'   okut- '읽히다, 공부시키다'

kısal- '짧아지다, 줄다' kısalt- '짧게 하다, 줄이다'

otur- '앉다'   oturt- '앉히다'

ak- '흐르다'   akıt- '흘리다'

düş- '떨어지다'   düşür- '떨어뜨리다'

iç- '마시다'   içir- '마시게 하다'

çık- '나가다, 나오다'   çıkar- '나가게 하다, 나오게 하다'

git- '가다'   gider- '제거하다'

④ 상호태

상호태는 동사 어간에 -(I)ş-가 붙어 만들어진다. 즉 동사 어간이 자음으로 끝날 경우에 이 자음과 ş 사이에 연결모음 ı/i/u/ü가 붙는다.

어간 모음	모음 뒤	자음 뒤
a, ı	-ş-	-ış-
e, i	-ş-	-iş-
o, u	-ş-	-uş-
ö, ü	-ş-	-üş-

anla- '이해하다'   anlaş- '서로 이해하다'

benze- '닮다'   benzeş- '서로 닮다'

uç- '날다'   uçuş- '함께 날아다니다'

(17) 가능/불가능

① 동사 어간 + -abil-/-ebil-

동사 어간에 -Abil-, 즉 -abil-/-ebil-을 붙이면 '~할 수 있다'를 뜻한다. 여기에서 -a/-e는 원래 부동사 어미였다. bil-은 '알다'라는 동사인데 여기에서는 조동사로 사용된다. 한국어에서 '~할 줄 알다'에서 '알다'와 같은 맥락이다.

öğrenebiliyorum '나는 배울 수 있다' (< öğren-ebil-iyor-um)

gidebileceğim '나는 갈 수 있을 것이다' (git-ebil-ecek-im)

alabildim '나는 살 수 있었다' (< al-abil-di-m)

zayıflayabilmiş '그는 야위어질 수 있었구나' (< zayıf-la-y-abil-miş)

gidebilirim '나는 갈 수 있다/갈 수 있을 것이다' (< git-ebil-ir-im)

olabilir '그것이 있을 수 있다, 그것이 생길 수 있다' (< ol-abil-ir)

② 동사 어간 + -ama-/-eme-

동사 어간에 -AmA-, 즉 -ama-/-eme-를 붙이면 '~할 수 없다'를 뜻한다.

kilo veremiyorum '나는 몸무게를 줄일 수 없다' ("나는 킬로그램을 줄 수 없다"; veremiyorum < ver-em-iyor-um < ver-eme-iyor-um)

yardım edemeyeceğim '나는 도울 수 없을 것이다' (edemeyeceğim < et-eme-y-ecek-im)

kaldıramadı '그는 들어 올릴 수 없었다' (< kaldır-ama-dı)

teşhis koyamamışlar '그들은 진단할 수 없었다고 한다' (koyamamışlar < koy-ama-mış-lar) konuşamaz '그는 말할 수 없다' (< konuş-amaz)

taşıyamam '나는 나를 수 없다' (< taşı-y-ama-m)

③ 동사의 부정어간 + -abil-/-ebil-

동사의 부정어간에 -abil-/-ebil-의 초월 시제형이 붙으면 '~하지 않을 수 있다'를 뜻한다.

çalışamayabiliriz '우리는 일하지/공부하지 못할 수 있다' (< çalış-ama-y-abil-ir-iz)

gelmeyebilir '그는 오지 않을 수 있다' (< gel-me-y-ebil-ir)

gelemeyebilir '그는 오지 못할 수 있다' (< gel-eme-y-ebil-ir)

konuşmayabilirim '나는 말하지 않을 수 있다' (< konuş-ma-y-abil-ir-im)

(18) 접미사 ―mak/―mek 및 ―ma/―me

① -mak/-mek

터키어 동사는 기본형이 -mak/-mek로 끝난다. 동사 어간의 마지막 모음이 후설이면(즉, a, ı, o, u 중 하나이면) -mak, 전설이면(즉, e, i, ö, ü 중 하나이면) -mek가 붙는다. 그런데 -mak/-mek는 동사에서 명사를 파생시키는 접미사이기도 하다.

almak '가지는 것, 가지기; 가지다'

bilmek '아는 것, 알기; 알다'

bulmak '찾아내는 것, 찾아내기; 찾아내다'

gelmek '오는 것, 오기; 오다'

gülmek '웃는 것, 웃기; 웃다'

kırmak '부수는 것, 부수기; 부수다'

Asansöre binmekten korkuyor. '그는 엘리베이터 타는 것을 무서
워한다.'

Otobüs beklemekten nefret ediyorum. '나는 버스를 기다리는 것
을 싫어한다.'

'~하고 싶다'는 -mAk(즉, -mak/-mek) iste- 형태로 표현된다. iste- '원
하다, 바라다'가 목적어를 필요로 하는 타동사이므로 동사를 -mAk(즉,
-mak/-mek)를 사용하여 명사로 만드는 것이다:

iç-mek iste- '마시고 싶다'

git-mek iste- '가고 싶다'

kalk-mak iste- '일어나고 싶다'

ol-mak iste- '되고 싶다'

yap-mak iste- '하고 싶다'

ye-mek iste- '먹고 싶다'

Ben onunla evlenmek istiyorum. '나는 그와 결혼하고 싶다.'

'~하고 싶다, ~하고 싶은 생각이 들다'는 [-AcAk(즉, -acak/-ecek) +
소유 어미 + gel- '오다'] 구문으로도 표현된다.

Ben konuştukça konuşacağım gelir. '나는 말하면 말할수록 말하
고 싶은 생각이 든다.'

İnsan evlenmese bile evleneceği geliyor. '사람은 결혼하지 않는다
해도 결혼하고 싶은 생각이 든다.'

O sözü işitip gece uyuyacağım gelmedi. '나는 그 말을 듣고 밤에 자고 싶은 생각이 들지 않았다.'

'~하고 싶다, ~하고 싶은 생각이 들다'는 [-AsI(즉, -ası/-esi) + 소유 어미 + gel- '오다'] 구문으로도 표현된다. 3인칭 소유 어미는 생략된다. 아마도 -ası/-esi에 있는 sı/si가 원래 3인칭 소유 어미였거나 아니면 3인칭 소유 어미로 인식되기 때문일 것이다.

Cennete gidesi geliyor değil mi? '그는 천국에 가고 싶어 한다, 그렇지 않니?'

İnsan bu şarkıyı dinleyince ağlayası geliyor. '사람은 이 노래를 들으면 울고 싶은 생각이 든다.'

Sizi göresim geldi. '나는 당신을 보고 싶었다.'

'갑자기/문득 ~하고 싶다, ~하고 싶은 생각이 갑자기/문득 들다'는 [-AcAk(즉, -acak/-ecek) + 소유 어미 + tut- '(움켜)잡다'] 구문으로 표현된다.

Arada dışarı çıkıyorsun, dondurma yiyeceğin tutuyor mesela. '너는 때때로 밖으로 나간다, 아이스크림 먹고 싶은 생각이 문득 든다 이를테면.'

Ebru'nun çiçek alacağı tutuyor. '에브루는 꽃을 사고 싶은 생각이 문득 든다.'

Kırk yaşıma kadar evlenmedim, kırkından sonra evleneceğim tuttu. '나는 마흔 살까지 결혼하지 않았다. 나는 마흔 살 이후에 결혼하고 싶은 생각이 문득 들었다.'

② -ma/-me

동사 어간에 -ma/-me가 붙어서 명사가 되기도 한다.

　alma '가지는 것, 가지기'

　bulma '찾아내는 것, 찾아내기'

　gelme '오는 것, 오기'

　gelmeme '오지 않는 것, 오지 않기'

　gülme '웃는 것, 웃기'

　Ben gitar çalmayı biliyorum. '나는 기타를 칠 줄 안다.'

　Birdenbire yağmur yağmaya başladı. '갑자기 비가 내리기 시작했
　　다.'

　Seninle evlenmeyi çok istiyorum. '나는 너와 결혼하기를 무척 원
　　한다.'

-ma/-me에 여격 어미가 붙은 -maya/-meye는 목적을 나타내기도 한
다. 이때에 -maya/-meye는 -mak/-mek için/üzere와 같은 뜻이다.

　Sinemaya, film izlemeye (~ izlemek için ~ izlemek üzere) gidi-
　　yorum. '나는 영화관에 영화 보러 간다.'

　Şimdi Türkçe öğrenmeye (~ öğrenmek için ~ öğrenmek üzere)
　　gidiyor. '그는 지금 터키어를 배우러 간다.'

　Yağmur bulutları oynamaya (~ oynamak için ~ oynamak üzere)
　　geliyor. '비구름들이 놀러 온다.'

-mak/-mek에는 소유 어미가 붙지 않지만 -ma/-me에는 붙는다.

　45 yaşında iş bulmak hiç de kolay değildi. '45살에 일을 찾아내는
　　것은 전혀 쉽지 않았다.'

eve girmek '집에 들어가는 것, 집에 들어가기'

Ahmet'in eve girmesi '아흐메트가 집에 들어가는 것/들어가기'

Oraya gitmek çok güç. '그곳에 가는 것은 아주 어렵다.'

Oraya gitmemiz çok güç. '우리가 그곳에 가는 것은 아주 어렵다.'

-mak/-mek는 문장의 주어로 사용될 수 있다.

Böyle yerlerde bahşiş vermek âdettir. '이러한 곳들에서는 팁을 주
는 것이 관례이다.'

Oraya gitmek çok güç. '그곳에 가는 것은 아주 어렵다.'

-mak/-mek와 -ma/-me 앞에 있는 실사는 격 어미를 지닐 수 있다.

Ankara'ya gitmemeniz iyi oldu. '당신이 앙카라에 가지 않은 것
은 잘 되었다.'

Şehir trafiğinde arabayı kullanmak kolay değil. '도시 교통에서 자
동차를 운전하는 것은 쉽지 않다.'

-ma/-me는 수식어로도 사용된다.

dolma kalem '만년필' (dol- '(가득) 차다')

katma değer vergisi 부가가치세 (kat- '더하다, 추가하다')

(19) 부동사

① ~ -a/-e ~ -a/-e '~하며, ~하면서'

대개 같은 동사 어간에 붙는다. 되풀이되는 행위를 나타낸다.

Bile bile yalan söyler. '그는 알면서 거짓말한다.'

Koşa koşa geldi. '그는 달려왔다.'

Sora sora aradığı yeri buldu. '그는 물어보면서 찾던 곳을 찾아내었다.'

직접 화법에서 사용되는 낱말 diye (< de- '말하다' + y + -e)는 '~하고, ~라고'로 번역할 수 있다.

Evet diye cevap verdi. '그는 "예"하고 대답하였다.'

~ -a/-e ~ -a/-e와 -arak/-erek는 의미가 어느 정도 겹친다.

Koşa koşa geldi. ~ Koşarak geldi. '그는 달려왔다.'

② -arak/-erek '~하며, ~하면서'

동시에 일어나는 행위를 나타낸다.

Bir otobüs kayarak bir kamyona çarptı. '버스 한 대가 미끄러지면서 트럭 한 대에 부딪쳤다.'

Müzik dinleyerek ders çalışıyorum. '나는 음악을 들으며 공부한다.'

Şarkı söyleyerek banyo yapıyor. '그는 노래 부르며 목욕한다.'

동사 ol- '~ 되다'에서 만들어진 olarak는 '~로, ~로서'를 뜻한다.

Şimdi doktor olarak çalışıyorum. '나는 지금 의사로 일한다.'

동사 git- '가다'에서 만들어진 giderek는 '점차, 점점, 서서히'를 뜻한다.

Himalayalar'ın yüksek dağlarındaki buzulları giderek eriyor. '히말라야 산맥의 높은 산들에 있는 빙하들이 점점 녹고 있다.'

-arak/-erek에 -tan/-ten이 붙은 -araktan/-erekten 형태도 사용되고 있다. 그런데 이 형태는 표준어에서는 쓰이지 않는다. -tan/-ten은 탈격 어미가 아니라 아랍어 차용어 cümleten '다 함께'(< cümle '전체, 모두') 등에서 보이는 -ten의 영향으로 나타난 것이다.

Bir an düş görmek isteyerekten başımı yastığa dayadım. '나는 한 순간 꿈꾸고 싶어서 머리를 베개에 기댔다.'

Dondurmalarımızı yiyerekten Kilyos'un sahiline doğru gittik. '우리는 우리의 아이스크림들을 먹으며 킬료스 바닷가를 향하여 갔다.'

Sonra da 08.00'da kalkaraktan yolculuk için hazırlıklara başladım. '나는 그리고 나서 8시에 일어나 여행 준비를 시작하였다.'

③ -ıp/-ip/-up/-üp '~하고, ~해서'
행위의 선후관계를 나타낸다.

Ahmet Ankara'ya gidip geldi. '아흐메트는 앙카라에 갔다 왔다.'

Ben kahvaltı yapıp evden çıktım. '나는 아침 식사를 하고 집에서 나왔다.'

Türkiye'de bir hafta kalıp Kore'ye döndüm. '나는 터키에서 1주일 머무르고 한국에 돌아왔다.'

④ -madan/-meden '~하지 않고; ~하기 전에'
-madan/-meden에는 강세가 없다. 강세는 바로 앞 음절에 있다.

Çocuk izin almadan sınıftan çıktı. '아이는 허락을 받지 않고 교실에서 나갔다.'

Kahvaltı yapmadan elimi yıkıyorum. '나는 아침 식사하기 전에 손을 씻는다.'

Sözlüğe bakmadan çeviri yapıyoruz. '우리는 사전을 보지 않고 번역한다.'

⑤ -mayıp/-meyip '~하지 않고'

Neden doğruyu söylemeyip yalan söylüyorsun. '너는 왜 진실을 말하지 않고 거짓을 말하니?'

Spor yapmayıp çok sigara içti. '그는 운동을 하지 않고 담배를 많이 피웠다.'

Taksiye binmeyip otobüse bindi. '그는 택시를 타지 않고 버스를 탔다.'

⑥ -madan/-meden önce '~하기 전에'

-madan/-meden의 dan/den을 탈격 어미로 착각한 것이다.

Eve dönmeden önce ne yaptın? '너는 집에 돌아오기 전에 무엇을 했니?'

Uyumadan önce ödevlerimi yaparım. '나는 자기 전에 나의 숙제들을 한다.'

Yola çıkmadan önce bir benzinciden benzin aldık. '우리는 길 떠나기 전에 주유소에서 휘발유를 샀다.'

⑦ -dıktan/-dikten/-duktan/-dükten/-tıktan/-tikten/-tuktan/-tükten sonra '~한 뒤에, ~한 후에'

과거 분사 어미 -DIk + 탈격 어미와 후치사 sonra '뒤에, 다음에'로
이루어지는 구문이다.

> Benzin aldıktan sonra yola çıktık. '우리는 휘발유를 산 뒤에 길을
> 떠났다.'
>
> İstanbul'da birkaç gün daha kaldıktan sonra Ankara'ya döneceğiz.
> '우리는 이스탄불에서 며칠 더 머무른 뒤에 앙카라에 돌아
> 갈 것이다.'
>
> On dakika geçtikten sonra babam geldi. '10분 지난 뒤에 나의 아
> 버지가 왔다.'

⑧ -maksızın/-meksizin '~하지 않고' (< -mak/-mek + -sızın/-sizin)
-madan/-meden보다 덜 사용된다.

> Ahmet, kitabımı okumaksızın Ankara'ya gitti. '아흐메트는 나의
> 책을 읽지 않고 앙카라에 갔다.'
>
> İnsan çalışmaksızın para kazanmaz. '사람은 일하지 않고 돈을 벌
> 지 못한다.'
>
> Kahvaltı etmeksizin okula gitti. '그는 아침 식사를 하지 않고 학
> 교에 갔다.'

⑨ -ken (< iken) '~할 때에, ~일 때에'

> Biz İstanbul'dayken kim bize telefon etti? '우리가 이스탄불에 있
> 을 때에 누가 우리에게 전화했습니까?'
>
> Ben öğrenciyken tembel değildim. '나는 학생이었을 때에 게으르
> 지 않았다.'

Biz otele girmekteyken güneş battı. '우리가 호텔에 들어가고 있을 때에 해가 졌다.'

Kahvaltı yapıyorken, yağmur başladı. '아침 식사할 때에 비가 (내리기) 시작했다.'

Siz kitap okurken ben televizyon seyredeyim. '당신이 책을 읽을 때에 나는 텔레비전을 볼게요.'

Türkiye'ye gelmişken Türkçeyi iyi öğrenmek istiyorum. '나는 터키에 온 김에 터키어를 잘 배우고 싶습니다.'

⑩ -ınca/-ince/-unca/-ünce '~하자, ~할/했을 때에'

Eve gidince telefon etti. '그는 집에 가자 전화하였다.'

Onun mesajını okuyunca durumu anladım. '나는 그의 메시지를 읽자 상황을 알아차렸다.'

Saat altı olunca postane kapanır. '6시가 되자 우체국이 문 닫는다.'

부정형인 -mayınca/-meyince는 '~하지 않자, ~하지 않으니'를 뜻한다.

Oğlu, gelini ve torunları bir aydır arayıp sormayınca o, onlara gitmeye karar vermiş. '아들, 며느리 및 손자들이 한 달 동안 찾지도 묻지도 않자 그는 그들에게 가기로 결정했다고 한다.'

Otobüs gelmeyince bir taksiye bindim. '나는 버스가 오지 않자 택시에 탔다.'

Siz bana iş vermeyince başkasından istedim. '당신이 나에게 일을 주지 않자 나는 다른 사람에게서 원했다.'

동사 gel- '오다'에서 만들어진 gelince는 '~에 관해서는, ~은 어떤가 하면'을 뜻한다.

bana gelince '나로서는'

bize gelince '우리로서는'

paraya gelince '돈에 관해서는'

⑪ -ıncaya/-inceye/-uncaya/-ünceye kadar(~ dek ~ değin) '~할 때까지'

-ıncaya/-inceye/-uncaya/-ünceye는 여격 어미가 붙은 형태이다.

Ben gelinceye kadar(~ dek ~ değin) burada bekle! '내가 올 때까지 여기에서 기다려라!'

O, ölünceye kadar(~ dek ~ değin) bekâr kaldı. '그는 죽을 때까지 미혼이었다./독신이었다./혼자 살았다.'

Yemek pişinceye kadar(~ dek ~ değin) misafirler gelir. '음식이 익을 때까지 손님들이 온다./올 것이다.'

⑫ -ana/-ene kadar(~ dek ~ değin) '~할 때까지'

-ana/-ene는 현재 분사 어미 -an/-en에 여격 어미가 붙은 것이다.

Bugüne gelene kadar(~ dek ~ değin) bunun farkında değildim. '나는 오늘에 이르기까지 이것을 알아차리지 못하고 있었다.'

Senden haber alana kadar(~ dek ~ değin) endişe içindeydim. '나는 너에게서 소식을 받을 때까지 걱정하고 있었다.'

Yağmur dinene kadar(~ dek ~ değin) dışarı çıkmadık. '우리는 비
가 그칠 때까지 밖으로 나가지 않았다.'

⑬ -alı/-eli '~한 지, ~한 이래, ~한 이후'

Bir şey yiyeli bir saat bile olamadan acıkıyorum. '나는 무엇인가
먹은 지 한 시간도 되지 않아 배가 고프다.'

Biz buraya geleli beş yıl oldu. '우리가 이곳에 온 지 5년이
되었다.'

Türkiye'de oturalı 10 sene oldu ama İzmir'e daha gelemedim. '나
는 터키에서 산 지 10년이 되었지만 이즈미르에 아직 올
수 없었다.'

부정형인 -mayalı/-meyeli는 '~하지 않은 지, ~하지 않은 동안'을 뜻
한다.

Biz sinemaya gitmeyeli aylar oldu. '우리가 영화관에 가지 않은
지 몇 달 되었다.'

Böyle bir sofraya oturmayalı çok uzun zaman oldu. '이러한 식탁
에 앉지 않은 지 아주 오래 되었다.'

Seni görmeyeli çok oldu. '너를 보지 않은 지 오래 되었다.'

-alı/-eli beri 형태도 사용된다. beri는 탈격의 낱말과 함께 사용되는
후치사로서 '~ 이래, ~ 이후, ~부터 (시작하여)'를 뜻한다.

Ama bu Ruslar geleli beri, başkent Mexico'da çok şey değişmişti.
'그러나 이 러시아 사람들이 온 이래 수도 멕시코에서는
많은 것이 바뀌었었다.'

Köşebaşı Clinton'lar yemek yiyeli beri en bildik kebapçılardan biri oldu. '쾨셰바시는 클린턴 가족이 식사한 이래 가장 유명한 케밥 가게 중 하나가 되었다.'

-alıdan/-eliden beri 형태도 사용된다.

Biz İstanbul'a geleliden beri hiç yağmur yağmadı. '우리가 이스탄 불에 온 이래 전혀 비가 내리지 않았다.'

Sen gideliden beri hiç gülmedim. '나는 네가 간 이후 전혀 웃지 않았다.'

-DI -alı/-eli 형태도 사용된다. -DI는 가시적 과거 시제 어미이므로 소유 어미에서 발전한 인칭 어미가 붙는다.

Arabayı sattık satalı 3 yıl oldu. '우리가 자동차를 판 지 3년 되었다.'

Ben seni gördüm göreli yaşayan ölü gibiyim. '나는 너를 본 이후 살아있는 시체 같다.'

⑭ -dıkça/-dikçe/-dukça/-dükçe/-tıkça/-tikçe/-tukça/-tükçe '~하면 할수 록, ~할수록, ~하는 동안은, ~하는 한은'

과거 분사 어미 -DIk에 -ça/-çe가 붙은 형태이다.

Bu hücreler öldükçe, beyin küçülüyor. '이 세포들이 죽으면 죽을 수록 뇌가 작아진다.'

Buzullar eridikçe okyanuslardaki su seviyesi de yükselecek. '빙하 들이 녹으면 녹을수록 대양들의 수면도 높아질 것이다.'

Yedi vadi üzerinden uçtukça sayıları gittikçe azalmış. '일곱 골짜기 위를 날수록 그들의 수는 점점 줄어들었다고 한다.'

부정형인 -madıkça/-medikçe는 '~하지 않는 한'을 뜻한다.

Batı'da yazarın ölümünden yetmiş yıl geçmedikçe, aynı kitabı şu veya bu biçimde birden fazla yayınevi basamaz. '서양에서는 저자의 죽음으로부터 70년이 지나지 않는 한 같은 책을 이런저런 형태로 하나 이상의 출판사가 인쇄할 수 없다.'

Erkek veya kadın on yedi yaşını doldurmadıkça evlenemez. '남자 또는 여자는 17살을 채우지 않는 한 결혼할 수 없다.'

İzin almadıkça oraya giremezsiniz. '당신은 허락을 받지 않는 한 그곳에 들어갈 수 없다.'

동사 ol- '~ 되다'에서 만들어진 oldukça는 '꽤, 다소, 상당히'를 뜻한다.

Türkiye'nin Suriye ile ilgili politikası oldukça açıktır. '터키의 시리아와 관련된 정책은 상당히 명백하다.'

동사 git- '가다'에서 만들어진 gittikçe는 '점차, 점점, 갈수록'을 뜻한다.

Modern dünyanın en ürkütücü hastalığı olan kanser gittikçe yayılıyor. '현대 세계의 가장 무서운 병인 암이 점점 퍼지고 있다.'

⑮ -r/-Ar/-Ir -mAz '~하자마자, ~하는 즉시'

긍정의 초월 분사 어미 -r/-Ar/-Ir와 부정의 초월 분사 어미 -mAz가 함께 사용된 형태이다.

Eve gider gitmez durumu ailesine anlattı. '그는 집에 가자마자 상황을 그의 가족에게 설명하였다.'

Kelebekler uçar uçmaz, gökyüzü daha da mavileşir. '나비들이 날자마자 하늘이 더욱 더 파래진다.'

Yemek yer yemez, ishal oluyorum. '나는 음식을 먹자마자 설사한다.'

iste- '원하다, 바라다, 요구하다'에서 만들어진 ister istemez는 '싫든 좋든, 좋아하든 말든'을 뜻한다.

Almanya savaşı kazanırsa Osmanlı Devleti ister istemez onun uydusu olacak, kazanamazsa herşeyini birden kaybedecekti. '도이칠란트가 전쟁에서 이기면 오스만 국가는 싫든 좋든 그것(= 도이칠란트)의 위성국이 되고, 이기지 않으면 모든 것을 단번에 잃을 것이었다.'

구어체에서 -DI -mAdI, 즉 가시적 과거 시제의 긍정형과 부정형이 나란히 사용되는 구문은 '~하자마자, ~하는 즉시'를 뜻한다. 소유 어미에서 발전한 인칭 어미가 붙어서 다양한 인칭을 나타낸다. 이러한 구문이 있는 문장은 과거 시제로 되어 있다.

6-7 kilometre gittik gitmedik köye ulaştık. '우리는 6-7 킬로미터를 가자마자 마을에 이르렀다.'

Arkadaş içeri girdi girmedi, yine kapı zilinin sesini duydum. '친구가 안으로 들어가자마자 나는 또 문의 초인종 소리를 들었다.'

Birkaç sayfa okudum okumadım annemin sesi geldi. '내가 몇 페이지 읽자마자 나의 어머니의 소리가 (들려)왔다.'

구어체에서 -DI mI -DI, 즉 가시적 과거 시제의 긍정형이 되풀이되고 이들 사이에 의문첨사가 사용되는 구문도 '~하자마자, ~하는 즉시'를 뜻한다. 소유 어미에서 발전한 인칭 어미가 붙어서 다양한 인칭을 나타낸다.

> Namaz gitti mi gitti, oruç ertelenebilir. '예배를 망쳤으면 금식은 연기될 수 있다.'
>
> O geldi mi geldi bize haber ver! '그가 오자마자 우리에게 알려라!'

⑯ -DIğImdA '내가 ~할 때에, 내가 ~하였을 때에'
이 구문은 과거 분사 어미 -DIk + 1인칭 단수 소유 어미 + 처격 어미로 이루어진다. 다른 인칭의 소유 어미를 붙이면 다음과 같다.
-DIğIndA '네가 ~할 때에, 네가 ~하였을 때에'
-DIğIndA '그가 ~할 때에, 그가 ~하였을 때에; 그들이 ~할 때에, 그들이 ~하였을 때에'
-DIğImIzdA '우리가 ~할 때에, 우리가 ~하였을 때에'
-DIğInIzdA '너희가/당신이 ~할 때에, 너희가/당신이 ~하였을 때에'
-DIklArIndA '그들이 ~할 때에, 그들이 ~하였을 때에'
3인칭 복수의 경우 주어가 있으면 -DIğIndA를 사용할 수 있다.

어간 모음	어간의 마지막 음	단수			복수		
		1인칭	2인칭	3인칭	1인칭	2인칭	3인칭
a, ı	모음, 유성 자음	-dığımda	-dığında	-dığında	-dığımızda	-dığınızda	-dıklarında
	무성 자음	-tığımda	-tığında	-tığında	-tığımızda	-tığınızda	-tıklarında
e, i	모음, 유성 자음	-diğimde	-diğinde	-diğinde	-diğimizde	-diğinizde	-diklerinde
	무성 자음	-tiğimde	-tiğinde	-tiğinde	-tiğimizde	-tiğinizde	-tiklerinde
o, u	모음, 유성 자음	-duğumda	-duğunda	-duğunda	-duğumuzda	-duğunuzda	-duklarında
	무성 자음	-tuğumda	-tuğunda	-tuğunda	-tuğumuzda	-tuğunuzda	-tuklarında
ö, ü	모음, 유성 자음	-düğümde	-düğünde	-düğünde	-düğümüzde	-düğünüzde	-düklerinde
	무성 자음	-tüğümde	-tüğünde	-tüğünde	-tüğümüzde	-tüğünüzde	-tüklerinde

Çocuk kaç yaşına geldiğinde namaza başlamalı? '아이는 몇 살이 되었을 때에 예배를 시작해야 합니까?'

Güneş aydan büyük olmasına rağmen dünyadan baktığımızda neden aynı boyutta görürüz? '해는 달보다 큰데도 우리가 지구에서 보면 왜 같은 크기로 봅니까?'

Kuşlar yaşlı balıkçıyı gölün kenarında gördüklerinde kanatlarını çırparak ona doğru gelirdi. '새들은 늙은 어부를 호숫가에서 보았을 때에 날개를 파닥이며 그를 향하여 오곤 하였다.'

이 구문은 -DIgIm(-DIgIn, ...) vakit/zaman으로 바꾸어 표현할 수 있다.

Ben geldiğimde sen evde yoktun. ~ Ben geldiğim vakit/zaman sen evde yoktun. '내가 왔을 때에 너는 집에 없었다.'

⑰ -DIğImdAn '내가 ~하기 때문에, 내가 ~하였기 때문에'

이 구문은 과거 분사 어미 -DIk + 1인칭 단수 소유 어미 + 탈격 어미로 이루어진다. 다른 인칭의 소유 어미를 붙이면 다음과 같다.

-DIğIndAn '네가 ~하기 때문에, 네가 ~하였기 때문에'

-DIğIndAn '그가 ~하기 때문에, 그가 ~하였기 때문에; 그들이 ~하기 때문에, 그들이 ~하였기 때문에'

-DIğImIzdAn '우리가 ~하기 때문에, 우리가 ~하였기 때문에'

-DIğInIzdAn '너희가/당신이 ~하기 때문에, 너희가/당신이 ~하였기 때문에'

-DIklArIndAn '그들이 ~하기 때문에, 내가 ~하였기 때문에'

3인칭 복수의 경우 주어가 있으면 -DIğIndAn을 사용할 수 있다.

어간 모음	어간의 마지막 음	단수			복수		
		1인칭	2인칭	3인칭	1인칭	2인칭	3인칭
a, ı	모음, 유성 자음	-dığımdan	-dığından	-dığından	-dığımızdan	-dığınızdan	-dıklarından
	무성 자음	-tığımdan	-tığından	-tığından	-tığımızdan	-tığınızdan	-tıklarından
e, i	모음, 유성 자음	-diğimden	-diğinden	-diğinden	-diğimizden	-diğinizden	-diklerinden
	무성 자음	-tiğimden	-tiğinden	-tiğinden	-tiğimizden	-tiğinizden	-tiklerinden
o, u	모음, 유성 자음	-duğumdan	-duğundan	-duğundan	-duğumuzdan	-duğunuzdan	-duklarından
	무성 자음	-tuğumdan	-tuğundan	-tuğundan	-tuğumuzdan	-tuğunuzdan	-tuklarından
ö, ü	모음, 유성 자음	-düğümden	-düğünden	-düğünden	-düğümüzden	-düğünüzden	-düklerinden
	무성 자음	-tüğümden	-tüğünden	-tüğünden	-tüğümüzden	-tüğünüzden	-tüklerinden

Askere gitmediğinden Türk uyruğunu kaybetti. '그는 군대에 가지 않았기 때문에 터키 국적을 잃었다.'

Kaçmalarından korktuğumuzdan dışarı bile çıkaramadık. '우리는 그들이(= 비둘기들이) 달아나는 것이 두려워서 밖으로 꺼내지도 못하였다.'

Kozlu bölgesi devamlı güneş gördüğünden burada kar azdır. '코즐루 지역은 계속하여 해를 보기 때문에 여기(= 코즐루 지역)에서는 눈이 적다.'

이 구문은 -DIgIm(-DIgIn, ...) için으로 바꾸어 표현할 수 있다.

Burada olduğumdan da çok mutluyum. ~ Burada olduğum için de çok mutluyum. '나는 내가 여기에 있기 때문에도 아주 행복하다.'

⑱ -AcAğImdAn '내가 ~할 것이기 때문에'

이 구문은 미래 분사 어미 -AcAk + 1인칭 단수 소유 어미 + 탈격 어미로 이루어진다. 다른 인칭의 소유 어미를 붙이면 다음과 같다.

-AcAğIndAn '네가 ~할 것이기 때문에'

-AcAğIndAn '그가 ~할 것이기 때문에; 그들이 ~할 것이기 때문에'

-AcAğImIzdAn '우리가 ~할 것이기 때문에'

-AcAğInIzdAn '너희가/당신이 ~할 것이기 때문에'

-AcAklArIndAn '그들이 ~할 것이기 때문에'

3인칭 복수의 경우 주어가 있으면 -AcAğIndAn을 사용할 수 있다.

어간 모음	어간의 마지막 음	단수			복수		
		1인칭	2인칭	3인칭	1인칭	2인칭	3인칭
a, ı, o, u	모음	-yacağımdan	-yacağından	-yacağından	-yacağımızdan	-yacağınızdan	-yacaklarından
	자음	-acağımdan	-acağından	-acağından	-acağımızdan	-acağınızdan	-acaklarından
e, i, ö, ü	모음	-yeceğimden	-yeceğinden	-yeceğinden	-yeceğimizden	-yeceğinizden	-yeceklerinden
	자음	-eceğimden	-eceğinden	-eceğinden	-eceğimizden	-eceğinizden	-eceklerinden

Bu kişiler, bugün de onlar için yanlış yapmayacağımı bileceklerinden bana oy vereceklerdir. '이 사람들은 오늘도 그들에게 내가 잘못하지 않으리라는 것을 알 것이기 때문에 나에게 투표할 것이다.'

Bunu uzun uzun anlatacağımdan şimdilik konuyu geçiyorum. '나는 이것을 아주 길게 설명할 것이기 때문에 지금으로서는 (이) 주제를 (그냥) 지난다.'

Yarın gelemeyeceğinden bugün gelmiş. '그는 내일 올 수 없을 것 이기 때문에 오늘 왔다고 한다./왔구나.'

이 구문은 -AcAğIm(-AcAğIn, ...) için으로 바꾸어 표현할 수 있다.

Saat 20.00'de spora gideceğimden (~ gideceğim için) erken yemek yiyeceğim. '나는 오후 8시에 운동하러 갈 것이기 때문에 일 찍 식사할 것이다.'

⑲ -AcAğImA '나는 ~하는 대신에'

이 구문은 미래 분사 어미 -AcAk + 1인칭 단수 소유 어미 + 여격 어미로 이루어진다. 다른 인칭의 소유 어미를 붙이면 다음과 같다.

-AcAğInA '너는 ~하는 대신에'

-AcAğInA '그는 ~하는 대신에; 그들은 ~하는 대신에'

-AcAğImIzA '우리는 ~하는 대신에'

-AcAğInIzA '너희는/당신은 ~하는 대신에'

-AcAklArInA '그들은 ~하는 대신에'

3인칭 복수의 경우 주어가 있으면 -AcAğInA를 사용할 수 있다.

어간 모음	어간의 마지막 음	단수			복수		
		1인칭	2인칭	3인칭	1인칭	2인칭	3인칭
a, ı, o, u	모음	-yacağıma	-yacağına	-yacağına	-yacağımıza	-yacağınıza	-yacaklarına
	자음	-acağıma	-acağına	-acağına	-acağımıza	-acağınıza	-acaklarına
e, i, ö, ü	모음	-yeceğime	-yeceğine	-yeceğine	-yeceğimize	-yeceğinize	-yeceklerine
	자음	-eceğime	-eceğine	-eceğine	-eceğimize	-eceğinize	-eceklerine

Bir avuç altının olacağına bir avuç toprağın olsun. '너에게 한 줌의 황금이 있는 대신에 한 줌의 흙이 있기를!'[35]

Ders çalışacağına, geceyi televizyon izleyerek geçirdi. '그는 공부하는 대신에 밤을 텔레비전 보면서 보냈다.'

Oraya gideceğine buraya geldi. '그는 그곳에 가는 대신에 이곳에 왔다.'

이 구문은 -AcAk yerde(< yer '땅, 장소; 자리' + -de '처격 어미')로 바꾸어 표현할 수 있다. 물론 -AcAk yerde로는 인칭을 알 수 없다.

Başkası yüz vereceğine (~ verecek yerde) siz yirmi verin. '다른 사람이 100 (리라) 주는 대신에 당신이 20 (리라) 주시오.'

⑳ -maktansa/-mektense '~할지언정, ~하느니 (차라리)'(< -maktan/-mekten ise)

이 구문은 동사에서 명사를 만드는 접미사 -mak/-mek에 탈격 어미가 붙은 뒤 ise '(그가) ~이면'과 결합된 형태이다.

Durakta zaman harcamaktansa evde ders çalışmak daha iyi. '정류장에서 시간을 소비하느니 집에서 공부하는 것이 더 낫다.'

Kötü bir fizikçi olmaktansa orta bir müzisyen olmayı seçtim. '나는 나쁜 물리학자가 되느니 중급의 음악가가 되기를 선택하였다.'

Tatilde yurt dışına gitmektense memlekete gidelim! '휴가 때 국외로 가느니 고향으로 갑시다!'

---

35) 이 속담은 '황금, 즉 돈은 소비되고 소모되는 물건이다. 그렇지만 흙은 소비되고 소모되는 물건이 아니다. 자기 자리에 있으면서 계속 생산물을 내고 돈을 가져다주는 물건이다.'라는 뜻이다.

(20) 자동사/타동사

목적어가 필요한 동사를 타동사, 목적어가 필요하지 않은 동사를 자동사라 한다. 목적어는 절대격으로 있을 수도 있고 대격 어미 -(y)I (즉, 자음 뒤에서 -ı, -i, -u, -ü, 모음 뒤에서 -yı, -yi, -yu, -yü)가 붙을 수도 있다. 대격 어미가 붙을 때에는 특정한 대상을 뜻한다.

Sokakta bir köpek gördüm. '나는 골목에서 (어떤) 개를 보았다.'

Sokakta senin köpeğini gördüm. '나는 골목에서 너의 개를 보았다.' (특정한 대상)

Kahve seviyorum. '나는 커피를 좋아한다.'

Seni seviyorum. '나는 너를 사랑한다.' (특정한 대상)

Hangi mevsimi seviyorsun? '너는 어느 계절을 사랑하니?' (특정한 대상)

목적어가 동사 바로 앞에 있을 때에는 대격 어미가 붙지 않을 수 있지만, 목적어가 동사와 떨어져 있을 때에는 목적어에 반드시 대격 어미를 붙여야 한다.

Lokantada yemek yedik. '우리는 식당에서 음식을 먹었다, 우리는 식당에서 식사했다.'

Yemeği lokantada yedik. '우리는 음식을 식당에서 먹었다.'

Çocuk kitap okuyor. '아이가 책 읽는다.'

Kitabı çocuk okuyor. '책을 아이가 읽는다.'

20. 후치사

(1) 절대격의 명사, 속격의 대명사와 함께 사용되는 후치사

이러한 후치사들 앞에 있는 3인칭 복수 대명사 onlar는 일반 명사처럼 절대격이다.

① boyu '~ 동안, ~ 내내; ~을 따라'(< boy '키' + -u '3인칭 소유어미')

　　ömür boyu '평생, 일생 동안'

　　yol boyu '길 가는 동안, 길 내내'

　　yüzyıllar boyu '몇 세기 동안'

② boyunca '~ 동안, ~ 내내; ~을 따라'(< boy '키' + -un '3인칭 소유어미' + -ca)

　　beş yıl boyunca '5년 동안'

　　duvar boyunca '벽을 따라'

　　yol boyunca '길 가는 동안, 길 내내'

③ gibi '~처럼, ~같은/같이'

　　sizin gibi '당신처럼, 당신같이, 당신 같은'

　　bunun gibi '이것처럼, 이것같이, 이것 같은'

　　arı gibi çalışkan çocuk '벌처럼 부지런한 아이'

　　bal gibi tatlı elma '꿀처럼 달콤한 사과'

절대격의 지시대명사 및 의문대명사와 사용되기도 한다.

　　bu gibi '이런', şu gibi '저런', o gibi '그런', ne gibi '어떤'

bu gibi hayvanlar '이런 동물들'

ne gibi balıklar '어떤 물고기들'

④ için '~을 위하여, ~을 위한, ~ 때문에'

güzelliği için '그의 미모/아름다움 때문에'

okul için '학교를 위하여'

senin için '너를 위하여'

동사의 기본형을 만드는 -mak/-mek와 사용되면 '~하기 위하여, ~하려고'를 뜻한다. -mak/-mek için을 -maya/-meye로 바꾸어 표현할 수도 있다.

görmek için '보려고' = görmeye

geç kalmamak için '늦지 않기 위해'

kitap okumak için '책 읽으러' = kitap okumaya

⑤ ile '~와, ~와 함께, ~로, ~을 가지고'

ile는 흔히 바로 앞의 낱말에 붙어서 사용되는데, 이때에는 강세가 없다.

바로 앞의 낱말이 모음으로 끝나는 경우에는 여기의 모음과 ile 사이에 연결 자음 y가 들어가고, y 다음에 ile의 모음 i가 떨어진다. 그리고 ile의 남은 le는 바로 앞의 낱말의 마지막 모음이 후설이면(즉, a, ı, o, u 중 하나이면) la, 전설이면(즉, e, i, ö, ü 중 하나이면) le가 된다:

korkuyla '두려움으로' (< korku ile)

taksiyle '택시로, 택시를 타고' (< taksi ile)

annesi ile, annesiyle '그(들)의 어머니와, 그(들)의 어머니와 함께'

바로 앞의 낱말이 자음으로 끝나는 경우에는 ile의 모음 i가 떨어진다. 그리고 ile의 남은 le는 바로 앞의 낱말의 마지막 모음이 후설이면

(즉, a, ı, o, u 중 하나이면) la, 전설이면(즉, e, i, ö, ü 중 하나이면) le
가 된다:

    arabamla '나의 차로, 나의 차를 타고' (< arabam ile)

    seninle '너와, 너와 함께' (< senin ile)

    otobüsle '버스로, 버스를 타고' (< otobüs ile)

ile는 흔히 birlikte/beraber '함께'와 더불어 사용된다.

    arkadaşımla birlikte/beraber '나의 친구와 함께'

    benimle birlikte/beraber '나와 함께'

    ninenle birlikte/beraber '너의 할머니와 함께'

ile는 '~와, 그리고'를 뜻하는 접속사로도 사용된다.

    Ahmet ile Mehmet '아흐메트와 메흐메트'

    bira ile şarap '맥주와 포도주'

    kadın ile adam '여자와 남자'

⑥ kadar '~만큼'

    benim kadar '나만큼'

    baban kadar '너의 아버지만큼'

    demir kadar sert tahta '쇠만큼 단단한 판자'

절대격의 지시대명사 및 의문대명사와 사용되기도 한다.

    bu kadar '이만큼'

    o kadar '그만큼'

    şu kadar '저만큼'

    ne kadar '얼마나, 얼마만큼'

(2) 여격의 명사, 대명사와 함께 사용되는 후치사

① ait '~에 속하는, ~에 관계된'
　babama ait '나의 아버지에게 속하는, 나의 아버지에 관계된'
　eski uygarlıklara ait '옛 문명들에 관계된'
　size ait '너희/당신에게 속하는, 너희/당신에 관계된'

② dair '~에 대하여/대한, ~에 관하여/관한'
　bir işe dair '어떤 일에 대하여'
　bu soruna dair '이 문제에 대하여'
　sana dair '너에 대하여'

③ değin '~까지'
　duvara değin '벽까지'
　2011 yılına değin '2011년까지'
　sonsuza değin '끝까지'

④ dek '~까지'
　eylüle dek '9월까지'
　Macaristan'a dek '헝가리까지'
　sabaha dek '아침까지'

⑤ doğru '~을 향하여; ~경에, ~무렵에'
　akşama doğru '저녁 무렵에'

denize doğru '바다를 향하여'

eve doğru '집으로, 집을 향하여'

doğru는 '옳은'을 뜻하는 형용사이기도 하다.

doğru sözler '옳은 말들'

⑥ göre '~에 따르면, ~가 보기에는, ~에 의하면, ~한 바로는'

Atatürk'e göre '아타튀르크에 따르면, 아타튀르크가 보기에는'

gazeteye göre '신문에 따르면, 신문에 의하면'

onlara göre '그들에 따르면, 그들이 보기에는'

⑦ kadar '~까지'

buraya kadar '여기까지'

otobüse kadar '버스까지'

sabaha kadar '아침까지'

⑧ karşı '~에 반대하여, ~에 맞서, ~맞은편에, ~에 답하여, ~에 대비하여, ~을 향하여'

çocuklara karşı '아이들에 대하여'

denize karşı '바다 맞은편에, 바다에 면하여'

düşmana karşı '적에 대(항)하여'

⑨ karşın '~에도 불구하고'

çabama karşın '나의 노력에도 불구하고'

kolay olmasına karşın '그것이 쉬운데도 불구하고'

tüm bu güçlüklere karşın '이 모든 어려움들에도 불구하고'

⑩ nazaran '~에 따르면; ~에 비해, ~과 비교하여'

bu hesaba nazaran '이 계산에 따르면'

geçen yıla nazaran '지난해에 비해'

Mustafa'ya nazaran '무스타파에 비해'

⑪ nispeten '~에· 비해, ~과 비교하여'

Akdeniz'e nispeten '지중해에 비해'

Bodrum'a nispeten '보드룸에 비해'

2010'a nispeten '2010년에 비해'

⑫ rağmen '~에도 불구하고'

ona rağmen '그것에도 불구하고, 그럼에도 불구하고'

parasına rağmen '그의 돈에도 불구하고'

yağmura rağmen '비에도 불구하고'

(3) 탈격의 명사, 대명사와 함께 사용되는 후치사

① başka '~ 외에는, ~을 제외하고는'

benden başka '나 외에는, 나를 제외하고는'

kitaplarımdan başka '나의 책들 외에는, 나의 책들을 제외하고는'

kuş sütünden başka '새의 젖 외에는, 새의 젖을 제외하고는'

başka는 '다른'을 뜻하는 형용사이기도 하다.

　　başka bir kitap '다른 책'

② beri '~이래, ~이후, ~부터 (시작하여)'

　　Ankara'dan beri '앙카라부터'

　　dünden beri '어제부터'

　　üç yıldan beri '3년 이래/3년 전부터'

시간을 나타내는 명사에서는 이 후치사 대신에 어미 -dır/-dir/-dur/ -dür/-tır/-tir/-tur/-tür를 사용할 수 있다.

　　üç yıldır '3년 동안'

③ dolayı '~ 때문에'

　　benden dolayı '나 때문에'

　　sıcaklıktan dolayı '더위 때문에'

　　yağmurdan dolayı '비 때문에'

④ evvel '~보다 먼저, ~보다 전에'

　　bizden evvel '우리보다 먼저'

　　harpten evvel '전쟁 전에는'

　　saat ondan evvel '10시 전에'

⑤ itibaren '~부터 (시작하여), ~ 이래, ~ 이후'

　　1959'dan itibaren '1959년부터, 1959년 이후/이래'

　　bugünden itibaren '오늘부터'

yarından itibaren '내일부터'

⑥ önce '~보다 먼저, ~보다 전에'

senden önce '너보다 먼저'

saat ikiden önce '2시 전에'

yemekten önce '식사 전에'

⑦ ötürü '~ 때문에'

bu durumdan ötürü '이 상황 때문에'

senden ötürü '너 때문에'

sevgiden ötürü '사랑 때문에'

⑧ sonra '~ 뒤에, ~ 후에, ~ 다음에'

beşinci sınıftan sonra '5학년 후에'

İzmir'den sonra '이즈미르 다음에'

konserden sonra '연주회 후에'

(4) 후치사처럼 사용되는 명사

장소를 나타내는 많은 명사가 소유 어미와 격 어미를 받아 후치사
처럼 사용된다.

① alt '아래, 밑'

· masanın altına '탁자의 밑에'

taş altından '돌 밑에서, 돌 밑으로부터'

yatağın altında '침대의 밑에서'

alt는 형용사로도 쓰인다.

　　alt taraf '아래쪽'

② ara '사이'

　　dağlar arasından '산들 사이로부터'

　　Ankara ile İstanbul arasında '앙카라와 이스탄불 사이에서'

　　iki kitabın arasına '두 책 사이에'

ara는 형용사로도 쓰인다.

　　ara kapı '샛문'

③ arka '뒤'

　　bulutların arkasına '구름들의 뒤에'

　　okulun arkasında '학교의 뒤에서'

　　topun arkasından '공의 뒤에서, 공의 뒤로부터'

arka는 형용사로도 쓰인다.

　　arka kapı '뒷문'

④ art '뒤'[36)]

　　arabanın ardından '차의 뒤에서, 차의 뒤로부터'

　　dağın ardına '산의 뒤에'

　　perdenin ardında '커튼의 뒤에서'

---

36) art의 a가 원래 장모음이었으므로, 모음 앞에서 t가 d로 바뀐다.

⑤ çevre '둘레, 주위, 주변'

    gölün çevresinde '호수의 주위에서'

    İzmir'in çevresinde '이즈미르의 주변에서'

    masanın çevresine '탁자의 주위에'

⑥ dahil '안, 속'

    Ankara dahilinde '앙카라 안에서'

    kapsam dahiline '범위 안에, 범위 안으로'

    üniversite dahilinden '대학교 안으로부터'

⑦ dış '밖'

    dolap ve oyuncak dışında '장롱과 장난감 말고도'

    evin dışından '집 밖으로부터'

    şehrin dışına '도시의 밖으로'

dış는 형용사로도 쓰인다.

    dış kapı '바깥문'

⑧ esna '사이, 때, 시간': **esnasında** '~ 동안'

    maç esnasında '경기 동안'

    uyku esnasında '잠(자는) 동안'

    yolculuk esnasında '여행(하는) 동안'

⑨ hak '권리'[37]

    hakkımda '나에 관하여/대하여'

hakkında '너에 관하여/대하여'

hakkında '그에/그들에 관하여/대하여'

hakkımızda '우리에 관하여/대하여'

hakkınızda '너희/당신에 관하여/대하여'

okul hakkında '학교에 관하여/대하여'

olaylar hakkında '사건들에 관하여/대하여'

sizin hakkınızda '너희/당신에 관하여/대하여'

⑩ hariç[hɑːriʧ] '밖'38)

binanın haricinden '건물의 밖으로부터'

hudut haricine '국경 밖으로'

Türkiye'nin haricinde '터키의 밖에서'

⑪ iç '안, 속'

arabanın içinde '자동차 안에는'

evin içinden '집 안으로부터'

ormanın içine '숲 속으로'

iç는 형용사로도 쓰인다.

iç kapı '안문'

---

37) 이 낱말은 아랍어 ḥaqq에서 차용된 것이다. 즉 원래 자음이 2 개 있고, 모음 앞에서 이 2 개의 자음
이 제대로 나타나는 것이다.

38) 이 낱말은 아랍어 khārij에서 차용된 것이다. 어말의 j가 무성음이 되었다가 모음 앞에서 원래의 자
음으로 돌아오는 것이다.

⑫ karşı '맞은편'

    evimizin karşısından '우리 집의 맞은편으로부터'

    televizyonun karşısına '텔레비전의 맞은편에'

    otelin karşısında '호텔의 맞은편에서'

⑬ orta '가운데'

    bahçenin ortasında '정원의 가운데에서'

    Ahmet ile Ayşe'nin ortasında '아흐메트와 아이셰의 가운데에서'

    İzmir'in ortasında '이즈미르의 가운데에서'

⑭ ön '앞'

    evin önünden '집 앞으로부터'

    kutunun önüne '상자 앞에'

    pencerenin önünde '창문 앞에서'

ön은 형용사로도 쓰인다.

    ön kapı '앞문'

⑮ saye '그림자, 그늘; 보호, 원조':

    sayemde '내 덕분에'   **sayemizde** '우리 덕분에'

    sayende '네 덕분에'   **sayenizde** '너희/당신 덕분에'

    sayesinde '그/그들 덕분에'

    cep telefonu sayesinde '휴대전화기 덕분에'

    doktorlar sayesinde '의사들 덕분에'

    senin sayende '네 덕분에'

⑯ süre '기간': **süresince** '~ 동안, ~ 내내'

　maç süresince '경기 내내'

　sınav süresince '시험 (보는) 동안'

　tatil süresince '휴가 동안, 휴가 내내'

⑰ taraf '쪽, 방향':

　tarafımdan '나에 의해서'　　　　**tarafımızdan** '우리에 의해서'

　tarafından '너에 의해서'　　　　**tarafınızdan** '너희/당신에 의해

　tarafından '그에/그들에 의해서'　　　서'

　Atatürk tarafından '아타튀르크에 의해서'

　polis tarafından '경찰에 의해서'

　Türkiye tarafından '터키에 의해서'

⑱ uğur '목표, 목적'; **uğruna/uğrunda** '~ 때문에, ~을 위하여'

　özgürlük uğrunda (~ uğruna) '자유를 위하여'

　senin uğrunda (~ uğruna) '너를 위하여'

　vatan uğrunda (~ uğruna) '조국을 위하여'

⑲ üst '위, 위쪽'

　köyün üstünden '마을 위로부터'

　kutunun üstüne '상자 위에'

　masanın üstünde '탁자 위에서'

üst는 형용사로도 쓰인다.

　üst kat '위층'

⑳ *üzer '위, 위쪽'

　　dünya üzerinde '세계에는'

　　evinizin üzerinden '너희/당신의 집 위로부터'

　　masanın üzerine '탁자 위에'

㉑ yan '옆, 곁'

　　dostumun yanına '내 친구 옆으로'

　　okulun yanında '학교 옆에서'

　　sahibinin yanından '그것의 주인의 곁으로부터'

yan은 형용사로도 쓰인다.

　　yan kapı '옆문'

㉒ yer '땅; 장소; 자리':

　　yerime '나 대신에'　　　　**yerimize** '우리 대신에'

　　yerine '너 대신에'　　　　**yerinize** '너희/당신 대신에'

　　yerine '그/그들 대신에'

　　asker yerine '군인 대신에'

　　bizim yerimize '우리 대신에'

　　şeker yerine '설탕 대신에'

㉓ yol '길; 목적, 목표': **yoluna/yolunda** '~ 때문에, ~을 위하여'

　　özgürlük yolunda(~ yoluna) '자유를 위하여'

　　para yolunda(~ yoluna) '돈 때문에, 돈을 위하여'

　　vatan yolunda(~ yoluna) '조국을 위하여'

㉔ yüz '얼굴; 이유':

yüzümden '나 때문에'   **yüzümüzden** '우리 때문에'

yüzünden '너 때문에'   **yüzünüzden** '너희/당신

yüzünden '그(들) 때문에'   때문에'

gürültü yüzünden '소음 때문에'

senin yüzünden '너 때문에'

yağmur yüzünden '비 때문에'

㉕ zarf '봉투': **zarfında** '~ 동안, ~안에'

bir ay zarfında '1달 동안, 1달 안에'

birkaç hafta zarfında '몇 주 동안, 몇 주 안에'

yirmi gün zarfında '20일 동안, 20일 안에'

21. 접속사

(1) ve '~와, 및, 그리고'

Erkenden kalktım ve okula gittim. '나는 일찍 일어나서 학교에
  갔다.'

İstanbul ve Ankara '이스탄불과 앙카라'

(2) ile '~와, 및, 그리고'

Ege Denizi ile Yunanistan '에게 해와 그리스'

Kore ile Türkiye '한국과 터키'

(3) veya[vɛjɑː] '또는, 혹은'

Kitap veya dergi alacağım. '나는 책이나 잡지를 살 것이다.'

Maliye Bakanlığı nüfus cüzdanını kaybeden veya çaldıranları uyardı. '재무부는 주민등록증을 잃거나 도둑맞은 사람들에 게 경고하였다.'

(4) veyahut[vɛjɑːhut] '또는, 혹은'

Bu oyunda amaç 3 veyahut daha fazla aynı renkte balonları bir araya getirip patlatmaktır. '이 놀이에서 목표는 3개 또는 더 많은 같은 색의 풍선들을 모아 터뜨리는 것이다.'

Konya'da turna balığı tutacak bir göl veyahut baraj var mı? '콘야 에는 강꼬치고기를 잡을 호수나 댐이 있습니까?'

(5) yahut[jɑːhut] '또는, 혹은'

Bu akşam bize gelin, yahut biz size gelelim! '오늘 저녁에 우리에 게 오십시오, 또는 우리가 당신에게 올게요!'

Sözünüzü gizleyin, yahut onu açığa vurun! '당신의 말을 숨기시오! 또는 그것(= 당신의 말)을 밝히시오!'

(6) ya da[jɑː dɑ] '또는, 혹은'

Bu adam, ya da bu kadın, daktilo kullanabilir. '이 남자 또는 이 여자는 타자기를 쓸 수 있다.'

Kaç tane görebildiğinizi not edin ya da bir kağıda yazın. '당신은 몇 개 볼 수 있었는지를 메모하거나 종이에 적으십시오.'

(7) ama '그러나, 그렇지만'

　　Ben öğretmenim, ama sen öğrencisin. '나는 선생님이지만 너는
　　학생이다.'

　　Kazada ölen yok, ama çok sayıda yaralı var. '사고에서 죽은 사람은
　　없지만 많은 수의 부상자가 있다.'

(8) fakat '그러나, 그렇지만'

　　Bende sulu boya yok, fakat şu köşedeki dükkânda var. '나한테 수
　　채화물감이 없지만 저 구석에 있는 가게에는 있다.'

　　Üniversiteden mezun oldum, fakat iş bulamadım. '나는 대학교를
　　졸업했지만 직장을 구하지 못했다.'

(9) lâkin '그러나, 그렇지만'

　　O öğrenci akıllı lâkin tembel. '그 학생은 똑똑하지만 게으르다.'

　　Yıllarca bekledim lâkin gelmedin. '나는 몇 년 동안 기다렸지만
　　너는 오지 않았다.'

(10) ancak '그러나, 그렇지만'

　　Bu işe başlıyorum, ancak bugün bitiremem. '나는 이 일을 시작한
　　다. 그렇지만 나는 오늘 끝낼 수 없다.'

　　Filmi seyredebilirsin ancak yarın erken kalkmalısın. '너는 영화를
　　보아도 된다. 그렇지만 너는 내일 일찍 일어나야 한다.'

(11) ne var ki '그러나, 그렇지만'(< ne '무엇' + var '있는' + ki)

Fatma zengin bir kocası olan bir "iş kadını"dır. Ne var ki mutsuzdur. '파트마는 부유한 남편이 있는 여성 실업가이지만 불행하다.'

Kendini kötü hissediyordu, ne var ki işe gitti. '그는 몸이 아팠지만 직장에 갔다.'

(12) yalnız '그러나, 그렇지만'

Giderim, yalnız arkadaşlarımı isterim. '나는 가겠습니다만 나의 친구들을 요구하겠습니다.'

Sinemaya gidebilirsin, yalnız dönüşte ders çalışacaksın. '너는 영화관에 가도 된다, 그렇지만 돌아오면 공부하여라.'

(13) halbuki '~임에 반하여, ~이지만, 그렇지만'(< hal '상태, 상황' + bu '이(것)' + ki)

Düğününe beni davet etmedi. Hâlbuki ben hediyesini bile almıştım. '그는 그의 결혼 피로연에 나를 초대하지 않았다. 그렇지만 나는 (그에게 줄) 선물조차 샀었다.'

Gelemeyeceğini söyledi, hâlbuki vakti vardı. '그는 올 수 없다고 말하였다. 그렇지만 그는 시간이 있었다.'

(14) oysa '~임에 반하여, ~이지만, 그렇지만'(< o '그(것)' + ise '(그(것)이) ~이면')

Bahçe kapısını tamir ettiriyor, oysa bahçe kapısı yepyenidir. '그는 정

원 문을 수리하게 한다. 그렇지만 정원 문은 아주 새것이다.'

Bu filmin Türkiye'de gösterilmediğini sanıyordum, oysa yanılmışım. '나는 이 영화가 터키에서 상영되지 않았다고 여기고 있었다. 그렇지만 내가 잘못(판단)했구나.'

(15) oysaki '~임에 반하여, ~이지만, 그렇지만'(< oysa + ki)

Ülkemiz ormanlarının % 99,9'u devletin elindedir. Oysaki gelişmiş ülkelerde bu oran oldukça yüksektir. '우리나라 숲의 99.9% 는 국가 소유이다. 그렇지만 선진국들에서 이 비율은 상당 히 높다./높은 것이다.'

Yağmur yağmadı, oysaki yanıma şemsiye almıştım. '비가 내리지 않 았다. 그렇지만 나는 우산을 가져갔었다.'

(16) meğer '그러나, 그렇지만'

meğer는 알려지지 않은 상황에 대하여 사용되므로, 이 낱말이 들어 있는 문장에서는 불가시적 과거 시제가 사용된다. meğer는 대개 문장 의 첫머리에 온다.

Hepsini öpüp, koklayarak yolcu etmiştim. Meğer veda öpücüğüy- müş. '나는 그들 모두를 입 맞추고, 냄새 맡으며 배웅했었 습니다. 그렇지만 (이것은) 고별 입맞춤이었더군요.'

Yıllardır ekmeğin kilo aldırdığını biliyorduk, meğer ekmek daha çok zayıflatıyormuş. '우리는 몇 년 동안 빵이 살찌게 한다고 알고 있었다. 그렇지만 빵은 더욱 야위게 한다고 한다.'

(17) meğerse '그러나, 그렇지만'(< meğer ise)

meğer와 같은 뜻이다. meğerse도 meğer처럼 알려지지 않은 상황에 대하여 사용되므로, 이 낱말이 들어있는 문장에서는 불가시적 과거 시제가 사용된다. 대개 문장의 첫머리에 온다.

> Ben de seni arkadaş sanırdım; meğerse aldanmışım. '나는 너를 친구로 여기고 있었다. 그렇지만 내가 속았구나.'

> Sabaha karşı uyandım, meğerse o gece ay tutulması varmış. '나는 어슴새벽에 깨어났다. 그렇지만 그날 밤에 월식이 있었다고 한다.'

(18) meğerki '~하지 않는 한'(< meğer + ki)

meğerki는 뒷 문장에 놓여서 앞 문장의 것을 방해하는 상황을 나타낸다. 이 낱말이 들어있는 문장에서는 기원법이나 명령법이 사용된다.

> Bu iş bitmeyecek, meğerki siz de yardım edesiniz. '당신이 도와주지 않는 한 이 일은 끝나지 않을 것이다.'

> Yarın mutlaka gelirim, meğerki işim çıksın. '나는 일이 생기지 않는 한 내일 꼭 오겠다.'

(19) ki '~하는, ~인'

페르시아어에서 차용된 ki로 시작되는 절은 바로 앞의 명사나 대명사의 수식어가 된다. ki로 시작되는 절은 바로 앞의 서술어의 주어나 목적어가 되기도 한다.

> bir çocuk ki kapıyı kapamaz '문을 닫지 않는 어떤 아이'

Herkes bilir ki Dünya yuvarlaktır. '모두 지구가 둥글다는 것을 안다.'

O yerden ki herkes kaçar, sen de kaç! '모두가 달아나는 그곳으로부터 너도 달아나라!'

Sen ki hep çalışmamı isterdin... '언제나 내가 일하는 것을 원했던 너…'

위의 문장들을 터키어의 정상적인 구문으로 바꾸면 다음과 같다.

kapıyı kapamayan bir çocuk

Herkes Dünya'nın yuvarlak olduğunu bilir.

Herkesin kaçtığı o yerden sen de kaç!

Hep çalışmamı istemiş olan sen...

ki 앞의 문장은 ki 다음의 문장에 있는 행위가 일어날 때의 시간을 나타내기도 한다.

Güneş batmıştı ki köye vardık. ~ Köye vardığımız vakit/zaman(~ vardığımızda) güneş batmıştı. '우리가 마을에 이르렀을 때에 해가 (이미) 졌다.'

(20) çünkü '왜냐하면 ~ 때문이다'

뒷 문장의 첫머리에 놓여 앞 문장의 내용에 대한 이유를 나타낸다.

Bugün erken yatacağım, çünkü çok yorgunum. '나는 오늘 일찍 잘 것이다, 왜냐하면 나는 무척 피곤하기 때문이다.'

Biz pikniğe gidemedik, çünkü yağmur yağdı. '우리는 소풍갈 수 없었다, 왜냐하면 비가 내렸기 때문이다.'

(21) zira[ziːrɑː] '왜냐하면 ~ 때문이다'

뒷 문장의 첫머리에 놓여 앞 문장의 내용에 대한 이유를 나타낸다.

Gülmeyi azalt, zira çok gülmek kalbi öldürür. '웃음을 줄여라!, 왜냐하면 많이 웃는 것은 심장을 죽이기 때문이다.'

Zaman kapsülü diyorum, zira bu muhteşem alan toprak altında neredeyse hiç bozulmadan kalabilmiş. '나는 (이곳을) 타임캡 슐이라고 말한다, 왜냐하면 이 장엄한 공지는 땅 밑에서 거의 망가지지 않은 채 남을 수 있었기 때문이다.'

(22) madem[mɑːdɛm] '~므로, ~여서, 그러니까'

앞 문장의 첫머리에 놓여 뒷 문장의 내용에 대한 이유를 나타낸다.

Madem Dünya dönüyor, biz neden düşmüyoruz? '지구가 돈다. 그러니까 우리는 왜 떨어지지 않는가?'

Madem gelecektin, haber verseydin. '너는 올 것이었다. 그러니까 네가 알렸더라면 (좋았을 텐데)'

(23) mademki[mɑːdɛmki] '~므로, ~여서, 그러니까'(< madem + ki)

madem과 같은 뜻이다. 앞 문장의 첫머리에 놓여 뒷 문장의 내용에 대한 이유를 나타낸다.

Mademki baban bu akşam evde değil sana bilgisayar oyunlarını getireceğim. '너의 아버지가 오늘 저녁에 집에 없으니까 내가 너에게 컴퓨터 게임들을 가져올 것이다.'

Mademki görmek istiyorsunuz, gelip görebilirsiniz. '당신은 보고 싶어 합니다. 그러니까 당신은 와서 봐도 됩니다.'

(24) mamafih[mɑːmɑːfi] '그렇지만, 그럼에도 불구하고'
아랍어에서 차용된 이 낱말의 끝에 있는 h는 흔히 발음되지 않는다.

> Bugünlerde dürüst davranmıyor. Mamafih bu sözler aramızda kalsın! '그는 요즈음 정직하게 행동하지 않는다. 그렇지만 이 말들을 남에게 하지 마시오!("이 말들은 우리 사이에서 남기를!")'

> Çok iri bir erkeğin 300 kilo gelmesi mümkündür; mamafih 200 kiloyu geçenleri azdır. '아주 거대한 (고릴라) 수컷은 300 킬로그램에 이를 수 있다. 그렇지만 200 킬로그램을 넘는 것들은 적다.'

(25) nitekim '마찬가지로, 사실 ~, 실제로 ~'
두 절/문장을 비교할 때 둘째 절/문장의 첫머리에 온다.

> Böylece her ay bir Güneş tutulması oluşmaz. Nitekim bir yılda en az iki, en çok beş Güneş tutulması meydana gelebilir. '이리하여 달마다 1 번 일식이 일어나지 않는다. 사실 한 해에 적어도 2 번, 가장 많이는 5 번 일식이 일어날 수 있다.'

> Kiracı evin balkonunun olmadığını söylüyordu, nitekim bunu ev sahibi de doğruladı. '임차인은 집에 발코니가 없다고 말하고 있었다. 사실 이것을 집주인도 확인하였다.'

(26) nasıl ki '마찬가지로, 사실 ~, 실제로 ~'
nitekim과 같은 뜻이다. 두 절/문장을 비교할 때 첫째 절/문장의 첫

머리에 올 수도 있다.

> Acele etmez, ağırdan alır; nasıl ki bu akşam ağırdan alıyor. '그는
> 서두르지 않는다, 쉬엄쉬엄 일한다. 사실 그는 오늘 저녁에
> 쉬엄쉬엄 일하고 있다.'

> Nasıl ki hasta olduğunuz zaman doktora gidiyorsanız. Aynı şey
> bilgisayarınız için de geçerlidir. '당신이 병날 때에 의사에게
> 가는 것처럼 동일한 것이 컴퓨터에 대하여도 유효하다.'

(27) yoksa '아니면, 그렇지 않으면'(< yok ise)

> Bugün mü, yoksa yarın mı gidiyorsunuz? '당신은 오늘 가십니까?
> 아니면 내일 가십니까?'

> Çocuğun gelişiminde eğitim mi yoksa çevre mi önemlidir? '아이의 성
> 장에서 교육이 중요한가 아니면 환경이 중요한가?'

(28) da/de '~도'

da/de는 앞의 낱말과 언제나 떼어서 표기된다. 무성 자음 다음에는
ta/te로 발음되기는 하지만 표기법에서는 da/de이다.

> Ben onu da gördüm. '나는 그(것)도 보았다.'
> Oraya ben de gittim. '그곳에 나도 갔다.'

(29) ~ da/de ~ da/de '~도 ~도'

> Babası da annesi de gelmiş. '그의 아버지도 어머니도 왔다더라.'
> Ben çayı da kahveyi de severim. '나는 차도 커피도 좋아한다.'

(30) hem ~ hem (de) ~ '~도 ~도'

　　Ahmet hem Türkçe, hem Fransızca, hem de İngilizce biliyor. '아흐
　　메트는 터키어도 프랑스어도 영어도 안다.'

　　Hem kitap okuyor hem de müzik dinliyor. '그는 책도 읽고 음악
　　도 듣는다.'

(31) ne ~ ne ~ '~도 ~도 ~하지 않다, ~도 ~도 아니다'

　　Ne Ahmet'i ne Mehmet'i gördüm. '나는 아흐메트도 메흐메트도
　　보지 않았다.'

　　Ne yağmur ne kar yağıyor. '비도 눈도 오지/내리지 않는다.'

(32) ya ~ ya (da) ~ '~이든 ~이든 (어느 한쪽)'

　　Ben ona ya bir çift çorap ya da bir parfüm alırım. '나는 그에게
　　양말 한 켤레나 향수를 살 것이다.'

　　Ya git ya kal! '가라 아니면 남아라, 가든 남든 (어느 한쪽을 해라)'

(33) ha ~ ha ~ '~이든 ~이든 (어느 한쪽)'

　　ha ben ha o! '나든 그든 (어느 한쪽)'

　　Ne fark eder, ha lokantada ha evde! '무슨 차이가 있어, 식당에서
　　든 집에서든!'

(34) ister ~ ister ~ '~이든 ~이든 (어찌하든 간에)'

　　ister gelsin ister gelmesin '그가 오든 말든 (상관없다)'

　　ister inan ister inanma '믿거나 말거나'

(35) gerek ~ gerek(se) ~

① '~이든 ~이든 (어찌하든 간에)'

Gerek ben gideyim, gerek siz gidin, gerek o gitsin, fark etmez. '내가 가든, 당신이 가든, 그가 가든 상관없다.'

② '~도 ~도'

Gerek sen gerek(se) o, güzel çalıştınız. '너도 그도 잘 일하였다.'

(36) kâh ~ kâh ~ '때로는 ~ 때로는 ~'

İstanbul bu yüzden kâh gazsız, kâh elektriksiz ve kâh kömürsüz kalabilir. '이스탄불은 이 때문에 때로는 가스가 없게, 때로는 전기가 없게 그리고 때로는 석탄이 없게 된다.'

Kâh konuşur kâh konuşmaz. '그는 때로는 말하고 때로는 말하지 않는다.'

(37) yani[jɑːni] '즉, 다시 말하면'

1920 tarihinden 11 ekim 1922 tarihine yani Mudanya ateşkes antlaşmasının imzalandığı tarihe kadar gelişen olaylar nelerdir? '1920년부터 1922년 10월 11일, 즉 무단야 휴전조약이 조인된 날짜까지 발전한 사건들은 무엇들인가?'

İhracatımız ilk 6 ayda 73 milyar dolar oldu. Yani geçen yıla oranla yüzde 11,3 artış gösterdi. '우리의 수출은 (올해) 첫 6 달에 730억 달러가 되었다. 즉, 지난해에 비하여 11.3% 증가를 보였다.'

(38) eğer '만약, 만일, 가령'

페르시아어에서 차용된 이 낱말은 조건의 의미를 강화하기 위하여 조건문의 첫머리에 놓인다.

> Eğer birini seviyorsan, onu serbest bırak! '만약 네가 누군가를 사랑한다면 그를 자유롭게 놓아두어라!'
>
> Eğer hava güzel olursa, gezmeye çıkarız. '만약 날씨가 좋으면 우리는 산책하러 나갈 것이다.'

(39) şayet[ʃɑːjɛt] '만약, 만일, 가령'

페르시아어에서 차용된 이 낱말은 조건문의 첫머리에 놓인다. 가능성이 적은 것을 나타낸다.

> Şayet dünyada hiç kimsenin yapmadığı bir işi yapıyorsanız sorun yok. '만약 당신이 세상에서 아무도 하지 않는 어떤 일을 하고 있다면 문제가 없다.'
>
> Şayet gelmeyecek olursanız bildirin. '만약 당신이 오지 않을 것이면 알리시오.'

(40) keşke/keşki '~이면 좋을 텐데, ~였다면 좋았을 텐데'

페르시아어에서 차용된 이 낱말은 희망을 나타내는 문장들의 첫머리에 놓여 '어쨌을까'처럼 그리움 또는 후회를 나타낸다.

> Keşke öyle olsaydı. '그렇게 되었더라면.'
>
> Sana gelmektense keşke eve gitseydim. '내가 너에게 오는 대신에 집에 갔더라면.'

22. 반복어

(1) m이 들어 있는 반복어

터키어에서는 어떤 낱말 바로 다음에 m으로 시작되는 같은 형태의
낱말을 사용하는 경우가 많다.

çocuk mocuk '아이고 뭐고'   havlu mavlu '수건이고 뭐고'

kitap mitap '책이고 뭐고'   savaş mavaş '전쟁이고 뭐고'

m으로 시작되는 낱말에는 m으로 시작되는 같은 형태의 낱말이 사
용될 수 없다. 이때에는 아랍어 차용어인 falan/filân '아무개, 무엇무
엇'이 사용된다.

masa falan(~ filân) '탁자고 뭐고'

memur falan(~ filân) '공무원이고 뭐고'

(2) 둘째 낱말에서 음운 변화가 있는 반복어

m으로 시작되는 위의 경우들과는 달리 이들 반복어들의 음운 변화
는 규칙적이지 않다.

① 한 낱말이 따로 나타나지 않는 경우:

alaca bulaca '아주 얼룩덜룩한'

aman zaman '자비(慈悲)'

çarpık çurpuk '아주 구부러진'

sıkı fıkı '친밀한'

② 두 낱말 모두 따로 나타나지 않는 경우:

abuk sabuk '엉터리없는'

abur cubur '뒤범벅'

allak bullak '뒤죽박죽'

ıvır zıvır '잡동사니'

(3) 의성어와 의태어

터키어에서도 한국어와 마찬가지로 의성어와 의태어가 잘 발달되어 있다.

① 의성어

çağıl çağıl '졸졸'

fokur fokur '보글보글, 부글부글'

miyav miyav '야옹야옹'

şakır şakır '주룩주룩; 줄줄, 유창하게'

② 의태어

apar topar '허둥지둥'

buram buram '모락모락'

parıl parıl ~ pırıl pırıl '반짝반짝, 번쩍번쩍'

tir tir ~ tiril tiril '덜덜, 벌벌'

23. 파생 접미사

터키어에서는 여러 가지 파생 접미사가 사용되어 낱말들이 만들어진다.

(1) 명사/형용사에서 명사/형용사를 파생시키는 접미사

-ak/-ek (지소접미사): başak '이삭' < baş '머리', benek '(작은) 점, 반점' < ben '점, 반점'

-an/-en: köken '기원' < kök '뿌리', oğlan '소년' < oğul '아들'

-ca/-ce/-ça/-çe: güzelce '예쁘장한' < güzel '예쁜', uzunca '꽤 긴' < uzun '긴'

-cak/-cek (지소접미사): büyücek '조금 큰, 큼직한' < büyük '큰', oyuncak '장난감' < oyun '놀이'

-cı/-ci/-cu/-cü/-çı/-çi/-çu/-çü: dişçi '치과의사' < diş '이, 치아', yolcu '나그네, 여행자' < yol '길'

-cık/-cik/-cuk/-cük/-çık/-çik/-çuk/-çük (지소접미사): bebecik '작은 아기' < bebek '아기', Mehmetçik '터키 군인' < Mehmet '메흐메트(남자 이름)'

-cıl/-cil/-cul/-cül/-çıl/-çil/-çul/-çül: bencil '이기적인' < ben '나', ölümcül '치명적인' < ölüm '죽음, 사망'

-ç/-aç/-eç (지소접미사): anaç '새끼나 열매를 키울 정도로 성숙한 (동물 또는 나무)' < ana '어머니', topaç '팽이' < top '공'

-daş/-taş: meslektaş '(같은 직종에 종사하는) 동료' < meslek '직업', okuldaş '학우, 학교 친구, 동기생' < okul '학교'

-l/-al/-el: doğal '자연의, 천연의' < doğa '자연', özel '특별한; 사립의' < öz '본질, 정수'

-lı/-li/-lu/-lü: akıllı '똑똑한, 영리한' < akıl '지혜', bulutlu '구름이 낀, 흐린' < bulut '구름'

-lık/-lik/-luk/-lük: askerlik '병역' < asker '군인, 사병', gözlük '안경' < göz '눈(目)'

-man/-men: kocaman '아주 큰' < koca '큰', küçümen '아주 작은' < küçük '작은'

-msı/-msi/-msu/-msü (지소접미사): sarımsı '노르스름한' < sarı '노란', morumsu '조금 보라색인' < mor '보라색'

-mtırak/-mturak (지소접미사): bozumturak '약간 회색인' < boz '회색', sarımtırak '노르스름한' < sarı '노란'

-ncı/-nci/-ncu/-ncü (수사에서): ikinci '둘째' < iki '2', üçüncü '셋째' < üç '3'

-sal/-sel: bilimsel '과학적인, 학문적인' < bilim '과학, 학문', kimyasal '화학의, 화학적인' < kimya '화학'

-sı/-si/-su/-sü: çocuksu '어린애 같은, 유치한' < çocuk '아이, 어린이', erkeksi '사내 같은, 남자 같은' < erkek 사내, 남자'

-sız/-siz/-suz/-süz: sakalsız '수염이 없는' < sakalsız '수염', sonsuz '끝없는' < son '끝'

-tı/-ti/-tu/-tü (의성어·의태어에서): kütürtü '오도독거리는 소리' < kütür kütür '오도독 오도독', parıltı '반짝임' < parıl parıl '반짝반짝'

(2) 명사/형용사에서 동사를 파생시키는 접미사

-a-/-e-: oyna- '놀다' < oyun '놀이', yaşa- '살다' < yaş '나이, ~살'

-ar-/-er-: başar- '성공하다, 성취하다' < baş '머리', içer- '포함하다' < iç '안, 속'

-da-/-de- (의성어·의태어에서): horulda- '코를 골다' < horul horul '드르렁드르렁, 드렁드렁', parılda- '반짝이다' < parıl parıl '반짝반짝'

-l-/-al-/-el-: azal- '줄다, 적어지다' < az '적은', sivril- '뾰족해지다' < sivri '뾰족한'

-la-/-le- (가장 생산적인 접미사): başla- '시작하다' < baş '머리', kilitle- '잠그다' < kilit '자물쇠'

-laş-/-leş-: tanrılaş- '신격화되다' < tanrı '신(神)', Türkleş- '튀르크화하다' < Türk '튀르크인; 터키인'

-msa-/-mse-: azımsa- '과소평가하다, 너무 적다고 여기다' < az '적은', iyimse- '낙관하다' < iyi '좋은'

-r-/-ar-/-er-: ağar- '희어지다, 하얗게 되다' < ak '흰, 하얀', karar- '검은색이 되다, 캄캄해지다' < kara '검은'

-sa-/-se-: önemse- '중요하게 여기다' < önem '중요, 중요성', susa- '목이 마르다, 갈증이 나다' < su '물'

(3) 동사에서 명사/형용사를 파생시키는 접미사

-a/-e: doğa '자연; 기질, 성질' < doğ- '태어나다, 출생하다', süre '기간' < sür- '몰다; (시간을) 요하다, 걸리다; 계속되다'

-acak/-ecek: içecek '음료' < iç- '마시다', 수줍어하다', yakacak '땔 감, 연료' < yak- '태우다'

-ağan/-eğen: durağan '정지한, 고정된; 변함없는' < dur- '멈추다, 서 다', pişeğen '빨리 익는, 빨리 요리되는, 쉽게 익는' < piş- '익다'

-alak/-elek: asalak '기생 동물, 기생충' < as- '걸다, 매달다', çökelek '침전물, 앙금' < çök- '가라앉다; 무너지다; (무릎) 꿇다'

-amaç/-emeç: dönemeç '(길의) 굽이, 모퉁이' < dön- '돌다', tutamaç '손잡이' < tut- '잡다'

-amak/-emek: basamak '계단의 1단, 계단의 발판' < bas- '밟다', tutamak '손잡이' < tut- '잡다'

-an/-en: çeviren '번역자, 통역' < çevir- '돌리다; 번역하다', uyaran '경고자; 흥분제' < uyar- '경고하다; 자극하다, 흥분시키다'

-anak/-enek: ekenek '경작지' < ek- '씨 뿌리다, 심다', tutanak '회의 록, 의사록' < tut- '잡다'

-ası/-esi: olası '있을 법한, 가능한, 있음직한' < ol- '~ 되다', şaşılası '놀라운' < şaşıl- '놀라게 되다'

-baç/-beç (< -maç/-meç): dolambaç '(길의) 굴곡, 커브' < dolan- '주위 를 돌다', saklambaç '숨바꼭질' < saklan- '숨다'

-ç/-aç/-eç: süreç '과정' < sür- '몰다; (시간을) 요하다, 걸리다; 계속되 다', tıkaç '마개' < tıka- '틀어막다, 막다'

-dı/-di/-du/-dü/-tı/-ti/-tu/-tü39): çıktı '출력물' < çık- '나가다, 나오다', uydu '위성' < uy- '따르다, 뒤따르다'

---

39) 본래는 가시적 과거 시제 어미이다.

-dık/-dik/-duk/-dük/-tık/-tik/-tuk/-tük: bildik '아는 사람, 지인' < bil- '알다', tanıdık '아는 사람, 지인' < tanı- '알다'

-ecen[40]): ivecen '성급한, 조급한' < iv- '서두르다', sevecen '자애로운, 다정한, 정다운' < sev- '사랑하다'

-ga/-ge/-ka/-ke: yonga '(돌·나무 등의 깎아낸) 조각, 대팻밥' < yon- '(도구를 써서 조금씩) 쪼다, 깎다, 다듬다'[41]), yerleşke '캠퍼스' < yerleş- '자리 잡다, 정착하다'

-gaç/-geç/-kaç/-keç: utangaç '부끄럼을 타는, 수줍은' < utan- '부끄러워하다, 수줍어하다', yüzgeç '지느러미' < yüz- '헤엄치다'

-gan/-gen/-kan/-ken: çalışkan '부지런한' < çalış- '일하다', çekingen '소심한, 수줍어하는, 부끄러워하는' < çekin- '삼가다, 주저하다'

-gı/-gi/-gu/-gü/-kı/-ki/-ku/-kü: duygu '느낌, 감정' < duy- '느끼다; 듣다', içki '술' < iç- '마시다'

-gıç/-giç/-guç/-güç/-kıç/-kiç/-kuç/-küç: bilgiç '알고 있는, 지식이 있는; 현학적인' < bil- '알다', dalgıç '잠수부' < dal- '(물속에) 뛰어들다, 잠수하다'

-gın/-gin/-gun/-gün/-kın/-kin/-kun/-kün: bitkin '기진맥진한, 탈진한' < bit- '끝나다', solgun '시든' < sol- '시들다'

-ı/-i/-u/-ü: korku '겁, 공포, 무서움, 두려움' < kork- '겁내다, 무서워하다, 두려워하다', yapı '건물; 건설' < yap- '만들다'

-ıcı/-ici/-ucu/-ücü ('~하는'): akıcı '흐르는; 유창한' < ak- '흐르다', uçucu '나는, 비상하는; 휘발성의; 조종사' < uç- '날다'

---

40) -acan 형태는 없는 듯하다.
41) 방언에서 사용되는 형태이고 표준어에서는 yont-이다.

앞의 모음이 떨어진 형태: dilenci '거지, 걸인' < dilen- '구걸하다', öğrenci '학생' < öğren- '배우다'

-ılı/-ili/-ulu/-ülü/-lı/-li/-lu/-lü: kapalı '닫힌, 덮인' < kapa- '닫다, 덮다', örtülü '덮인, 씌워진' < ört- '덮다, 씌우다'

-ın/-in/-un/-ün: tütün '담배, 연초' < tüt- '연기를 내다', yığın '더미, 무더기' < yığ- '쌓다'

-ış/-iş/-uş/-üş: anlayış '이해, 양해' < anla- '이해하다', giriş '들어감, 입구' < gir- '들어가다, 들어오다'

-k/-ak/-ek: yalak '구유' < yala- '핥다', yatak '침대' < yat- '눕다'

-k/-ık/-ik/-uk/-ük: öksürük '기침' < öksür- '기침하다', soğuk '찬, 추운' < soğu- '식다, 냉각되다'

-m: anlam '뜻, 의미' < anla- '이해하다', doğum '출생, 태어남' < doğ- '태어나다'

-ma/-me: dondurma '아이스크림' < dondur- '얼리다', dönme '회전; 귀환; 개종자' < dön- '돌다, 회전하다'

-maca/-mece: bilmece '수수께끼' < bil- '알다', bulmaca '퍼즐' < bul- '찾아내다, 발견하다'

-maç/-meç: demeç '연설, 성명' < de- '말하다', yırtmaç '(드레스·스커트 등의) 길게 째진 데' < yırt- '찢다, 째다'

-mak/-mek: çakmak '라이터; 부시' < çak- '치다, 박다', gülmek '웃는 것, 웃기' < gül- '웃다'

-man/-men: okutman '대학 강사' < okut- '읽히다, 읽게 하다', öğretmen '선생님' < öğret- '가르치다'

-mış/-miş/-muş/-müş: dolmuş '돌무시 (소형 탈것)' < dol- '(가득) 차
다', geçmiş '과거' < geç- '지나다'

-nç: inanç '믿음, 신념' < inan- '믿다', korkunç '무서운, 두려운' <
kork- '겁내다, 무서워하다, 두려워하다'

-ntı/-nti/-ntu/-ntü: akıntı '흐름' < ak- '흐르다', görüntü '모습, 모양,
영상' < gör- '보다'

-r/-ar/-er/-ır/-ir/-ur/-ür: düşünür '사상가' < düşün- '생각하다', gelir
'수입, 소득' < gel- '오다'

-t: soyut '추상적인' < soy- '벗기다', taşıt '차량, 탈것' < taşı- '나르
다, 운반하다'

-v/-av/-ev: görev '임무, 과업' < gör- '보다', sınav '시험' < sına- '시
험하다'

-y/-ay/-ey: deney '실험' < dene- '실험하다', olay '사건' < ol- '되다,
생기다, 일어나다'

(4) 동사에서 동사를 파생시키는 접미사

-ar-/-er-: çıkar- '나가게 하다, 나오게 하다' < çık- '나가다, 나오다',
gider- '없애다, 제거하다' < git- '가다'

-dır-/-dir-/-dur-/-dür-/-tır-/-tir-/-tur-/-tür-: kestir- '자르게 하다' < kes-
'자르다', öldür- '죽이다' < öl- '죽다'

-ır-/-ir-/-ur-/-ür-: düşür- '떨어뜨리다' < düş- '떨어지다', içir- '마시게
하다' < iç- '마시다'

-l-: açıl- '열리다, 개방되다' < aç- '열다', veril- '주어지다' < ver-
'주다'

-n-: gizlen- '숨다' < gizle- '숨기다', okun- '읽히다, 읽어지다' <
oku- '읽다'

-ş-: anlaş- '서로 이해하다' < anla- '이해하다', uçuş- '함께 날아다니
다' < uç- '날다'

-t-: akıt- '흘리다, 흐르게 하다' < ak- '흐르다', oturt- '앉히다' <
otur- '앉다'

Chapter 5

어휘집

a	아!
AB	유럽연합(= Avrupa Birliği)
ABD	아메리카합중국, 미국(= Amerika Birleşik Devletleri)
abla	누나, 언니
abuk sabuk	터무니없는, 엉터리없는
abur cubur	뒤범벅
acele	급한, 위급한
acele et-	서두르다
acele posta	속달 우편
Acele Posta Servisi	속달우편서비스
acık-	배가 고프다
aç	배고픈
aç-	열다
açığa vur-	밝히다
açık	열린; 명백한; 맑은
açıl-	열리다, 개방되다
açlık	굶주림, 기아
açlık çek-	굶주리다, 기아에 시달리다
ad	이름, 명칭
ada	섬
adalet	정의(正義)
adam	사람; 남자
Adana	아다나(도시 및 도 이름)

Adapazarı	아다파자르(도시 이름)
âdet	관례, 관습
affet-	용서하다
affedersin	미안해!
affedersinniz	미안합니다!, 죄송합니다!
afiyet	건강
afiyet olsun	맛있게 드십시오
afyon	아편
Afyonkarahisar	아프욘카라히사르 (도시 및 도 이름)
ağabey	형, 오빠
ağaç	나무
ağar-	희어지다, 하얗게 되다
ağır	무거운; 느린
ağırdan al-	쉬엄쉬엄 일하다
ağız	입
ağla-	울다
ağrı	고통, 통증
Ağrı	아라라트(산 이름)
ağrı-	아프다, 쑤시다
ağrı kesici	진통제
ağustos	8월
ağustos ayı	8월
Ahmet	아흐메트(남자 이름)
aile	가족

ail**ece**	온 가족이, 가족이 모두 함께
ait	(여격과 함께) ~에 속하는, ~에 관계된
ak	하얀, 흰
ak-	흐르다
Akdeniz	지중해
Akdeniz Bölgesi	지중해 지역
akıcı	흐르는; 유창한
akıl	지혜
akıllı	똑똑한, 영리한
akıntı	흐름
akıt-	흘리다, 흐르게 하다
akraba	친척
akşam	저녁
akşamları	저녁에; 저녁마다
akşamleyin	저녁에
aktar-	옮기다; 갈아타다
aktarma	환승
aktör	배우
al-	받다, 사다, 얻다
alaca bulaca	아주 얼룩덜룩한
alan	공지(空地); 분야
Alb.	대령(= albay)
albay	대령
aldan-	속다

aldır-	받게 하다, 사게 하다, 얻게 하다
alet	도구, 기구
Alevi	알레비파
aleykümselâm	안녕하십니까? ("당신에게 평온이 있기를!"; selâmünaleyküm "평온이 당신에게 있기를!"에 대한 답례)
alıcı	받는 사람, 수취인; 사는 사람, 구입자
alın	이마
alkışla-	환호하다, 갈채하다
Allah	알라
Allaha ısmarladık	잘 있어!, 안녕히 계십시오!
allak bullak	뒤죽박죽
Alm.	도이치어, 독일어(= Almanca)
Alman	도이칠란트 사람, 독일 사람
Almanca	도이치어, 독일어
Almanya	도이칠란트, 독일
alo	(전화에서) 여보세요!
alt	아래, 밑
altı	여섯, 6
altıncı	여섯째
altışar	여섯씩
altmış	예순, 60
altmışar	예순씩
altmışıncı	예순째

ama	그러나, 그렇지만
amaç	목표, 목적
aman zaman	자비(慈悲)
amca	큰/작은아버지, 삼촌; 아저씨
amca oğlu	큰/작은아버지의 아들
Amerika Birleşik Devletleri	아메리카합중국, 미국
Amerikan	미국 사람; 미국의
an	순간
an-	기념하다, 추모하다
ana	어머니
anaç	새끼나 열매를 키울 정도로 성숙한 (동물 또는 나무)
Anadolu	아나톨리아
Anadolu Ajansı	아나돌루 아잔스(터키의 통신사 이름)
ananas	파인애플
ancak	그러나, 그렇지만
Ankara	앙카라(도시 및 도 이름)
Ankaralı	앙카라 사람
anla-	이해하다, 알아차리다
anlam	뜻, 의미
anlaş-	서로 이해하다
anlat-	설명하다, 이해시키다
anlayış	이해, 양해
anma	기념, 추모

anne	어머니
anneanne	외할머니
anonim	유한책임의
anonim şirket	유한책임회사
Antakya	안타크야(도시 이름)
Antalya	안탈랴(도시 및 도 이름)
antibiyotik	항생제
antlaşma	조약
apaçık	활짝 열린
apar topar	허둥지둥
apartman	아파트
APS	속달우편서비스(= Acele Posta Servisi)
Apt.	아파트(= apartman, apartmanı)
aptal	어리석은
aptalca	어리석게
Ar.	아랍어(= Arapça)
ara	사이
ara-	찾다
ara kapı	샛문
araba	차, 자동차
araç	차량
arada	때때로
aralık	12월
aralık ayı	12월

aran-	찾아지다
Arap	아랍인
Arapça	아랍어
Aras	아라스(강 이름)
araştır-	연구하다, 탐구하다
araştırma	연구, 탐구
araştırma görevlisi	연구원, 연구 조교
arı	벌(蜂)
arka	뒤, 뒤쪽
arka kapı	뒷문
arkadaş	친구
Arnavut	알바니아인
Arş. Gör.	연구원, 연구 조교(= araştırma görevlisi)
art	뒤, 뒤쪽
artı	더하기, +
artış	증가
Artvin	아르트빈(도시 및 도 이름)
arzu	바람, 소망
arzu et-	바라다, 원하다
as-	걸다, 매달다
asalak	기생 동물, 기생충
asansör	엘리베이터, 승강기
asıl	기원, 근원
As.İz.	헌병(= askerî inzibat)

asker	군인
askere git-	입대하다, 군복무하다
askerî	군의, 군대의
askerî inzibat	헌병
askerlik	병역
aspirin	아스피린
AŞ	유한책임회사(= anonim şirket)
aşağı	아래로
aşk	사랑
aşure	아슈레(후식의 일종)
at	말; (불깐) 말
Atatürk	아타튀르크(터키 의회에서 무스타파 케말 파샤에게 준 성씨)
ateş	불; 열
ateşkes	휴전, 정전
ateşkes antlaşması	휴전조약, 정전조약
Av.	변호사(= avukat)
Avrupa	유럽
Avrupa Birliği	유럽연합
avuç	손바닥; 줌, 움큼
avukat	변호사
ay	달
ay tutul-	달이 가려지다, 월식이 생기다("달이 잡히다")

ay tutulması	월식
ayak	발
ayakkabı	신발
Ayasofya Müzesi	성소피아 박물관
aygır	씨말, 종마
ayırt-	예약하다
aylarca	몇 달 동안
aynı	같은, 동일한
ayran	아이란(요구르트에 물을 섞어 희석시킨 터키의 전통음료)
ayrıl-	떠나다, 헤어지다
Ayşe	아이셰(여자 이름)
az	적은, 조금
azal-	줄다, 적어지다
azalt-	줄이다, 축소하다
Azeri	아제르바이잔 사람
azımsa-	과소평가하다, 너무 적다고 여기다
B	서(쪽)(= batı)
baba	아버지
babaanne	친할머니
Bağımsız Devletler Topluluğu	독립국가연합
bahçe	정원
bahşiş	팁, 사례금
bak-	(여격과 함께) 보다

bakan	장관
bakanlık	행정부처; 장관의 직
Bakıt	바크트(사람 이름)
bakkal	식료잡화상; 식료잡화가게
baklava	바클라바(후식의 일종)
bal	꿀
balık	물고기, 생선
balıkçı	어부
balina	고래
balkon	발코니
balon	풍선
bana	나에게
bana göre	나의 생각에 따르면, 나의 생각으로는, 내가 보기에는
banka	은행
banyo	목욕; 욕조, 욕실
banyo yap-	목욕하다
banyolu	욕조/욕실이 있는
baraj	댐, 보
bas-	밟다; 누르다; 인쇄하다
basamak	계단의 1단, 계단의 발판
baş	머리
başak	이삭
başar-	성공하다, 성취하다

başbakan	총리
başı dön-	현기증이 나다, 어지럽다
başka	다른; (탈격과 함께) ~외에는, ~을 제외하고는
başkan	의장, 회장
başkanlık	의장직, 회장직
başkası	다른 사람
başkent	수도, 서울
başla-	(여격과 함께) 시작하다
bat-	가라앉다; (해가) 지다
batı	서(쪽); (대문자로 시작할 때) 서양
bayram	종교 축일, 명절, 국경일
bazı	얼마간의, 다소의
BDT	독립국가연합(= Bağımsız Devletler Topluluğu)
bebecik	작은 아기
bebek	아기
bekâr	혼인하지 않은, 미혼의; 독신의
bekle-	기다리다; 기대하다
beklen-	기다려지다; 기대되다
bembeyaz	희디흰, 새하얀
ben	나
ben	점, 반점
bence	나의 생각에 따르면, 나의 생각으로는, 내가 보기에는

bencil	이기적인
benek	(작은) 점, 반점
benim	나의
benze-	(여격과 함께) 닮다, 비슷하다, 유사하다
benzer	닮은, 비슷한, 유사한
benzeş-	서로 닮다
benzin	휘발유
benzinci	주유소
beraber	함께
berber	이발사
beri	이쪽으로; (탈격과 함께) ~이래, ~이후, ~부터 (시작하여)
beş	다섯, 5
beşer	다섯씩
beşinci	다섯째
bey	(남자 이름 뒤에 붙여서) 씨, 님
beyaz	하얀, 흰
beyaz şarap	백포도주
beyin	뇌, 골
beyit	이행연구(二行連句, couplet)
bırak-	버리다; 남기다
biber	후추, 고추
biçim	형태, 모양

biftek	비프스테이크
bil-	알다
bildik	알려진; 아는 사람, 지인
bildir-	알리다
bile	~조차; ~하더라도, ~할지라도
bilet	표
bilezik	팔찌
bilgi	지식
bilgiç	알고 있는, 지식이 있는; 현학적인
bilgisayar	컴퓨터
bilim	과학, 학문
bilim adamı	학자
bilimsel	과학적인, 학문적인
bilir kişi	전문가
bilmece	수수께끼
bin	천, 1,000
bin-	(탈것에) 타다
bin trilyon	1,000조
bina	건물
binbaşı	소령
biner	천씩
binil-	bin-의 수동형(인칭을 밝히지 않고 일반적인 표현을 할 때 사용함)
bininci	천 번째

binlerce	수천의 ~
bir	하나, 1
bir şey değil	천만에요!
bira	맥주
biraz	조금, 약간
birçok	많은, 꽤 많은
birden	한번에; 갑자기
birdenbire	갑자기, 별안간
birer	하나씩
birinci	첫째
birkaç	몇몇
birleş-	통일하다, 연합하다
birleşik	연합의
Birleşmiş Milletler	국제연합, 유엔
birlik	단일성; 연합; (군)부대
birlikte	함께
birtakım	얼마간의
bit-	끝나다
bitir-	끝내다, 마치다
bitkin	기진맥진한, 탈진한
biz	우리(대명사)
bizce	우리의 생각에 따르면, 우리의 생각으로는, 우리가 보기에는
bize göre	우리의 생각에 따르면, 우리의 생각으로는,

	우리가 보기에는
bizim	우리의
bk.	보시오!(= bakınız)
BM	국제연합, 유엔(= Birleşmiş Milletler)
Bnb.	소령(= binbaşı)
Bodrum	보드룸(도시 이름)
boğa	황소
boğaz	목구멍; 해협
Boğaziçi	보스포루스 해협
borç	빚, 부채
boş	빈, 비어 있는
Boşnak	보스니아인
boy	키
boya	물감
boya-	칠하다, 염색하다
boyat-	칠하게 하다, 염색시키다
boylu	키의; 키가 큰
boyu	~ 동안, ~내내; ~을 따라
boyun	목
boyunca	~ 동안, ~ 내내; ~을 따라
boyut	차원; 크기
boz	회색
boz-	부수다, 깨뜨리다; 환전하다
bozdur-	부수게 하다, 깨뜨리게 하다; 환전시키다

bozuk	부서진, 깨진
bozuk para	잔돈
bozul-	부서지다, 깨어지다
bozumturak	약간 회색인
böcek	벌레, 곤충
Böl.	학과, 과(= bölüm, Bölümü)
böl-	나누다
bölü	나누기, ÷
bölge	지역, 지방
bölüm	학과, 과
böyle	이러한, 이렇게
böylece	이리하여, 이렇게, 이렇게 해서
bu	이(것)
buçuk	반, 절반(앞에 숫자가 있을 때에)
bugün	오늘
bugünkü	오늘의
bugünlerde	요즈음, 요사이
buğday	밀
Bul.	대로(大路)(= bulvar, Bulvarı)
bul-	찾아내다, 발견하다
Bulgaristan	불가리아
bulmaca	퍼즐
buluş-	만나다
bulut	구름

bulutlu	구름이 낀, 흐린
bulvar	대로(大路)(도시에서 가로수가 있는 넓은 도로)
bunca	이만큼
bundan	이것으로부터, 이것에서
bura	여기, 이곳
buram buram	모락모락
burası	여기, 이곳(주어나 보어로 사용될 때에)
burun	코
buyur-	명령하다
buyurun	어서 오십시오; 들어오십시오; 앉으십시오; 드십시오
buzul	빙하
büro	사무실
bütün	전체의, 모든
büyücek	조금 큰, 큼직한
büyük	큰
Büyük Menderes	뷔이위크 멘데레스(강 이름; "큰 멘데레스")
büyükanne	할머니
büyükbaba	할아버지
büyükelçilik	대사관
büyüklük	크기
C	탄소(= karbon)

Ca	칼슘(= kalsiyum)
cadde	큰길, 주요 도로, 간선 도로
cam	유리
cami	모스크
can	영혼; 목숨
cennet	천국
cenk	싸움, 전쟁
cep	주머니
cep telefonu	휴대폰, 휴대전화기
cevap	대답
cevap ver-	대답하다
Ceyhan	제이한(강 이름)
cm	센티미터(= santimetre, santim)
cm²	제곱센티미터(= santimetre kare)
coğ.	지리학(= coğrafya)
coğrafya	지리학
Cum. Bşk.	대통령, 대통령직/대통령궁(= cumhurbaş-kanı, cumhurbaşkanlığı)
cuma	금요일
cuma günü	금요일
cumartesi	토요일
cumartesi günü	토요일
cumhurbaşkanı	대통령
cumhurbaşkanlığı	대통령직, 대통령궁

cumhuriyet	공화국
cüce	난쟁이
cümle	문장
cümle	전체, 모두
cümleten	다 함께
cüzdan	지갑; 증명서
çaba	노력
çabuk	빠르게
çağıl çağıl	졸졸
çak-	치다, 박다; (번개가) 치다
çakmak	라이터; 부시
çal-	치다, 연주하다; 훔치다
çaldır-	도둑맞다
çalış-	일하다
çalışkan	부지런한
çamur	진창, 진흙탕
Çanakkale Boğazı	다르다넬스 해협
çanta	가방
çarp-	(여격과 함께) 부딪치다
çarpı	곱하기, ×
çarpık çurpuk	아주 구부러진
çarşamba	수요일
çarşamba günü	수요일
çay	차(茶)

çek	수표
çek-	끌다, 당기다
çekin-	삼가다, 주저하다
çekingen	소심한, 수줍어하는, 부끄러워하는
Çerkez	체르케스인
çev.	번역한 사람(= çeviren)
çevir-	바꾸다; 돌리다; 번역하다
çeviren	번역자, 통역
çeviri	번역
çeviri yap-	번역하다
çevre	둘레, 주위, 주변
çeyrek	4분의 1
çık-	나가다, 나오다; 오르다
çıkar-	꺼내다, 나가게 하다, 나오게 하다; 올리다
çıkmaz sokak	막다른 골목
çıktı	출력물
çıplak	벗은
çırçıplak ~ çırılçıplak	홀딱 벗은, 벌거벗은
çırp-	(날개를) 파닥이다
çiçek	꽃
çift	쌍의, 짝의; 쌍, 짝
çiğ	날것의, 날
Çin	중국
Çince	중국어

Çingene	집시
Çinli	중국사람, 중국인
çocuk	아이, 어린이
çocuk mocuk	아이고 뭐고
çocukça	유치한; 유치하게
çocuksu	어린애 같은, 유치한
çok	많은; 아주, 매우, 무척
çok doğru	아주 맞습니다!, 아주 옳습니다!
çorap	양말
Çoruh	초루흐(강 이름)
çök-	가라앉다; 무너지다; (무릎) 꿇다
çökelek	침전물, 앙금
çöz-	풀다, 해결하다
çözüm	해결
Çukurova	추쿠로바(평원 이름)
çünkü	왜냐하면 ~ 때문이다
D	동(쪽)(= doğu)
da/de	~도
~ da/de ~ da/de	~도 ~도
dağ	산
daha	더, 더욱; 아직
dahi	~도
dahil	포함하여; 안, 속
dair	(여격과 함께) ~에 대하여/대한, ~에 관하여/

	관한
daire	원; (아파트의) 호
daire tut-	아파트를 세내다
dakika	분(分)
dakikalarca	몇 분 동안
daktilo	타자기
dal-	(물속에) 뛰어들다, 잠수하다
dalgıç	잠수부
damat	신랑; 사위
davet	초대, 초청
davet et-	초대하다, 초청하다
davran-	행동하다, 처신하다
dayı	외삼촌
de	~도
de-	말하다
dede	할아버지
defa	번, 회
defter	공책
değer	가치, 값
değil	~이 아니다
değin	(여격과 함께) ~까지
değiş-	바뀌다, 변하다
değiştir-	바꾸다, 변경하다
değnek	몽둥이

dek	(여격과 함께) ~까지
demeç	연설, 성명
demek	다시 말해서, 즉
demir	쇠, 철
demirci	대장장이
demiryolu	철도, 철로
den-	말해지다
dene-	실험하다
deney	실험
deniz	바다
denizaltı	잠수함
depozit ~ depozito	보증금
derece	도, 정도
dergi	잡지
derin	깊은
ders	수업, 강의
ders çalış-	공부하다
ders kitabı	교과서
dersane ~ dershane	교실; 학원
devam	계속, 지속
devam et-	계속하다, 지속하다
devamlı	계속적인, 지속적인
devlet	나라, 국가
Devlet İstatistik Enstitüsü	국가통계연구소(터키 통계청의 이름)

dış	밖
dış kapı	바깥문
dışarı	밖으로
Dicle	티그리스(강 이름)
DİE	국가통계연구소(= Devlet İstatistik Enstitüsü)
dikkat	주의, 조심
dikkat et-	주의하다, 조심하다
dikkatli	주의하는, 조심하는, 주의 깊은
dikkatlice	주의 깊게
dil	혀; 언어, 말
Dil ve Tarih-Coğrafya Fakültesi	언어 및 역사-지리 대학(앙카라 대학교 인문대학의 정식 명칭)
dile-	바라다, 요구하다
dilen-	구걸하다
dilenci	거지, 걸인
din	종교
din-	그치다, 멈추다
dindaş	같은 종교의 신자
dinle-	듣다, 경청하다
dinlen-	쉬다, 휴식하다
dinleyici	듣는 사람
diş	이, 치아
dişçi	치과의사
diyanet	독실함; 종교

Diyanet İşleri Başkanlığı	종무원(宗務院)
Diyarbakır	디야르바크르(도시 및 도 이름)
dk.	분(分)(= dakika)
Doç.	부교수(= doçent)
doçent	부교수
doğ-	태어나다, 출생하다; (해, 달이) 뜨다, 떠오르다
doğ.	출생일(= doğum tarihi)
doğa	자연; 기질, 성질
doğal	자연의, 천연의
doğru	맞는, 옳은; (여격과 함께) ~을 향하여; 진실; 맞습니다!, 옳습니다!
doğrudan	곧장, 똑바로, 직접
doğrudan doğruya	곧장, 똑바로, 즉시
doğrula-	확인하다
doğu	동(쪽)
Doğu Anadolu Bölgesi	동부 아나톨리아 지역
doğum	출생, 태어남
doğum günü	생일
doğum tarihi	출생일
doksan	아흔, 90
doksanar	아흔씩
doksanıncı	아흔째
doktor	의사; 박사

dokuz	아홉, 9
dokuzar	아홉씩
dokuzuncu	아홉째
dol-	(가득) 차다
dolambaç	(길의) 굴곡, 커브
dolan-	주위를 돌다
dolap	장롱, 찬장
dolar	달러
dolayı	(탈격과 함께) ~ 때문에
doldur-	채우다
dolma kalem	만년필
dolmuş	돌무시(승객을 하나씩 받아서 자리가 차면 떠나는 보트, 승용차, 미니버스 같은 소형 탈것)
dondur-	얼리다
dondurma	아이스크림
dost	친구
dön-	돌다, 돌아가다, 돌아오다, 회전하다
dönemeç	(길의) 굽이, 모퉁이
döner	되네르(케밥)
döner kebap	되네르 케밥(얇게 썬 양고기, 쇠고기, 닭고기 따위를 수직의 긴 꼬치에 꿰어서 구워 낸 요리)
dönme	회전; 귀환; 개종자

dönüş	귀환, 돌아옴
dörder	넷씩
dördüncü	넷째
dört	넷, 4
döviz	외환
döviz bürosu	환전소
Dr.	박사(= doktor)
DTCF	언어 및 역사-지리 대학(= Dil ve Tarih-Coğrafya Fakültesi; 앙카라 대학교 인문대학의 정식 명칭)
dudak	입술
Dumlupınar	둠루프나르(땅 이름; "차가운 샘")
dur-	서다, 멈추다
durağan	정지한, 고정된; 변함없는
durak	정류장, 정거장
durum	상황, 사정, 상태; 격(格)
duvar	벽
duy-	느끼다; 듣다
duygu	느낌, 감정
düğme	단추
düğün	결혼 피로연
dükkân	가게
dün	어제
dünkü	어제의

dünya	세계, 세상; (대문자로 시작할 때에) 지구
dürüst	정직한
düş	꿈
düş-	떨어지다
düş gör-	꿈꾸다
düşman	적(敵)
düşün-	생각하다
düşünür	사상가
düşür-	떨어뜨리다
Ebru	에브루(여자 이름)
eczacı	약사
eczane ~ eczahane	약국, 약방
ed.	문학(= edebiyat)
edebiyat	문학
edin-	얻다
efendim	다시 말해 주시겠습니까?
Ege Denizi	에게 해
Ege Bölgesi	에게 지방
egemen	주권의, 자주의
egemenlik	주권
eğer	만약, 만일, 가령
eğitim	교육, 훈육
ek	어미, 접미사
ek-	씨 뿌리다, 심다

ekenek	경작지
ekim	10월
ekim ayı	10월
ekmek	빵
eksi	빼기, -
eksik	부족한, 불충분한; 부족하게, 불충분하게
eksik olma	고마워!
eksik olmayın	고맙습니다!
el	손
el	남, 타인
Elazığ	엘랴즈으(도시 및 도 이름)
elbise	옷
eldiven	장갑
elektrik	전기
elektriksiz	전기 없는, 전기 없이
elinize sağlık	당신의 손에 건강이 (있기를)!(음식을 만든 사람에게 사용)
elli	쉰, 50
ellinci	쉰째
ellişer	쉰씩
elma	사과(沙果)
emir	명령
emlak	부동산
emlakçı	부동산 중개인

emlak komisyoncusu	부동산 중개인
emret-	명령하다
en	가장, 제일
endişe	걱정, 근심, 염려
enişte	고모부, 이모부, 매형, 매부, 형부
Ens.	연구소(= enstitü, Enstitüsü)
enstitü	연구소
Erciyes	에르지예스(산 이름)
Erdoğan	에르도안(남자 이름)
eri-	녹다
erkek	사내, 남자; 수컷; 남자의, 수컷의
erkek kardeş	형제
erkeksi	사내 같은, 남자 같은
erken	이른, 일찍
erkenden	(아주) 일찍
Ermeni	아르메니아인
erte	다음 날, 이튿날
ertelen-	연기되다
Erzurum	에르주룸(도시 및 도 이름)
es-	(바람이) 불다
eski	낡은, 오래된, 옛
eskiden	옛날에, 이전에, 예전에
esna	사이, 때, 시간
esnasında	~ 동안

eşit	같다, =
eşya	소지품, 짐
et-	하다
etek	치마, 옷자락
ev	집
ev tut-	집을 세내다
evet	예, 응
evlen-	혼인하다, 결혼하다
evli	혼인한, 기혼의
evvel	(탈격과 함께) ~보다 먼저, ~보다 전에
eyle-	하다
eylem	동사
eylül	9월
eylül ayı	9월
ezberle-	외다, 암기하다
f.	동사(= fiil)
fabrika	공장
faiz	이자
Fak.	대학(= fakülte, Fakültesi)
fakat	그러나, 그렇지만
faks	팩스
fakülte	(단과)대학
falan ~ filân	아무개, 무엇무엇
fare	쥐

fark	구별, 차이
farket-	구별되다, 차이나다
Fatma	파트마(여자 이름)
fayda	쓸모
faydalan-	(탈격과 함께) 이용하다
fazla	과도하게, 너무
Fe	철(= demir)
fena	나쁜
festival	축전
fındık	개암
fındıkkıran	개암 깨는 도구, 개암 까는 도구; (대문자로) 차이콥스키의 발레 음악 이름 ('호두까기인형'이 아니라 '개암까기인형')
Fırat	유프라테스(강 이름)
fırçala-	솔질하다
fırtına	폭풍우
fırtınalı	폭풍우가 치는
fiil	동사
fil	코끼리
film	영화
film izle-	영화 보다
fincan	잔, 찻잔, 커피 잔
fiyat	값, 가격; 요금
fizikçi	물리학자

fokur fokur	보글보글, 부글부글
Fransız	프랑스 사람
Fransızca	프랑스어
futbol	축구
futbol topu	축구공
futbolcu	축구 선수
g	그램(= gram)
G	남(쪽)(= güney)
GAP	동남 아나톨리아 프로젝트(= Güneydoğu Anadolu Projesi)
gar	큰 기차역
garson	웨이터
gâvur	불신자, 이단자
gaz	가스
gazete	신문
Gaziantep	가지안테프(도시 및 도 이름)
gazsız	가스 없는, 가스 없이
GB	서남(쪽)(= güneybatı)
GD	동남(쪽)(= güneydoğu)
gece	밤; 밤에
gece yarısı	한밤, 자정
geceki	밤의
geceleri	밤에; 밤마다
geceleyin	밤에

gecik-	늦다, 지각하다
geç	늦은, 늦게
geç-	지나다
geç kal-	늦다, 지각하다
geçen	지난
geçen ay	지난달
geçen yıl	지난해, 작년
geçerli	유효한
geçici	일시적인, 임시의
geçir-	보내다, 지나게 하다
geçmiş	지난; 과거
geçmiş olsun	나으시기 바랍니다
Gediz	게디즈(강 이름)
gel-	오다
gelecek	다음 ~; 미래, 장래
gelecek ay	다음 달
gelecek hafta	다음 주에
gelin	신부; 며느리
gelince	(여격과 함께) ~에 관해서는, ~은 어떤가 하면
gelir	수입, 소득
geliş-	발전하다, 성장하다
gelişim	발전, 성장, 발육
Gen.	장군, 장성(= general)

genç	젊은; 젊은이
gençlik	청춘; (집합적으로) 젊은이
general	장군, 장성
gerçek	실제, 사실
gerçekten	참으로
gerek	필요한
gerek ~ gerek(se) ~	~이든 ~이든(어찌하든 간에); ~도 ~도
geri	뒤로
getir-	가져오다
gez-	돌아다니다, 거닐다, 산책하다
gibi	~처럼, ~같이, ~ 같은
gider	경비, 지출
gider-	없애다, 제거하다
giderek	점차, 점점, 서서히
gidil-	git-의 수동형(인칭을 밝히지 않고 일반적인 표현을 할 때 사용함)
gidiş bileti	편도표(가는 표)
gidiş dönüş bileti	왕복표
gir-	들어가다, 들어오다
Giresun	기레순(도시 및 도 이름)
giriş	들어감, 입구
gişe	매표구, 매표소
git-	가다
gitar	기타

gitar çal-	기타 치다
gittikçe	점차, 점점, 갈수록
giy-	입다, 신다, 쓰다, 착용하다
giyecek	옷, 의복
giyin-	옷을 입다
gizle-	숨기다
gizlen-	숨다
gol	(축구의) 골
golcü	골을 잘 넣는 선수
göçebe	유목민
göğüs	가슴
gökyüzü	하늘
göl	호수
gömlek	셔츠
Gön.	보내는 사람, 발송인(= gönderen)
gönder-	보내다, 발송하다
gönderen	보내는 사람, 발송인
gör-	보다
göre	(여격과 함께) ~에 따르면, ~에 의하면, ~가 보기에는, ~한 바로는
görev	임무, 과업
görevli	직원
görücü	중매쟁이, 결혼하고 싶어 하는 남자를 위하여 신붓감을 보러 가는 여자

görümce	시누이
görüntü	모습, 모양, 영상
görüş-	만나다
görüşmek üzere	또 봅시다!
görüşürüz	또 봅시다!
göster-	보여주다; 상영하다
gösteril-	보여지다; 상영되다
göz	눈(目)
gözlük	안경
gözlüklü	안경 쓴, 안경 낀
gram	그램
grip	독감
güç	힘; 힘든, 어려운
güçlük	어려움
gül	장미
gül-	웃다
güle güle	잘 가!, 안녕히 가십시오!
gümüş	은
gün	날(日)
günaydın	안녕하십니까?(아침에 하는 인사)
günde	하루에
gündüz	낮
gündüzleri	낮에
güneş	해, 태양

Güneş tutulması	일식("해의 붙잡힘")
güneşli	화창한
güney	남(쪽)
güneybatı	서남(쪽)
güneydoğu	동남(쪽)
Güneydoğu Anadolu Bölgesi	동남 아나톨리아 지역
Güneydoğu Anadolu Projesi	동남 아나톨리아 프로젝트
günlerce	며칠 동안
Gürcü	조지아인, 그루지야인
gürültü	소음
güvenlik	안전, 안보
güvey	신랑; 사위
güz	가을
güzel	예쁜, 아름다운; 좋은; 잘
güzel mi güzel	아주 아름다운
güzelce	예쁘장한
güzellik	미모, 아름다움
güzün	가을에
ha ~ ha ~	~이든 ~이든 (어느 한쪽)
haber	소식
haber ver-	소식을 주다, 알리다
hafif	가벼운, 가볍게
hafta	주(週)
hafta sonları	주말에; 주말마다

hafta sonu	주말
haftalarca	몇 주 동안
hak	권리
hakkımda	나에 관하여/대하여
hakkımızda	우리에 관하여/대하여
hakkında	너에 관하여/대하여
hakkında	그(들)에 관하여/대하여
hakkınızda	너희/당신에 관하여/대하여
hal	상태, 상황
hala	고모
halbuki	~임에 반하여, ~이지만, 그렇지만
halsiz	힘이 없는
hamam	목욕탕
Hanefi	하나피 학파
hangi	어느
hanım	(여자 이름 뒤에 붙여서) 부인, 양
hani	어디에
hap	환약, 알약
harami	도적, 도둑
harca-	소비하다; 소모하다
hareket	행위, 행동
harf	글자
hariç	포함하지 않고, 제외하고; 밖
harita	지도(地圖)

harp	전쟁
Harran	하르란(평원 이름)
hasta	아픈; 환자
hastalan-	병나다, 병들다
hastalık	병, 질병
hastane ~ hastahane	병원
hat	선(線), 줄
Hatay	하타이(도 이름)
hava	날씨; 공기, 대기
hava sıcaklığı	기온
havaalanı	공항
havale	우편환
havalimanı	공항
havlu	수건
havlu mavlu	수건이고 뭐고
hayhay	그럼요, 물론이지요
hayır	아니요
hayır	선, 좋음
hayırlı	좋은
hayırlı olsun	축하합니다!
hayvan	동물
hazır	준비된
hazırla-	준비하다, 마련하다
hazırlık	준비

haziran	6월
haziran ayı	6월
hediye	선물
hem	~도
hem ~ hem (de) ~	~도 ~도
Hemşinli	헴신 사람
hep	모두; 늘, 언제나, 항상
hepimiz	우리 모두
hepiniz	너희/당신들 모두
hepsi	그(것)들 모두
her	~마다, 매(每) ~
her akşam	저녁마다, 매일 저녁
her ay	달마다, 매월
herif	녀석, 놈
herkes	각자, 누구나, 모두, 모든 사람
hesap	계산; 계좌
Hıristiyan	크리스트교도
hız	빠르기, 속도, 속력
hızlı	빠른, 빠르게
hızlıca	빠르게
hiç	전혀
hiç kimse	아무도 (~하지 않다)
Hilton Oteli	힐튼 호텔
Himalayalar	히말라야 산맥

hisar	성(城)
hisset-	느끼다
horoz	수탉
horul horul	드르렁드르렁, 드렁드렁
horulda-	코를 골다
hoş	즐거운, 기쁜
hoş geldiniz!	어서 오십시오, 잘 오셨습니다
hoşça	기분 좋게, 유쾌하게
hoşça kal!	잘 있어!
hoşça kalın!	안녕히 계십시오!
hoşlan-	(탈격과 함께) 좋아하다
Hst.	병원(= hastane, hastanesi)
hudut	국경, 경계
hücre	세포
hzl.	준비한/마련한 사람(= hazırlayan)
ılık	미지근한
ırmak	강
ıslak	젖은, 축축한
ısmarla-	주문하다; 맡기다
ışık	빛
ıvır zıvır	잡동사니
i-	~이다
iç	안, 속
iç-	마시다

İç Anadolu Bölgesi	중앙 아나톨리아 지역
iç kapı	안문, 안으로 통하는 문
içecek	음료
içer-	포함하다
içeri	안으로
için	~을 위하여, ~을 위한; ~때문에
içir-	마시게 하다
içki	술
iğne	바늘; 주사
iğne yap-	주사 놓다
iğne yaptır-	주사 맞다
ihracat	수출
iken	~할 때에, ~일 때에
iki	둘, 2
iki kişilik	2인용
ikinci	둘째
ikişer	둘씩
il	도(道)
ilâç	약
ilâç iç-	약 먹다
ilçe	군(郡)
ile	~와, ~으로; 및, 그리고
ileri	앞으로
ilet-	전하다

ilgili	관련된, 관계가 있는
ilginç	재미있는
ilk	첫, 처음
ilkbahar	봄
ilk kez	처음으로, 첫 번
imza	서명
imzala-	서명하다, 조인하다
imzalan-	서명되다, 조인되다
in-	내리다
inan-	믿다
inanç	믿음, 신념
incir	무화과
indir-	내리게 하다
indirim	할인
indirim yap-	할인하다, 값을 깎다
inek	암소
İng.	영어(= İngilizce)
İngiliz	잉글랜드 사람
İngilizce	영어
insan	사람
inzibat	규율
ipek	비단
iri	거대한
is.	명사(名詞)(= isim)

ise	~이면
ishal	설사
ishal ol-	설사하다
isim	이름; 명사
İskoçyalı	스코틀랜드 사람
İspanyol	에스파냐 사람, 스페인 사람
İspanyolca	에스파냐어, 스페인어
İstanbul	이스탄불 (도시 및 도 이름)
İstanbul Boğazı	보스포루스 해협 ("이스탄불 해협")
İstanbullu	이스탄불 사람
istasyon	역, 기차역
istatistik	통계
iste-	원하다, 바라다, 요구하다
istek	바람, 희망
ister istemez	싫든 좋든, 좋아하든 말든
ister ~ ister ~	~이든 ~이든(어찌하든 간에)
İsveç	스웨덴
İsveççe	스웨덴어
İsviçre	스위스
iş	일(事)
iş kadını	여성 실업가
işçi	일꾼, 노동자
işit-	듣다
iştah	식욕

işte	자!, 바로
itibaren	(탈격과 함께) ~부터 (시작하여), ~이래, ~이후
iv-	서두르다
ivecen	성급한, 조급한
iyi	좋은; 좋게, 잘
iyi akşamlar	안녕하십니까?(저녁에 하는 인사)
iyi geceler	안녕하십니까?(밤에 하는 인사)
iyi günler	안녕하십니까?(낮에 하는 인사)
iyi sabahlar	안녕하십니까?(아침에 하는 인사)
iyi tatiller	휴가 잘 보내십시오!
iyi yolculuklar	여행 잘 하십시오!
iyilik	좋음, 양호
iyimse-	낙관하다
izin	허락
izle-	따라가다, 추적하다; 보다
İzmir	이즈미르(도시 및 도 이름)
İzmit	이즈미트(도시 이름)
jambon	햄
Japon	일본 사람
Japonca	일본어
K	북(쪽)(= kuzey)
kabak	호박
kabız	변비; 변비에 걸린

kabuk	껍질
kabul	받아들임; 찬성
kabul et-	받아들이다; 찬성하다
kaç	몇
kaç-	달아나다, 도망치다
kaçıncı	몇 번째, 몇째
kadar	(여격과 함께) ~까지; (절대격과 함께) ~만큼
kadayıf	카다이프(후식의 일종)
kadın	여자
kâfir	이교도
kâğıt	종이
kâh ~ kâh ~	때로는 ~ 때로는 ~
kahraman	영웅, 영웅적인
Kahramanmaraş	카흐라만마라시 (도시 및 도 이름)
kahvaltı	아침 식사, 조반
kahvaltı dahil	아침 식사를 포함하여
kahvaltı et-	아침 식사하다
kahvaltı hariç	아침 식사를 포함하지 않고
kahvaltı yap-	아침 식사하다
kahve	커피
kal-	남다; 머무르다, 묵다
kalabalık	인구가 많은; 복잡한
kaldır-	들어 올리다

kalem	필기구
kalemsiz	필기구가 없는
kalıcı	영속적인, 지속적인
kalın	두꺼운
kalk-	일어나다, 일어서다; 떠나다
kalkın-	발전하다
kalkınma	발전
kalp	심장
kalsiyum	칼슘
kambiyo	환전
kamyon	트럭
kanat	날개
kanser	암
kapa-	닫다
kapalı	닫힌; 구름이 뒤덮인, 흐린
kapan-	닫히다
kapı	문
kapsam	범위
kapsül	캡슐
kar	눈(雪)
kar yağ-	눈이 오다, 눈이 내리다
kara	검은
kara biber	후추
Karadeniz	흑해

Karadeniz Bölgesi	흑해 지역
karar	결정, 결심
karar-	검은색이 되다, 캄캄해지다
karar ver-	결정하다, 결심하다
karbon	탄소
kardan adam	눈사람
kardeş	형제자매, 동기
kare	제곱
karı	아내; 여편네
karın	배(腹)
karınca	개미
karlı	눈이 (많이) 내리는
karpuz	수박
karşı	맞은편의; 맞은편; (여격과 함께) ~에 면하여, ~에 대하여
karşılaş-	마주치다
karşılaştır-	비교하다
karşın	(여격과 함께) ~에도 불구하고
kart	명함; 카드; 엽서
kartpostal	엽서, 우편엽서
kasa	현금 출납구
kasım	11월
kasım ayı	11월
kat	층

kat-	더하다, 추가하다
katıl-	참석하다, 참여하다, 참가하다
kâtip	서기
katma	부가, 추가
katma değer vergisi	부가가치세
katrilyon	100경
kavun	멜론
kay-	미끄러지다
kaybet-	잃다
kaygan	미끄러운
kaynaklan-	(탈격과 함께) 비롯되다
kaza	사고(事故)
kazak	스웨터
Kazak	카자흐 사람
Kazakça	카자흐어
kazan-	벌다, 획득하다, (싸움, 경기에서) 이기다
KB	서북(쪽)(= kuzeybatı)
KB	쿠타드구 빌릭(= Kutadgu Bilig; 11세기 후반에 저술된 초기 이슬람 튀르크 문헌 이름)
KD	동북(쪽)(= kuzeydoğu)
KDV	부가가치세(= katma değer vergisi)
kebap	케밥

kebapçı	케밥 장수, 케밥 가게
keçi	암염소; 염소
kedi	고양이
kel	대머리
kelebek	나비
kelime	낱말, 단어
Kemal	케말(남자 이름)
-ken	~할 때에, ~일 때에
kenar	옆, 가장자리
kendi	자신, 자아
kendi kendilerine	그들이 스스로, 그들이 자진해서
kendi kendime	내가 스스로, 내가 자진해서
kendi kendimize	우리가 스스로, 우리가 자진해서
kendi kendine	네가 스스로, 네가 자진해서
kendi kendine	그가 스스로, 그가 자진해서
kendi kendinize	너희가/당신이 스스로, 너희가/당신이 자진해서
kendi kendisine	그가 스스로, 그가 자진해서
kere	번, 회
kes-	자르다, 깎다
kestir-	자르게 하다, 깎게 하다
keşke/keşki	~이면 좋을 텐데, ~였다면 좋았을 텐데
kez	번, 회
kg	킬로그램(= kilogram)

Kıbrıs	키프로스
kır-	부수다, 깨다
Kırgız	크르그즈 사람, 키르기스 사람
kırk	마흔, 40
kırkar	마흔씩
kırkıncı	마흔째
kırmızı	붉은, 빨간
kırmızı biber	붉은 고추
kırmızı şarap	적포도주
kısa	짧은, 짧게
kısaca	짧게, 짤막하게
kısal-	짧아지다, 줄다
kısalt-	짧게 하다, 줄이다
kısrak	암말
kış	겨울
kışın	겨울에
kıyı	물가, 바닷가, 강가
kız	소녀, 아가씨, 처녀; 딸; 여자의
kız kardeş	자매, 누이
kızıl	붉은, 빨간
Kızılay	크즐라이(앙카라의 중심지 이름); 적신월사 (적십자사에 해당하는 터키의 단체)
Kızılırmak	크즐르르마크(강 이름; "붉은 강")
ki	~하는, ~인

kilit	자물쇠
kilitle-	잠그다
kilo	킬로그램
kilo al-	살찌다
kilo aldır-	살찌게 하다
kilo ver-	야위어지다
kilogram	킬로그램
kilometre	킬로미터
Kilyos	킬료스(이스탄불의 유럽 쪽에서 보스포루스 해협의 흑해 입구 가까이에 있는 마을 이름)
kim	누구
kimi	얼마간의, 다소의
kimlik	신분증
kimse	누군가; (부정어와 함께) 아무도
kimya	화학
kimyasal	화학의, 화학적인
kira	집세, 방세, 임차료
kiracı	임차인
kirala-	임차하다
kiralık	임대용, 빌려 줄
kiraya ver-	임대하다
kiraya veren	임대인
kişi	사람; 인칭

kişilik	개성; 인간성; ~인분, ~인용
kitap	책
kitap mitap	책이고 뭐고
KKTC	북 키프로스 튀르크 공화국(= Kuzey Kıbrıs Türk Cumhuriyeti)
klüp ~ kulüp	클럽
km	킬로미터(= kilometre)
koca	남편
koca	큰
koca-	늙다, 나이를 먹다
Kocaeli	코자엘리(도 이름)
kocaman	아주 큰
koç	숫양
kokla-	냄새 맡다
kol	팔
kol saati	손목시계
kolay	쉬운, 쉽게
kolay gelsin	수고하십시오!
koli	소포
koltuk	겨드랑이; 안락의자
kolye	목걸이
komisyon	(중개인의) 수수료
komisyoncu	중개인
konser	음악회, 연주회

kontör	가용시간
konu	주제
konuş-	말하다
Konya	콘야(도시, 도 및 평원 이름)
Kore	한국
Kore Büyükelçiliği	한국 대사관
Korece	한국어
Koreli	한국사람, 한국인
kork-	(탈격과 함께) 겁내다, 무서워하다, 두려워하다
korku	겁, 공포, 무서움, 두려움
korkunç	무서운, 두려운
koş-	달리다
koşu	경주
koy-	놓다, 두다; 넣다
koyun	암양; 양
koyun	품
Kozlu	코즐루(터키 동부 에르주룸(Erzurum) 도의 파자르욜루(Pazaryolu) 군에 딸린 마을 이름)
köfte	쾨프테(고기 완자의 일종)
kök	뿌리
köken	기원
kömür	숯, 석탄

kömürsüz	숯/석탄 없는, 숯/석탄 없이
köpek	개
köprü	다리, 교량
köpük	거품
kör	눈먼, 장님의
köşe	구석, 모퉁이
kötü	나쁜
köy	마을, 시골
köylü	시골 사람
kr	쿠루시(= kuruş; 1 리라의 100분의 1)
kral ~ kıral	왕
kravat	넥타이
kredi	신용
kredi kartı	신용카드
krş.	비교하시오!(= karşılaştırınız)
kuaför	미용사
kullan-	사용하다, 쓰다
kulübe	오두막, 간이 막사
kur	환율
kurban	희생
Kurban Bayramı	희생절
kurul	위원회
kurum	협회
kuruş	쿠루시(1 리라의 100분의 1)

kusur	결함, 결점
kusura bakma	미안해!
kusura bakmayın	미안합니다!, 죄송합니다!
kuş	새(鳥)
Kutadgu Bilig	쿠타드구 빌릭(11세기 후반에 저술된 초기 이슬람 튀르크 문헌 이름)
kutlu	행운의
kutu	상자
kuyumcu	보석상
kuzen	사촌형제
kuzey	북(쪽)
Kuzey Anadolu Dağları	북 아나톨리아 산맥
Kuzey Kıbrıs Türk Cumhuriyeti	북 키프로스 튀르크 공화국
kuzeybatı	서북(쪽)
kuzeydoğu	동북(쪽)
kuzin	사촌자매, 사촌누이
küçük	작은
Küçük Menderes	퀴취크 멘데레스(강 이름; "작은 멘데레스")
küçül-	작아지다, 줄다
küçümen	아주 작은
küp	정육면체; 정육면체의, 입방체의
küpe	귀고리
kürek	삽, 노

Kürt	쿠르드인
kütüphane	도서관
kütür kütür	오도독 오도독
kütürtü	오도독거리는 소리
l	리터(= litre)
lâhana	양배추
lâkin	그러나, 그렇지만
lale	튤립
Laz	라즈인
lâzım	필요한
lira	리라 (터키의 화폐 단위)
litre	리터
lokanta	(일반) 식당
Londra	런던
lütfen	제발
lüzum	필요
m	미터(= metre)
m²	제곱미터, 평방미터(= metre kare)
m³	세제곱미터, 입방미터(= metre küp)
Macaristan	헝가리
maç	경기, 시합
madde	물질; 조문, 조항
madem	~므로, ~여서, 그러니까
mademki	~므로, ~여서, 그러니까

mağaza	큰 가게
Mah.	지구(地區)(= mahalle, mahallesi)
mahalle	지구(地區)
makbuz	영수증
Malatya	말라트야(도시, 도 및 평원 이름)
Malazgirt	말라즈기르트(도시 이름)
maliye	재정, 재무
Maliye Bakanlığı	재무부
mamafih	그렇지만, 그럼에도 불구하고
manav	청과상; 청과가게
Manisa	마니사(도시 및 도 이름)
manzara	경치, 전망, 조망
Mardin	마르딘(도시 및 도 이름)
Marmara	마르마라(바다 이름)
Marmara Bölgesi	마르마라 지역
mart	3월
mart ayı	3월
masa	탁자, 책상
mavi	푸른색의, 하늘색의
mavileş-	파래지다, 파랗게 되다
mavimtırak	푸르스름한(bluish)
mayıs	5월
mayıs ayı	5월
Md.	책임자, 관리자, 장; ~장실(= müdür; müdür-

lük, müdürlüğü)

MEB	교육부(= Millî Eğitim Bakanlığı)
meblağ	금액, 액수
mecbur	강제된, 부득이한
mecburiyet	필요성, 필수성
meclis	의회
meğer	그러나, 그렇지만
meğerki	~하지 않는 한
meğerse	그러나, 그렇지만
Mehmet	메흐메트(남자 이름)
Mehmetçik	터키 군인
mektup	편지
memleket	나라, 국가; 고향
memnun	만족한, 즐거운
memnuniyet	기쁨, 즐거움
memnuniyetle	기꺼이
memur	공무원
mendil	손수건
merhaba	안녕하십니까?
Meriç	메리치(강 이름)
merkez	중심, 중앙, 센터
mersi	고맙습니다!
Mersin	메르신(도시 및 도 이름)
mesaj	메시지

mesela	이를테면, 예를 들면
meslek	직업
meslektaş	같은 직종에 종사하는 동료
meşgul	바쁜, 분주한; (전화가) 사용 중인, 쓰고 있는
metre	미터
metre kare	제곱미터, 평방미터
metre küp	세제곱미터, 입방미터
metro	지하철
mevki	위치, 장소
mevsim	계절
Mexico	멕시코 시
meydan	광장, 공간
meydana gel-	일어나다, 발생하다
meyve	과일
mezun	허락된; 졸업한
mezun ol-	졸업하다
mg	밀리그램(= miligram)
milat	예수가 태어난 날
Milattan önce	기원전
Milattan sonra	기원후
miligram	밀리그램
milimetre	밀리미터
millet	국민
millî	국민의

Millî Eğitim Bakanlığı	교육부
milliyet	국적
milyar	10억
milyon	100만
milyonlarca	수백만의 ~
misafir	손님
miyav miyav	야옹야옹
mm	밀리미터(= milimetre)
mobilya	가구(家具)
modern	현대의, 현대적인
Moğol	몽골 사람
Moğolca	몽골어
mor	보라색
morumsu	조금 보라색인
MÖ	기원전(= Milattan önce)
MS	기원후(= Milattan sonra)
muayene	진찰
Mudanya	무단야(마르마라 연안의 부르사(Bursa) 도에 딸린 군 이름)
muhteşem	장엄한, 웅장한
Murat	무라트(남자 이름)
Mustafa	무스타파(남자 이름)
mutlaka	꼭, 반드시
mutlu	행복한

mutlu mutlu	행복하게
mutsuz	불행한
müdür	책임자, 관리자, 장
müdürlük	~장실
müjde	희소식
mümkün	가능한, 할 수 있는, 있을 수 있는
müze	박물관
müzik	음악
müzisyen	음악가
nakit	현금, 현찰
nakit para	현금, 현찰
namaz	(이슬람교의) 예배
namaz kıl-	예배 보다
nasıl	어떠한, 어떻게
nasıl ki	마찬가지로, 사실 ~, 실제로 ~
nazaran	(여격과 함께) ~에 따르면; ~에 비해, ~과 비교하여
ne	무엇; 무슨
ne haber?	어떻게 지내니?
ne kadar?	얼마
ne ~ ne ~	~도 ~도 ~하지 않다, ~도 ~도 아니다
ne var ki	그러나, 그렇지만
ne var ne yok?	어떻게 지내니?
ne zaman	언제

neden	왜, 무엇 때문에; 이유, 까닭
nedeniyle	~ 때문에
nefret	싫어함, 혐오
nefret et-	(탈격과 함께) 싫어하다, 혐오하다
nere	어디
neredeyse	거의
neredeyse hiç	거의 ~하지 않다, 거의 ~ 아니다
nereli	어디 사람
neresi	어디(주어나 보어로 사용될 때에)
neşe	즐거움
neşeli	즐거운
neşeli neşeli	즐겁게
nezle	(코)감기
niçin	왜?
nine	할머니
nisan	4월
nisan ayı	4월
nispeten	(여격과 함께) ~에 비해, ~과 비교하여
nitekim	마찬가지로, 사실 ~, 실제로 ~
niye	왜, 어째서
nokta	점, 포인트
normal	보통의, 평범한, 일반의
not	메모
not et-	메모하다

numara	번호
nüfus cüzdanı	주민등록증, 신분증
o	그(것)
ocak	1월
ocak ayı	1월
oda	방
ODTÜ	중동공과대학교(= Orta Doğu Teknik Üniversitesi)
oğlan	사내아이, 소년
oğul	아들
oku-	읽다; 공부하다
okul	학교
okulca	온 학교가
okuldaş	학우, 학교 친구, 동기생
okun-	읽히다, 읽어지다
okut-	읽히다, 읽게 하다; 공부시키다
okutman	대학 강사
okuyucu	독자, 구독자
okyanus	대양, 큰 바다
ol-	~ 되다
olarak	~로, ~로서
olası	있을 법한, 가능한, 있음직한
olay	사건
oldu	됐습니다!, O.K.!, 좋습니다!

oldukça	꽤, 다소, 상당히
olmaz	아니요!, 안 됩니다!
omuz	어깨
on	열, 10
on bin	1만, 10,000
on bin trilyon	1경
on binlerce	수만의 ~
on birer	열하나씩
on birinci	열한째
on katrilyon	1,000경
on milyon	1,000만
on milyar	100억
on trilyon	10조
ona	그에게
ona göre	그의 생각에 따르면, 그의 생각으로는, 그가 보기에는
onar	열씩
onbaşı	상병
onca	그의 생각에 따르면, 그의 생각으로는, 그가 보기에는; 그토록, 그만큼, 그 정도
onlar	그들, 그것들
onlara göre	그들의 생각에 따르면, 그들의 생각으로는, 그들이 보기에는
onlarca	수십의 ~

onu	그를, 그것을
onuncu	열째
ora	거기, 그곳
oran	비율
orası	거기, 그곳(주어나 보어로 사용될 때에)
ordu	군대, 군
Ordu	오르두(도시 및 도 이름)
orman	숲
orta	가운데
Orta Doğu	중동
Orta Doğu Teknik Üniversitesi	중동공과 대학교
oruç	금식
Osmanlı Devleti	오스만 국가
otel	호텔
otelci	호텔 경영자, 호텔 지배인; 호텔 직원
otobüs	버스
otobüs durağı	버스 정류장
otur-	앉다; 살다, 거주하다
oturt-	앉히다
otuz	서른, 30
otuzar	서른씩
otuzuncu	서른째
oy	의견, 견해; 표, 투표
oy ver-	투표하다

oyna-	놀다
oysa	~임에 반하여, ~이지만, 그렇지만
oys**aki**	~임에 반하여, ~이지만, 그렇지만
oyun	놀이, 게임
oyuncak	장난감
öde-	갚다, 지불하다
ödev	숙제
öğle	정오, 한낮
öğlenleri	정오에; 정오마다
öğren-	배우다
öğrenci	학생
öğret-	가르치다
öğretim	가르침, 교육
öğretmen	선생님
öksür-	기침하다
öksürük	기침
öksürük hapı	기침약
öksürük şurubu	기침 시럽
öküz	(불깐) 황소
öl-	죽다
öl.	사망일(= ölüm tarihi)
öldür-	죽이다
öldürücü	치명적인
ölü	죽은; 주검, 시체

ölüm	죽음, 사망
ölüm tarihi	죽은 날, 사망일
ölümcül	치명적인
ömür	평생, 생애
ön	앞
ön kapı	앞문
önce	먼저; (탈격과 함께) ~보다 먼저
önem	중요, 중요성
önemli	중요한
önemse-	중요하게 여기다
önemsiz	중요하지 않은
öp-	입 맞추다
öpücük	입맞춤
ördek	오리
örümcek	거미
ötürü	(탈격과 함께) ~때문에
öyle	그러한, 그렇게
öz	본질, 정수
özel	특별한; 사립의
özgeçmiş	이력서, 경력, 이력
özgürlük	자유
özür	사과, 용서
özür dilerim	미안합니다!, 죄송합니다!(혼자서 말할 때)
özür dileriz	미안합니다!, 죄송합니다!(둘 이상이 말할 때)

paha	값, 가격, 가치
pahalı	비싼, 고가의
paket	소포
palto	외투
paltolu	외투가 있는
paltosuz	외투가 없는
pamuk	목화, 솜
Pamuk Prenses	백설 공주
pansiyon	펜션
pantolon	바지
para	돈
para bozdur-	환전하다
para değiştir-	환전하다
paranın üstü	거스름돈
pardon	미안합니다! 죄송합니다!
parfüm	향수
parıl parıl	반짝반짝, 번쩍번쩍
parılda-	반짝이다, 반짝거리다
parıltı	반짝임
parmak	손가락; 발가락
parti	정당(政堂); 파티
paşa	장군
patlat-	터뜨리다
pay	몫

pazar	일요일; 시장
pazar günleri	일요일에; 일요일마다
pazar günü	일요일
pazartesi	월요일
pazartesi günü	월요일
peçete	냅킨
pek	아주, 매우, 무척
peki	O.K.!, 좋습니다!; 아주 좋습니다!
pencere	창문
perde	커튼, 장막
perma	파마
perşembe	목요일
perşembe günü	목요일
peşin	선금으로
pırıl pırıl	반짝반짝, 번쩍번쩍
pijama	잠옷
piknik	소풍
pilav	필래프
piş-	익다
pişeğen	빨리 익는, 빨리 요리되는, 쉽게 익는
polis	경찰
polisçe	경찰에 의해
politika	정치; 정책
Polonyalı	폴란드 사람

Pomak	포마크인(불가리아인 이슬람 교도)
portakal	오렌지
posta	우편
posta kartı	엽서, 우편엽서
posta kodu	우편번호
posta kutusu	우편함
postacı	집배원
postane ~ postahane	우체국
prenses	공주
Prof.	교수(= profesör)
profesör	교수
proje	계획, 프로젝트
PTT	Posta Telefon Telgraf(우편 전화 전신)의 머리글자를 딴 약어로 터키의 모든 우체국은 PTT라는 간판이 걸려 있다.
pul	우표
radyo	라디오
rağmen	(여격과 함께) ~에도 불구하고
rahat	편안; 편안한, 편하게
rahmet	자비
rakı	라크(술의 일종)
rakım	(해발)고도
Ramazan	라마단
Ramazan Bayramı	라마단절

randevu	랑데부, 만날 약속
reçete	처방전
renk	색, 빛, 색깔, 빛깔
resim	그림, 사진
restoran	레스토랑
rezervasyon	예약
rezervasyon yaptır-	예약하다
Rize	리제(도시 및 도 이름)
Rus	러시아 사람
Rusya	러시아
rutubet	습기
rüzgâr	바람
rüzgâr es-	바람이 불다
rüzgârlı	바람이 부는
s.	페이지, 쪽(= sayfa)
saat	시간; 시각; 시계
saatlerce	몇 시간 동안
sabah	아침
sabaha karşı	어슴새벽에
sabahki	아침의
sabahları	아침에; 아침마다
sabahleyin	아침에
sabun	비누
saç	머리(털), 머리카락

sadece	오직, 다만, 단지
sağ	건강한; 오른쪽의, 오른; 살아 있는
sağ ol!	고마워!
sağ olun!	고맙습니다!
sağlık	건강
sahil	바닷가, 해안, 해변
sahip	주인
sair	나머지, 기타, 다른
sakal	수염
sakal tıraşı	면도
sakallı	수염이 있는
sakalsız	수염이 없는
Sakarya	사카르야(도 및 강 이름)
saklambaç	숨바꼭질
saklan-	숨다
salata	샐러드
salı	화요일
salı günkü	화요일의
salı günü	화요일
Samsun	삼순(도시 및 도 이름)
san-	생각하다, 여기다
sana	너에게
sana göre	너의 생각에 따르면, 너의 생각으로는, 네가 보기에는

saniye	초(秒)
saniyelerce	몇 초 동안
santim	센티미터
santimetre	센티미터
santimetre kare	제곱센티미터
sarı	노란
sarımsı	노르스름한
sarımtırak	노르스름한
sat-	팔다, 판매하다
satıcı	판매인, 파는 사람
satın al-	사다, 구입하다
savaş	전쟁, 싸움
savaş mavaş	전쟁이고 뭐고
savun-	방어하다
saye	그림자, 그늘; 보호, 원조
sayemde	내 덕분에
sayemizde	우리 덕분에
sayende	네 덕분에
sayenizde	너희/당신 덕분에
sayesinde	그(들) 덕분에
sayfa	페이지, 쪽
sayı	수, 숫자
sayın	존경하는, 친애하는
sebze	채소

seç-	선택하다, 고르다
sefer	번, 회
sekiz	여덟, 8
sekizer	여덟씩
sekizinci	여덟째
sekreter	비서
seksen	여든, 80
seksener	여든씩
sekseninci	여든째
selâm	인사; 안녕!
selâmünaleyküm	안녕하십니까?("평온이 당신에게 있기를!")
sen	너
sence	너의 생각에 따르면, 너의 생각으로는, 네가 보기에는
sene	해, 년(年)
sepet	바구니
serbest	자유로운
serbest bırak-	자유롭게 두다, 석방하다
serçe	참새
serin	시원한, 서늘한, 쌀쌀한
sert	단단한
servis	서비스
ses	소리
sesli	소리가 있는, 소리의; 모음

sesli sesli	소리 내어
sessiz	소리가 없는, 조용한; 자음
sessizce	조용히
Seul	서울
sev-	사랑하다, 좋아하다
sevecen	자애로운, 다정한, 정다운
sevgi	사랑
seviye	수준, 정도
seyahat	여행
seyahat çeki	여행자 수표
Seyhan	세이한(강 이름)
seyrek	드문, 드물게
seyret-	보다
sf.	형용사(= sıfat)
sıcak	따뜻한, 더운, 뜨거운
sıcaklık	더위; 온도
sıfat	형용사
sıfır	영, 0
sığ	얕은
sık	잦은, 자주
sık sık	자주
sıkı fıkı	친밀한
sına-	시험하다
sınav	시험

sınıf	교실, 학급; 계급, 등급
sınıfça	온 학급이
sigara	담배, 궐련
sigara iç-	담배 피우다
Siirt	시이르트(도시 및 도 이름)
sil-	지우다
silah	무기
silahsız	무기 없는
silgi	지우개
silin-	지워지다
simsiyah	검디검은, 새까만
sinema	영화관
sis	안개
sisli	안개 낀
sivri	뾰족한
sivril-	뾰족해지다
siyah	검은
siz	너희, 당신
sizce	너희/당신의 생각에 따르면, 너희/당신의 생각으로는, 너희가/당신이 보기에는
size göre	너희/당신의 생각에 따르면, 너희/당신의 생각으로는, 너희가/당신이 보기에는
Sn.	존경하는, 친애하는(= sayın)
sofra	식탁

soğan	양파
soğu-	식다, 냉각되다
soğuk	추운, 차가운, 찬
Sok.	'~로(路)(= sokak, Sokağı)
sokak	(작고 좁은) 길, 거리
sol	왼쪽의, 왼
sol-	시들다
solgun	시든
son	마지막, 끝
son uyarı	최후통첩
sonbahar	가을
sonra	뒤에, 후에
sonraki	나중의
sonsuz	끝없는, 영원한
sonuncu	마지막
sor-	묻다, 질문하다
sorgu	심문
sorun	문제
soy-	벗기다
soyut	추상적인
söyle-	말하다
söz	말, 낱말; 연설; 약속
söz et-	(탈격과 함께) ~에 대하여 말하다
sözleş-	합의하다, 계약하다

sözleşme	합의, 계약
sözlük	사전
spor	스포츠
su	물
su seviyesi	(해)수면
Sultanahmet	술탄아흐메트(모스크 이름)
sulu	물이 있는, 물이 많은
sulu boya	수채화물감
Suriye	시리아
susa-	목이 마르다, 갈증이 나다
Süleyman	쉴레이만(남자 이름)
Sünni	수니파
süper	고급의, 뛰어난
sür-	몰다; (시간을) 요하다, 걸리다; 계속되다
süre	기간
süreç	과정
süresince	~ 동안, ~ 내내
sürücü	운전자, 운전수
Süryani	시리아인(크리스트교를 믿는 소수 민족)
süt	젖
sütlaç	쉬틀라치(후식의 일종)
Ş	회사(= şirket)
şahıs	사람; 인칭
şakır şakır	주룩주룩; 줄줄, 유창하게

şanlı	영광스러운
Şanlıurfa	샨르우르파(도시 및 도 이름; "영광스러운 우르파")
şapka	모자
şarap	포도주
şarkı	노래
şarkı söyle-	노래 부르다
şarkıcı	가수
şaşıl-	놀라게 되다
şaşılası	놀라운
şayet	만약, 만일, 가령
Şb.	지점, 지국(= şube)
şeftali	복숭아
şehir	도시
şeker	설탕, 사탕
Şeker Bayramı	라마단절("사탕절")
şekerli	설탕을 넣은, 설탕을 탄
şemsiye	우산, 양산
şey	것; 저(말을 더듬을 때 하는 말)
şeytan	악마, 사탄
Şırnak	시르나크(도시 및 도 이름)
şikâyet	불평, 불만
şimdi	지금
şimdilik	지금으로서는

şimşek	번개
şimşek çak-	번개가 치다
şirin	달콤한, 상냥한, 매력적인
şirin mi şirin	아주 달콤한, 아주 상냥한, 아주 매력적인
şirket	회사
şiş	쇠꼬챙이
şiş kebabı	시시 케바브(꼬치구이)
şişman	뚱뚱한
şoför	운전자, 운전수
şöyle	저러한, 저렇게
şu	저(것)(상황에 따라서는 '이(것)'을 뜻함)
şu an	지금
şubat	2월
şubat ayı	2월
şube	지점, 지국
şunca	저만큼
şura	저기, 저곳
şurası	저기, 저곳(주어나 보어로 사용될 때에)
şurup	시럽
T.	터키어(= Türkçe)
taahhütlü	등기의
tabii	물론이지요!
tahta	판자; 흑판
taksi	택시

tam	완전한; 정확한; 꼭, 정확히
tamam	O.K.!, 좋습니다!
tamir	수리, 수선
tamir et-	수리하다, 수선하다
tamir ettir-	수리하게 하다, 수선하게 하다
tane	개(個); 낱알
tanı-	알다
tanıdık	아는 사람, 지인
tanış-	서로 알다
tanıştır-	서로 알게 하다, 소개하다
tanrı	신(神)
tanrılaş-	신격화되다
tansiyon	혈압
taraf	쪽, 방향
tarafımdan	나에 의해
tarafımızdan	우리에 의해
tarafından	너에 의해
tarafından	그에 의해; 그들에 의해
tarafınızdan	너희/당신에 의해
tarih	날짜; 역사
taş	돌
taşı-	나르다, 운반하다
taşın-	이사하다
taşıt	탈것, 차량

tatil	휴가
tatil yap-	휴가를 얻다
tatlı	단, 달콤한; 후식, 디저트
tatlı mı tatlı	아주 달콤한
tavsiye	추천, 권고
tavsiye et-	추천하다, 권고하다
tavuk	암탉; 닭
taze	신선한
TBMM	터키 대국민 의회(터키 의회의 정식 명칭) (= Türkiye Büyük Millet Meclisi)
T.C.	터키 공화국(= Türkiye Cumhuriyeti)
TCDD	터키 공화국 국영 철도(= Türkiye Cumhuriyeti Devlet Demiryolları)
TD	튀르크 딜리(= Türk Dili '튀르크어; 터키어'; TDK의 정기간행물 이름)
TDK	터키 언어 협회(= Türk Dil Kurumu)
tedavi	치료
tedavi et-	치료하다
tedavi gör-	치료받다
tek	단 하나의, 유일한
teke	숫염소
teknik	기술
telefon	전화
telefon et-	전화하다

telefon kartı	전화카드
telefon kulübesi	(공중)전화박스
televizyon	텔레비전
telgraf	전보
tembel	게으른
temiz	깨끗한
temmuz	7월
temmuz ayı	7월
ter	땀
tercih	선호, 더 좋아함
tercih et-	선호하다, 더 좋아하다
terle-	땀 흘리다
terlik	슬리퍼
terminal	터미널
terzi	재단사
tesir	영향
teşekkür	고마움, 감사
teşekkür ederim	고맙습니다! (혼자서 말할 때)
teşekkür ederiz	고맙습니다! (둘 이상이 말할 때)
teşekkür et-	고마워하다, 감사하다
teşekkürler	고마워!, 고맙습니다!
teşhis	진단
teşhis koy-	진단하다
teyze	이모; 아줌마

THY	터키 항공(= Türk Hava Yolları)
tıka-	틀어막다, 막다
tıkaç	마개
tıraş ~ traş	이발, 면도
tıraş ol-	이발하다, 면도하다
tırman-	기어오르다
tir tir	덜덜, 벌벌
tiril tiril	덜덜, 벌벌
tiyatro	극장
TL	터키 리라(= Türk lirası)
top	공; 포
topaç	팽이
topla-	모으다
toplam	모두, 총액
toplan-	모이다
toplantı	모임
topluluk	공동체, 집단
toprak	흙, 땅
torba	봉지
Toros Dağları	토로스 산맥
torun	손자, 손녀
TÖMER	퇴메르(앙카라 대학교 부설 언어교육원의 이름; Türkçe Öğretim Merkezi '터키어 교육 센터'의 약어)

Trabzon	트라브존(도시 및 도 이름)
trafik	교통
tramvay	(시가)전차
tren	기차, 열차
trilyon	1조
TRT	터키 라디오 텔레비전 공사(= Türkiye Radyo Televizyon Kurumu; 터키 공영 방송의 이름)
TTK	터키 역사 협회(= Türk Tarih Kurumu)
Tunus	튀니지
Tunuslu	튀니지 사람
turist	관광객
turna	두루미, 학
turna balığı	강꼬치고기
tut-	잡다, 붙잡다; (비용이) 들다
tutamaç	손잡이
tutamak	손잡이
tutanak	회의록, 의사록
tutul-	잡히다, 붙잡히다; (해, 달이) 가려지다
tuz	소금
tüken-	다 쓰다, 소진되다
tükenmez kalem	볼펜
tüket-	소비하다
tüketici	소비자

tüm	모든, 전체의
Türk	터키 사람; 튀르크인
Türk Dil Kurumu	터키 언어 협회
Türk Dili	튀르크 딜리('튀르크어; 터키어'; TDK의 정기간행물 이름)
Türk Hava Yolları	터키 항공
Türk lirası	터키 리라
Türk Tarih Kurumu	터키 역사 협회
Türkçe	터키어; 튀르크어
Türkistan	튀르키스탄
Türkiye	터키
Türkiye Büyük Millet Meclisi	터키 대국민 의회(터키 의회의 정식 명칭)
Türkiye Cumhuriyeti	터키 공화국
Türkiye Cumhuriyeti Devlet Demiryolları	터키 공화국 국영 철도
Türkiye Radyo Televizyon Kurumu	터키 라디오 텔레비전 공사(터키 공영 방송의 이름)
Türkleş-	튀르크화하다
tüt-	연기를 내다
tütün	담배, 연초
tüy	깃털, 털
ucuz	싼, 저렴한
uç-	날다, 비행하다
uçak	비행기

uçakla	항공편으로
uçucu	나는, 비상하는; 휘발성의; 조종사
uçuş-	함께 날아다니다
uğruna	~ 때문에, ~을 위하여
uğrunda	~ 때문에, ~을 위하여
uğur	목표, 목적
ulaş-	이르다, 도달하다
ulusal	국민의
upuzun	길디긴, 아주 긴
utan-	부끄러워하다, 수줍어하다
utangaç	부끄럼을 타는, 수줍은
uy-	(여격과 함께) 따르다, 알맞다, 어울리다
uyan-	깨어나다
uyandır-	깨우다
uyar-	경고하다; 자극하다, 흥분시키다
uyaran	경고자; 흥분제
uyarı	경고
uydu	위성; 위성국
uygarlık	문명
uygula-	적용하다
uygulama	적용
uygun	알맞은, 적합한
uyku	잠
uyruk	시민

uyu-	자다
uzak	먼
uzaklık	거리(距離)
uzat-	연장하다, 늘이다; 뻗다
uzun	긴, 기다란
uzun mu uzun	아주 긴
uzun uzun	아주 길게, 오랫동안
uzunca	꽤 긴
Ü	대학교(= üniversite, Üniversitesi)
ücret	요금
üç	셋, 3
üçer	셋씩
üçüncü	셋째
üçüncü kat	3층(한국식으로는 4층)
ülke	나라, 국가
üniversite	대학교
Ürdün	요르단
Ürdünlü	요르단 사람
ürkütücü	무서운, 두려운
Üsküdar	위스퀴다르(이스탄불의 지역 이름)
üst	위, 위쪽; 나머지
üst kat	위층
üstü kalsın	나머지는 가지십시오!
ütü	다리미

üzengi	등자
*üzer	위, 위쪽
üzere	~하기 위하여, ~하려고; 막 ~하려 하는 (-mak/-mek과 함께 사용됨)
üzüm	포도
vadi	골짜기, 계곡
vakit	시간, 때
Van	반(도시, 도 및 호수 이름)
var	있는
var-	이르다, 도달하다, 도착하다
vatan	조국, 모국
vb.	~ 등, 등등(= ve başkası, ve başkaları, ve benzeri, ve benzerleri, ve bunun gibi)
ve	~와, 및, 그리고
veda	고별, 작별
vefat	죽음, 사망
vefat et-	죽다, 사망하다
ver-	주다
vergi	세금, 세
veril-	주어지다
veya	또는, 혹은
veyahut	또는, 혹은
vezne	출납 창구
vilayet	도(道)

vitamin	비타민
vize	비자, 사증
vs.	~ 등, 등등(= ve saire)
vur-	때리다, 치다
ya da	또는, 혹은
ya ~ ya (da) ~	~이든 ~이든(어느 한쪽)
yabancı	낯선, 외국의; 외국인
yağ	기름
yağ-	눈/비가 오다/내리다
yağmur	비(雨)
yağmur yağ-	비가 오다, 비가 내리다
yağmurlu	비가 (많이) 내리는
Yahudi	유대인
yahut	또는, 혹은
yak-	태우다
yakacak	땔감, 연료
yala-	핥다
yalak	구유
yalan	거짓말
yalan söyle-	거짓말하다
yalnız	외로운
yalnız	다만, 단지; 그러나, 그렇지만
yan	옆, 곁; 방향
yan-	(불이) 타다

yan kapı	옆문
yangın	화재, 불
yanıl-	잘못하다
yani	즉, 다시 말하면
yanlış	잘못, 잘못된
yap-	하다, 만들다
yapı	건물; 건설
yaptır-	만들게 하다
yara	상처, 다친 곳
yaralı	부상자
yardım	도움, 원조
yardım et-	돕다
yardımcı	보조의; 돕는 사람, 원조자
yardımcı doçent	조교수
yarı	반, 절반
yarı gece	한밤, 자정
yarım	반, 절반
yarımşar	반씩
yarın	내일
yarınki	내일의
yarpuz	박하의 일종
yastık	베개
yaş	나이, ~살
yaşa-	살다

yaşlı	늙은
yat-	눕다
yatak	침대
yatak odası	침실
yataklı	침대가 있는
yatalak	마비되거나 불구가 되어 침대에서 일어 나지 못하는 (사람)
yatay	수평의
yatık	(한편으로) 기우는
yatır-	눕히다
yatırım	눕히기; 예금, 투자
yatırımcı	예금자, 투자자
yatkın	(한편으로) 기운; (너무 오래 누워 있어서) 신선하지 않은, (품질이) 나빠진, 상한'
yavaş	느린, 느리게, 천천히
yavaş koşu	조깅("느린 달리기")
yavaş yavaş	천천히, 느릿느릿
yavaşça	조금 천천히
yayıl-	퍼지다
yayınevi	출판사
yaz	여름
yaz-	쓰다, 적다
yazar	작가, 저자
yazın	여름에

ye-	먹다
yedi	일곱, 7
yedinci	일곱째
yedir-	먹이다
yedişer	일곱씩
yeğen	조카
yemek	식사; 음식
yen-	먹히다
yenge	큰/작은어머니, 외숙모, 형수, 제수, 올케
yeni	새로운, 새
yepyeni	아주 새로운
yer	땅; 장소; 자리
yer ayırt-	자리를 예약하다
yerime	나 대신에
yerimize	우리 대신에
yerine	너 대신에
yerine	그(들) 대신에
yerinize	너희/당신 때문에
yerleş-	자리 잡다, 정착하다
yerleşke	캠퍼스
yeşil	녹색의
yeşil biber	푸른 고추, 푸른 피망
Yeşilırmak	예실르르마크(강 이름; "녹색 강")
yeşilimtırak	녹색을 띤(greenish)

yet-	족하다, 충분하다; 이르다, 도달하다
yeter	충분합니다, 됐습니다
yetmiş	일흔, 70
yetmişer	일흔씩
yetmişinci	일흔째
yığ-	쌓다
yığın	더미, 무더기
yıka-	씻다, 빨다, 감다
yıkan-	씻기다, 감기다; 몸을 씻다
yıl	해(年)
yılan	뱀
yılbaşı	설날, 새해
yıldız	별
yıllarca	몇 년 동안
yırt-	찢다, 째다
yırtmaç	(드레스·스커트 등의) 길게 째진 데
yine	또, 또다시
yirmi	스물, 20
yirminci	스무째
yirmişer	스물씩
yiyecek	식량, 음식
yo[joː]	아니요
yoğurt	요구르트
yok	없는; 아니요

yoksa	아니면, 그렇지 않으면
yol	길; 목적, 목표
yolcu	여객, 승객, 나그네, 여행자
yolcu et-	배웅하다
yolculuk	여행
yoluna	~ 때문에, ~을 위하여
yolunda	~ 때문에, ~을 위하여
yon-	(도구를 써서 조금씩) 쪼다, 깎다, 다듬다'42)
yonga	(돌·나무 등의 깎아낸) 조각, 대팻밥
yorgan	누비이불
yorgun	지친, 피곤한
yorgunluk	피로
YÖK	고등교육위원회(= Yükseköğretim Kurulu)
Yörük	터키의 유목민
Yrd. Doç.	조교수(= yardımcı doçent)
yukarı	위로, 위쪽으로
yumurta	알, 달걀
yumuşak	부드러운
Yunanistan	그리스
yurt	모국, 조국; 기숙사
yurtdışı	국외의

---

42) 방언에서 사용되는 형태이고 표준어에서는 yont-이다.

yurtiçi	국내의
yuvarlak	둥근
yüksek	높은, (소리가) 큰
Yükseköğretim Kurulu	고등교육위원회
yüksel-	높아지다, 오르다, 상승하다
yürü-	걷다, 보행하다
yürüyüş	걷기
yüz	백, 100
yüz	얼굴; 이유
yüz-	헤엄치다, 수영하다
yüz bin	10만, 100,000
yüz bin trilyon	10경
yüz binlerce	수십만의 ~
yüz katrilyon	1해
yüz milyar	1,000억
yüz milyon	1억
yüz trilyon	100조
yüzbaşı	대위, 중대장
yüzde	100분율, 퍼센트, %
yüzer	백씩
yüzey	표면
yüzeyle	육상/해상편으로
yüzgeç	지느러미
yüzlerce	수백의 ~

yüzük	반지
yüzümden	나 때문에
yüzümüzden	우리 때문에
yüzüncü	백 번째
yüzünden	너 때문에
yüzünden	그(들) 때문에
yüzünüzden	너희/당신 때문에
yüzyıl	100년, 세기
Yzb.	대위, 중대장(= yüzbaşı)
zafer	승리, 승전
zaman	때, 시간, 시기
zaman kapsülü	타임캡슐
zarf	봉투
zarfında	~ 동안, ~ 안에
zaten	어쨌든
zayıf	야윈, 마른
zayıfça	조금 야윈, 약간 마른
zayıfla-	야위어지다
zayıflat-	야위게 하다
Zaza	자자인(쿠르드인으로 분류되는 종족)
zemin	땅바닥, 지면
zemin katı	1층
zengin	부유한
Zeynep	제이넵(여자 이름)

zeytin	올리브
zil	초인종, 벨
zira	왜냐하면 ~ 때문이다
ziyaret	방문
ziyaret et-	방문하다
Zonguldak	종굴다크(도시 및 도 이름)
zor	어려운
zorunda	(-mak/-mek과 함께) ~해야 한다

인칭대명사

ben	나	sen	너	o	그
biz	우리	siz	너희/당신	onlar	그들

친족용어

ana/anne	어머니	baba	아버지
nine	할머니	dede	할아버지
büyük anne	할머니	büyük baba	할아버지
babaanne	친할머니	anneanne	외할머니
dayı	외삼촌	amca	삼촌, 큰/작은아버지
teyze	이모	hala	고모
abla	언니/누나	ağabey	오빠/형
kardeş	형제, 자매; 동생	kız kardeş	자매; 여동생
erkek kardeş	형제; 남동생	birader	형제
kız	딸; 소녀, 아가씨	oğul	아들
yeğen	조카; 사촌	torun	손자, 손녀
dayızade	사촌(외삼촌의 자녀)	amcazade	사촌(큰/작은아버지의 자녀)
teyzezade	사촌(이모의 자녀)	halazade	사촌(고모의 자녀)
kaynana	장모, 시어머니	kaynata	장인, 시아버지
kayın valide	장모, 시어머니	kayın baba	장인, 시아버지
kayın peder	장인, 시아버지	kayın	처남, 시숙
kayın birader	처남, 시숙	baldız	처형, 처제
yenge	형제의 아내, 올케, 외숙모, 숙모, 백모		
enişte	자매의 남편, 이모부, 고모부		

görümce	시누이	çocuk	아이; 자식
evlât	자식	kuzin	사촌자매
kuzen	사촌형제	gelin	신부; 며느리
güvey	신랑; 사위	damat	신랑; 사위
elti	동서(여자끼리)	bacanak	동서(남자끼리)
eş	배우자	karı	아내
koca	남편	hanım	아내
bey	남편	karı koca	부부
aile	가족	akraba	친척
hısım	친척	dünür	사돈
üvey ana	의붓어머니	üvey baba	의붓아버지
üvey evlât	의붓자식	üvey kardeş	의붓형제, 의붓자매
üvey kız	의붓딸	üvey oğul	의붓아들

신체 관련 용어

baş	머리	yüz	얼굴
göz	눈(目)	alın	이마(alnım 나의 이마)
saç	머리털	kulak	귀
yanak	뺨	burun	코(burnum 나의 코)
ağız	입(ağzım 나의 입)	dudak	입술
kaş	겉눈썹	kirpik	속눈썹
sakal	(턱, 뺨)수염	bıyık	콧수염
dil	혀	boyun	목(boynum 나의 목)
diş	이, 치아	omuz	어깨(omzum 나의 어깨)

ense	목덜미	çene	턱
kol	팔	el	손
boğaz	목구멍	bacak	다리
ayak	발	bel	허리
tırnak	손톱, 발톱	göğüs	가슴(göğsüm 나의 가슴)
sırt	등	bağır	가슴(bağrım 나의 가슴)
şakak	관자놀이	koyun	품(koynum 나의 품)
dirsek	팔꿈치	karın	배(karnım 나의 배)
diz	무릎	topuk	뒤꿈치
bilek	손목, 발목	göbek	배꼽
aya	손바닥	taban	발바닥
uyluk	넓적다리	but	넓적다리(budum 나의 넓적다리)
kalça	엉덩이	böğür	옆구리 (böğrüm 나의 옆구리)
yürek	심장	kalp	심장(kalbim 나의 심장)
ciğer	간; 허파	mide	위
ak ciğer	허파	kara ciğer	간
kan	피, 혈액	damar	혈관; 맥관, 도관
kemik	뼈	sinir	신경
baldır	장딴지	incik	정강이
parmak	손가락, 발가락	başparmak	엄지손가락/발가락
işaret parmağı	집게손가락	şehadet parmağı	집게손가락
orta parmak	가운뎃손가락	yüzük parmağı	약지, 무명지
adsız parmak	약지, 무명지	serçe parmak	새끼손가락
deri	가죽, 살갗	et	고기, 살

tüy	(잔)털	kıl	(굵은)털
avuç	손의 안쪽; 줌, 움큼	ter	땀
ferç	여성 성기	am	여성 성기(비속어)
penis	남성 성기	sik	남성 성기(비속어)
dalak	비장, 지라	bağırsak	창자
kalın bağırsak	큰창자, 대장	ince bağırsak	작은창자, 소장
sidik	오줌	idrar	오줌
dışkı	똥	bok	똥(비속어)
süt	젖, 우유	osuruk	방귀
tükürük	침, 타액	öksürük	기침
aksırık	재채기	hapşırık	재채기
irin	고름	omurga	척추

요일

pazar	일요일	perşembe	목요일
pazartesi	월요일	cuma	금요일
salı	화요일	cumartesi	토요일
çarşamba	수요일	hafta	주(週)

달 이름

ocak	1월	temmuz	7월
şubat	2월	ağustos	8월
mart	3월	eylül	9월
nisan	4월	ekim	10월

mayıs	5월	kasım	11월
haziran	6월	aralık	12월

계절

bahar/ilkbahar	봄	yaz	여름
güz/sonbahar	가을	kış	겨울

색깔

ak/beyaz	흰, 하얀	kara/siyah	검은
mavi	파란(blue)	kızıl/kırmızı	붉은, 빨간
yeşil	녹색, 초록	sarı	노란
gri/boz	회색	pembe	분홍
mor	보라색	turuncu	주황
lacivert	남색	kahverengi	갈색

주요 형용사

büyük	큰	küçük	작은
uzun	긴	kısa	짧은
geniş	넓은	dar	좁은
derin	깊은	sığ	얕은
kalın	두꺼운, 굵은	ince	얇은, 가는
yeni	새, 새로운	eski	오래된, 낡은
temiz	깨끗한	pis	더러운
iyi	좋은	kötü/fena	나쁜

sıcak	더운, 따뜻한	soğuk	추운, 찬
kolay	쉬운	zor/güç	어려운
yakın	가까운	uzak	먼
güzel	예쁜, 아름다운	çirkin	못생긴, 추한
yakışıklı	잘생긴, 미남인	tatlı	단, 달콤한
acı	쓴; 매운	tuzlu	짠
ekşi	신, 시큼한	lezzetli	맛있는
kuru	마른, 건조한	nemli/ıslak	축축한
aydın	밝은	karanlık	어두운
sert/katı	단단한	yumuşak	부드러운
boş	빈, 비어 있는	dolu	찬, 가득 찬
pahalı	비싼	ucuz	싼
evli	결혼한, 기혼의	bekâr	미혼의, 독신의
hafif	가벼운	ağır	무거운
ilk	첫	son	마지막
çok	많은	az	적은
hızlı	빠른	yavaş	느린
genç	젊은	yaşlı/ihtiyar	늙은
yüksek	높은	alçak	낮은
çalışkan	부지런한	tembel	게으른
akıllı/zeki	똑똑한	akılsız/aptal	멍청한
aynı	같은	farklı	다른
doğru	옳은	yanlış	틀린
şişman	뚱뚱한	zayıf	야윈, 홀쭉한

과일/채소/곡물

elma	사과	armut	배
şeftali	복숭아	Trabzonhurması	감
kayısı	살구	erik	자두
muz	바나나	ananas	파인애플
kiraz	버찌	vişne	신 버찌
portakal	오렌지	limon	레몬
mandalina	귤	greyfurt	그레이프프루트
üzüm	포도	çilek	딸기
karpuz	수박	kavun	멜론
dut	오디	nar	석류
incir	무화과	ayva	모과
lâhana	양배추	Çin lahanası	배추
turp	무	pancar	사탕무
havuç	당근, 홍당무	maydanoz	파슬리
ceviz	호두	fındık	개암
hıyar/salatalık	오이	kabak	호박
sarımsak	마늘	soğan	양파
yeşil soğan	파	biber	고추, 후추
karabiber	후추	yeşilbiber	푸른 고추
kırmızıbiber	붉은 고추	marul	상추
ıspanak	시금치	patates	감자
domates	토마토	mısır	옥수수
patlıcan	가지	bezelye	완두콩

fıstık	피스타치오	fasulye	콩
pirinç	쌀, 벼	buğday	밀
arpa	보리	çavdar	호밀
yulaf	귀리	darı	기장

동물

(포유류)

köpek	개	kurt	이리, 늑대
tilki	여우	çakal	자칼
kedi	고양이	kaplan	호랑이, 범
arslan/aslan	사자	pars	표범
ayı	곰	fil	코끼리
sığır	소	öküz	(불깐) 황소
boğa	황소	inek	암소
manda	물소	buzağı	(젖 떼지 않은) 송아지
dana	(젖 뗀) 송아지	at	말
aygır	종마, 씨말	kısrak	암말
tay	망아지	eşek	당나귀
sıpa	새끼 당나귀	katır	노새; 버새
maymun	원숭이	koyun	양
koç	숫양	kuzu	새끼 양
keçi	염소	teke	숫염소
oğlak	새끼 염소	geyik	사슴
karaca	노루	zürafa	기린

deve	낙타	sıçan/fare	쥐, 생쥐
tavşan	토끼	domuz	돼지
yarasa	박쥐	balina	고래
yunus	돌고래	sincap	다람쥐
kirpi	고슴도치	kokarca	스컹크

(조류)

kuş	새	ördek	오리
kartal	(사냥하는) 독수리	akbaba	(사체를 먹는) 독수리
şahin	매	doğan	송골매
karga	까마귀	saksağan	까치
kuzgun	갈까마귀	kuğu	고니, 백조
kaz	거위, 기러기	baykuş	부엉이, 올빼미
tavuk	암탉; 닭	horoz	수탉
hindi	칠면조	devekuşu	타조
papağan	앵무새	ağaçkakan	딱따구리
serçe	참새	güvercin	비둘기
keklik	자고	sülün	꿩
bıldırcın	메추라기	turna	두루미, 학
leylek	황새	çulluk	도요새

(파충류)

timsah	악어	yılan	뱀
kaplumbağa	거북	kertenkele	도마뱀

(양서류)

kurbağa	개구리	iribaş	올챙이
semender	도롱뇽	karakurbağası	두꺼비

(어류)

balık	물고기, 생선	sazan	잉어
yayın	메기	köpek balığı	상어
alabalık	송어	yılan balığı	뱀장어
som balığı	연어	levrek balığı	농어
palamut balığı	가다랑어	ton balığı	참다랑어, 참치
kalkan balığı	넙치, 가자미	uskumru	고등어
kılıç balığı	황새치	kaya balığı	망둥이
sardalya	정어리	karagöz balığı	도미

(곤충, 기타)

böcek	곤충	yengeç	게
örümcek	거미	kırkayak	지네, 노래기
yusufçuk	잠자리	kelebek	나비
arı	벌	karınca	개미
sinek	파리	sivri sinek	모기
çekirge	메뚜기	sülük	거머리
salyangoz	달팽이	solucan	지렁이
hamam böceği	바퀴벌레	ağustos böceği	매미
kurt	벌레	peygamber devesi	사마귀

천문/지리/자연

gök/sema	하늘	güneş	해, 태양
ay	달	yıldız	별
samanyolu	은하수	dolunay	보름달
yer	땅	deniz	바다
okyanus	대양	göl	호수
ırmak/nehir	강	çay	개울, 시내, 내
dere	시내, 계곡물	ada	섬
yarımada	반도	su	물
dağ	산	orman	숲
çöl	사막	bozkır	초원
buz	얼음	taş	돌
kaya	바위	çakıl	자갈
yağmur	비	kar	눈
yel/rüzgâr	바람	bulut	구름
sis	안개	duman	연기
gökkuşağı	무지개	şimşek	번개

방향

doğu	동	batı	서
güney	남	kuzey	북
güneydoğu	동남	kuzeydoğu	동북
güneybatı	서남	kuzeybatı	서북

수

sıfır	0	on bir	11
bir	1	yirmi	20
iki	2	otuz	30
üç	3	kırk	40
dört	4	elli	50
beş	5	altmış	60
altı	6	yetmiş	70
yedi	7	seksen	80
sekiz	8	doksan	90
dokuz	9	yüz	100
on	10	bin	1,000

군 관련

ordu	군, 군대	kara kuvvetleri	육군
deniz kuvvetleri	해군	hava kuvvetleri	공군
kolordu	군단	tümen	사단
tugay	여단	alay	연대
tabur	대대	bölük	중대
takım	소대	manga	분대
piyade	보병	süvari	기병
topçu	포병	askerî mühendis	공병
askerî inzibat	헌병	general	장군, 장성
subay	장교	er	사병

Chapter 6

강독자료

한국전쟁 때 우리나라에 와서 도와준 터키 군인들이 불러서 우리에게 잘 알려진 터키 민요 Üsküdar'a Gider İken (위스퀴다르[43])에 갈 때에)' 또는 다른 제목으로는 Kâtibim '나의 서기'의 노랫말과 그 번역을 여기에 싣는다.

우선 이 민요의 사연을 적어 본다.[44] 이 민요는 압뒬메지드(Abdülmecid: 재위 1839~1861) 시절에, 크림 전쟁(1853~1856) 때에 나왔다. 마흐무드 2세((Mahmud II: 재위 1808~1839) 시절에 근대화 운동이 성공하자 군인들에게 유럽식 복장을 입혔지만 민간인들은 자유롭게 두었다. 그렇지만 크림 전쟁 준비 때문에 연합군 병사들이 이스탄불에 오는 것이 확정되자, 압뒬메지드는 모든 공무원에게 서양 사람들처럼 연미복, 풀칠을 한 셔츠 및 바지를 입으라고 명령하였다. 사람들은 이 적용을 아주 이상하게 여겼다. 광신적인 사람들은 바지를 입은 채 거리로 나가는 것을 팬티를 입고 나가는 것과 동일시하였다. 사람들은 특히 젊은 서기들의 복장을 보고 킥킥 웃었다. 이 상황과 관련하여 이스탄불의 지적이고 익살맞은 사람들과 불량배들이 지은 이야기와 시행(詩行)들은 점점 퍼졌고 이 중 일부는 사람들이 무척 좋아하였다. 우리가 오늘날 알고 있는 'Üsküdar'a Gider İken'의 노랫말은 이들 시행(詩行) 중 가장 중요한 것이다.

---

43) 이스탄불의 아시아 연안에 있는 지역 이름. 보스포루스 해협 입구에 있다.

44) http://www.turkucu.net/turku-hikayesi.asp?turku=995, http://www.kocaeliaydinlarocagi.org.tr/Yazi.aspx?ID=3188, 및 http://www.eksisozluk.com/show.asp?t=üsküdar'a+gider+iken.

크림 전쟁에서 영국군과 프랑스군 군인들에게 위스퀴다르 근처에 있는 셀리미예 병영(Selimiye Kışlası)이 숙사로 나중에는 병원으로 할 당되었다.45) 이스탄불에 온 영국군 안에는 스코틀랜드 연대도 있었다. 스코틀랜드 연대는 이스탄불로 떠날 준비를 할 때에 자신들을 위하여 행진곡을 준비하였다. 이 연대는 위스퀴다르에서 무릎 아래로 오는 양 말, 킬트, 독특한 웃옷, 목도리를 착용하고 백파이프를 불며 행진할 때 에 이 멜로디를 연주하였다. 이렇게 복장이 특이한 스코틀랜드 연대 는 위스퀴다르 사람들에게 아주 이상하게 보였다. 사람들은 짧은 치 마를 입은 이 부대에 팬티 없는 군인들의 연대(donsuz askerler alayı)라 고 이름 붙였다. 이 군인들의 행진, 화려한 복장 및 연주하는 멜로디는 위스퀴다르 사람들에게 즐거운 구경거리가 되었다. 스코틀랜드 연대 의 행진곡은 금세 'Üsküdar'a Gider İken'의 시행(詩行)들에 맞게 개작 되었다. 노래를 이 멜로디로 부르니 굉장히 인기를 얻게 되었다. 기회 를 잘 활용한 상인들은 스코틀랜드에서 'Üsküdar'a Gider İken'의 멜로 디가 들어 있는 탁상시계들을 생산하여 이스탄불에 가져와서 팔았다. 이 탁상시계들은 "'나의 서기'라는 민요가 있는 시계(Katibim Türkülü Saat)"라는 이름으로 팔렸는데 크림 전쟁의 긍정적인 결과의 영향도 받자 판매 기록을 깼으며 사지 않은 집이 거의 없을 정도였다.

옛 오스만튀르크제국 시절에 여자들은 자기가 사랑하는 남자에게 직접 사랑 표현을 할 수 없었다. 그리하여 자기가 사랑하는 남자 주위 에 일부러 손수건을 떨어뜨려서 그 남자가 줍도록 하였다. 그 남자가 손수건을 주인에게 돌려줄 때에 인연을 맺게 되었다. 이 노래에서는

---

45) 플로렌스 나이팅게일(Florence Nigthingale: 1820~1910)이 이곳에서 간호사로 활동하였다.

이스탄불의 한 여자와 서기가 위스퀴다르에서 마주친다. 여자가 손수건을 서기에게 떨어뜨리는데 이것은 내가 당신을 사랑한다는 뜻이다. 서기가 손수건을 발견하여 인연을 맺는 것이다. 즉, 이 노래의 제 2 절의 첫 두 줄에서는 서기가 말하고 있다.

되풀이되는 부분이 없이 노랫말과 그 번역만 제시하면 다음과 같다.

<제 1 절>

Üsküdar'a gider iken aldı46) da bir yağmur,

위쓰퀴타라 기데리켄 알드 다 비르 야아무르

(위스퀴다르에 갈 때에 비가 (내리기) 시작하였다.)

Kâtibimin setresi uzun eteği çamur.

캬티비민 쎄트레씨 우준 에테이 차무르

(나의 서기의 연미복은 길고 옷자락은 진흙투성이다.)

Kâtip uykudan uyanmış gözleri mahmur.

캬팁 우이쿠단 우얀므시 괴즐레리 마흐무르

(서기가 잠에서 깬 듯 그의 눈들이 졸립다.)

Kâtip benim ben kâtibin el ne karışır,

캬팁 베님 벤 캬티빈 엘 네 카르시으르

(서기는 나의 것, 나는 서기의 것(이니) 남47)이 어찌 끼어들랴!)

Kâtibime kolalı da gömlek ne güzel yaraşır.

캬티비메 콜랄르 다 굄렉 네 귀젤 야라시으르
(나의 서기에게 풀칠한 셔츠가 얼마나 잘 어울리는가!)

---

46) 원래 동사 al-는 '받다, 사다, 얻다' 등을 뜻하지만 여기에서는 '시작되다'를 뜻한다.

47) 인터넷 자료를 보면 낱말 el이 영어와 한국어로 '손'이라고 번역되어 있는데 이것은 잘못이다. 터키어에는 '손'을 뜻하는 el 말고도 '남, 타인'을 뜻하는 el이 있다.

<제 2 절>

Üsküdar'a gider iken bir mendil buldum,

위쓰퀴다라 기데리켄 비르 멘딜 불둠

(나는 위스퀴다르에 갈 때에 손수건을 한 개 발견하였다.)

Mendilimin içine de lokum doldurdum.

멘딜리민 이치네 데 로쿰 돌두르둠

(나는 나의 손수건 속에 로쿰[48])을 채웠다.)

Kâtibimi[49]) arar iken yanımda buldum.

캬티비미 아라리켄 야늠다 불둠

(나는 나의 서기를 찾을 때에 내 곁에서 발견하였다.)

　Kâtip benim ben kâtibin el ne karışır,

　캬팁 베님 벤 캬티빈 엘 네 카르시으르

　(서기는 나의 것, 나는 서기의 것(이니) 남이 어찌 끼어들랴!)

　Kâtibime kolalı da gömlek ne güzel yaraşır.

　캬티비메 콜랄르 다 굄렉 네 귀젤 야라시으르

　(나의 서기에게 풀칠한 셔츠가 얼마나 잘 어울리는가!)

　이번에는 되풀이되는 부분을 포함하여 실제로 불리는 터키어 노랫말만 제시한다.

　Üsküdar'a gider iken aldı da bir yağmur.

　Üsküdar'a gider iken aldı da bir yağmur.

　Kâtibimin setresi uzun, eteği çamur.

---

48) 인절미 비슷하게 생긴 단 과자.

49) 이것 대신에 Ben yarimi '나는 나의 애인을'이라고 부르기도 한다.

Kâtibimin setresi uzun, eteği çamur.

Kâtip uykudan uyanmış, gözleri mahmur.

Kâtip uykudan uyanmış, gözleri mahmur.

Kâtip benim ben kâtibin el ne karışır.

Kâtibime kolalı da gömlek ne güzel yaraşır.

Kâtip benim ben kâtibin el ne karışır.

Kâtibime kolalı da gömlek ne güzel yaraşır.

Üsküdar'a gider iken bir mendil buldum.

Üsküdar'a gider iken bir mendil buldum.

Mendilimin içine de lokum doldurdum.

Mendilimin içine de lokum doldurdum.

Kâtibimi arar iken yanımda buldum.

Kâtibimi arar iken yanımda buldum.

Kâtip benim ben kâtibin el ne karışır.

Kâtibime kolalı da gömlek ne güzel yaraşır.

Kâtip benim ben kâtibin el ne karışır.

Kâtibime kolalı da gömlek ne güzel yaraşır.

다음 페이지에는 Üsküdar'a Gider İken의 악보가 있다.[50] 이 악보에
서는 Kâtibimi arar iken yanımda buldum "나는 나의 서기를 찾을 때에
내 곁에서 발견하였다." 대신에 Ben yarimi arar iken yanımda buldum
"나는 나의 애인을 찾을 때에 내 곁에서 발견하였다."로 나온다.

---

50) 출처: http://www.turkudostlari.net/nota.asp?turku=995

〈그림 6〉 Üsküdar'a Gider İken(위스퀴다르에 갈 때에)의 악보

İstiklal Marşı(독립 행진곡)

Kahraman Ordumuza

Korkma! Sönmez bu şafaklarda yüzen al sancak,
Sönmeden yurdumun üstünde tüten en son ocak.
O benim milletimin yıldızıdır, parlayacak;
O benimdir, o benim milletimindir ancak.

Çatma, kurban olayım, çehreni ey nazlı hilal!
Kahraman ırkıma bir gül; ne bu şiddet, bu celal?
Sana olmaz dökülen kanlarımız sonra helal······
Hakkıdır, Hakk'a tapan milletimin istiklal.

Ben ezelden beridir hür yaşadım, hür yaşarım,
Hangi çılgın bana zincir vuracakmış? Şaşarım.
Kükremiş sel gibiyim, bendimi çiğner, aşarım,
Yırtarım dağları, enginlere sığmam, taşarım.

Garbın afakını sarmışsa çelik zırhlı duvar,
Benim iman dolu göğsüm gibi serhaddim var.

Ulusun, korkma! Nasıl böyle bir imanı boğar,
"Medeniyet" dediğin tek dişi kalmış canavar?

Arkadaş! Yurduma alçakları uğratma sakın,
Siper et gövdeni, dursun bu hayâsızca akın.
Doğacaktır sana vadettiği günler Hakk'ın,
Kim bilir, belki yarın belki yarından da yakın.

Bastığın yerleri "toprak" diyerek geçme, tanı,
Düşün altındaki binlerce kefensiz yatanı.
Sen şehit oğlusun, incitme, yazıktır atanı,
Verme, dünyaları alsan da bu cennet vatanı.

Kim bu cennet vatanın uğruna olmaz ki feda?
Şüheda fışkıracak, toprağı sıksan şüheda.
Canı, cananı, bütün varımı alsın da Hüda,
Etmesin tek vatanımdan beni dünyada cüda.

Ruhumun senden İlahî, şudur ancak emeli:
Değmesin mabedimin göğsüne namahrem eli.
Bu ezanlar, ki şehadetleri dinin temeli,
Ebedî, yurdumun üstünde benim inlemeli.

O zaman vecdile bin secde eder, varsa taşım,

Her cerihamdan, İlahî, boşanıp kanlı yaşım,

Fışkırır ruhumücerret gibi yerden naaşım,

O zaman yükselerek arşa değer belki başım.

Dalgalan sen de şafaklar gibi ey şanlı hilal!

Olsun artık dökülen kanlarımın hepsi helal.

Ebediyen sana yok, ırkıma yok izmihlal.

Hakkıdır, hür yaşamış bayrağımın hürriyet;

Hakkıdır, Hakk'a tapan milletimin istiklal.

Mehmet Akif Ersoy

* 출처: 터키 언어 협회 www.tdk.gov.tr

터키 헌법 제1~11조

BİRİNCİ KISIM
Genel Esaslar

I. Devletin şekli

MADDE 1- Türkiye Devleti bir Cumhuriyettir.

II. Cumhuriyetin nitelikleri

MADDE 2- Türkiye Cumhuriyeti, toplumun huzuru, millî dayanışma ve adalet anlayışı içinde, insan haklarına saygılı, Atatürk milliyetçiliğine bağlı, başlangıçta belirtilen temel ilkelere dayanan, demokratik, lâik ve sosyal bir hukuk Devletidir.

III. Devletin bütünlüğü, resmî dili, bayrağı, millî marşı ve başkenti

MADDE 3- Türkiye Devleti, ülkesi ve milletiyle bölünmez bir bütündür. Dili Türkçedir.

Bayrağı, şekli kanununda belirtilen, beyaz ay yıldızlı al bayraktır.

Millî marşı "İstiklal Marşı"dır.

Başkenti Ankara'dır.

IV. Değiştirilemeyecek hükümler

MADDE 4- Anayasanın 1 inci maddesindeki Devletin şeklinin Cumhuriyet olduğu hakkındaki hüküm ile, 2 nci maddesindeki Cumhuriyetin nitelikleri ve 3 üncü maddesi hükümleri değiştirilemez ve değiştirilmesi teklif edilemez.

V. Devletin temel amaç ve görevleri

MADDE 5- Devletin temel amaç ve görevleri, Türk milletinin bağımsızlığını ve bütünlüğünü, ülkenin bölünmezliğini, Cumhuriyeti ve demokrasiyi korumak, kişilerin ve toplumun refah, huzur ve mutluluğunu sağlamak; kişinin temel hak ve hürriyetlerini, sosyal hukuk devleti ve adalet ilkeleriyle bağdaşmayacak surette sınırlayan siyasal, ekonomik ve sosyal engelleri kaldırmaya, insanın maddî ve manevî varlığının gelişmesi için gerekli şartları hazırlamaya çalışmaktır.

VI. Egemenlik

MADDE 6- Egemenlik, kayıtsız şartsız Milletindir.

Türk Milleti, egemenliğini, Anayasanın koyduğu esaslara göre, yetkili organları eliyle kullanır.

Egemenliğin kullanılması, hiçbir surette hiçbir kişiye, zümreye veya sınıfa bırakılamaz. Hiçbir kimse veya organ kaynağını Anayasadan almayan bir Devlet yetkisi kullanamaz.

VII. Yasama yetkisi

MADDE 7- Yasama yetkisi Türk Milleti adına Türkiye Büyük Millet Meclisinindir. Bu yetki devredilemez.

VIII. Yürütme yetkisi ve görevi

MADDE 8- Yürütme yetkisi ve görevi, Cumhurbaşkanı ve Bakanlar Kurulu tarafından, Anayasaya ve kanunlara uygun olarak kullanılır ve yerine getirilir.

IX. Yargı yetkisi

MADDE 9- Yargı yetkisi, Türk Milleti adına bağımsız mahkemelerce kullanılır.

X. Kanun önünde eşitlik

MADDE 10- Herkes, dil, ırk, renk, cinsiyet, siyasî düşünce, felsefî inanç, din, mezhep ve benzeri sebeplerle ayırım gözetilmeksizin kanun önünde eşittir.

(Ek fıkra: 7/5/2004-5170/1 md.) Kadınlar ve erkekler eşit haklara sahiptir. Devlet, bu eşitliğin yaşama geçmesini sağlamakla yükümlüdür. (Ek cümle: 12/9/2010-5982/1 md.) Bu maksatla alınacak tedbirler eşitlik ilkesine aykırı olarak yorumlanamaz.

(Ek fıkra: 12/9/2010-5982/1 md.) Çocuklar, yaşlılar, özürlüler, harp ve vazife şehitlerinin dul ve yetimleri ile malul ve gaziler için alınacak tedbirler eşitlik ilkesine aykırı sayılmaz.

Hiçbir kişiye, aileye, zümreye veya sınıfa imtiyaz tanınamaz.

Devlet organları ve idare makamları bütün işlemlerinde kanun önünde eşitlik ilkesine uygun olarak hareket etmek zorundadırlar.

XI. Anayasanın bağlayıcılığı ve üstünlüğü

MADDE 11- Anayasa hükümleri, yasama, yürütme ve yargı organlarını, idare makamlarını ve diğer kuruluş ve kişileri bağlayan temel hukuk kurallarıdır.

Kanunlar Anayasaya aykırı olamaz.

* 출처: 터키 의회 www.tbmm.gov.tr

아타튀르크의 Nutuk[연설] 중에서

Samsun'a çıktığım gün genel durum ve görünüm
(내가 삼순에 오르던 날 일반 상황 및 광경)

1919 senesi Mayısı'nın 19'uncu günü Samsun'a çıktım. Genel durum ve görünüm:

Osmanlı Devleti'nin içinde bulunduğu grup, Genel Savaş'ta yenilmiş, Osmanlı ordusu her tarafta zedelenmiş, şartları ağır bir ateşkes anlaşması imzalanmış. Büyük Savaş'ın uzun seneleri içinde, millet yorgun ve fakir bir halde. Millet ve memleketi Genel Savaş'a sevkedenler, kendi hayatlarının kaygısına düşerek, memleketten kaçmışlar. Padişah ve halife olan Vahdettin, soysuz, kendini ve yalnız tahtını koruyabileceğini hayal ettiği alçakça önlemler araştırmakta. Damat Ferit Paşa'nın başkanlığındaki kabine; âciz, haysiyetsiz, korkak, yalnız padişahın iradesi altında ve onunla beraber şahıslarını esirgeyebilecek herhangi bir duruma razı.

Ordunun elinden silâhları ve cephanesi alınmış ve alınmakta······

İtilâf Devletleri, ateşkes hükümlerine uymayı gerekli görmüyorlar. Birer bahane ile, İtilâf donanmaları ve askerleri İstanbul'da. Adana ili, Fransızlar; Urfa, Maraş, Gaziantep, İngilizler tarafından işgal edilmiş. Antalya ve Konya'da, İtalyan birlikleri; Merzifon ve Samsun'da İngiliz askerleri bulunuyor. Her tarafta, yabancıların subay ve görevlileri ve özel adamları faaliyette. En sonunda, konuşmaya başlangıç noktası yaptığımız tarihten dört gün önce, 15 Mayıs 1919'da İtilâf Devletleri'nin oluru ile Yunan ordusu İzmir'e çıkarılıyor.

Bundan başka, memleketin her tarafında, Hıristiyan unsurlar gizli, açık, özel hırs ve amaçlarının elde edilmesine, devletin bir an önce, çökmesine çalışıyorlar.

* 출처51): 바트만 대학교 www.batmanuniversitesi.com

---

51) 아타튀르크의 Nutuk(연설)는 원래 오스만튀르크어로 그리고 아랍 문자로 되어 있어서 오늘날 이해하기 힘들다. 그러므로 이것을 현대 터키어로 그리고 라틴 문자로 옮긴 것들이 있다. 이 과정에서 여러 낱말을 조금씩 다르게 번역한 것들이 눈에 띈다. 터키 정부의 문화관광부 사이트의 자료는 http://ekitap.kulturturizm.gov.tr/belge/1-18444/turk-yurdunun-genel-durumu.html에서 볼 수 있다.

ATATÜRK'ÜN HAYATI(아타튀르크의 일생)

Ali Rıza Efendi ile Zübeyde Hanım'ın Selânik'te bir çocukları oldu. Yıl, bin sekiz yüz seksen birdi. Çocuğa Mustafa adını verdiler.

Mustafa'nın daha sonra, bir kız kardeşi dünyaya geldi. Ona da Makbule adını verdiler.

Mustafa, ilkokuldan sonra Selânik Askerî Ortaokulunda okudu. Bu okulda, kısa sürede, çalışkanlığı ile tanındı. Matematik öğretmeni Yüzbaşı Mustafa, ona Kemal adını verdi.

Mustafa Kemal, daha sonra, Manastır Askerî Lisesinde ve İstanbul Harp Okulunda okudu. Bin dokuz yüz dört yılında, kurmay yüzbaşı olarak orduya katıldı.

O, her zaman ulusunun özgürlüğü için çalıştı. Çanakkale Savaşı'nda üstün başarılar gösterdi.

- Yurdumuza giren düşmanlara karşı Kurtuluş Savaşı'nı başlattı.

Başkomutanlığını yaptığı bu savaş, zaferle sonuçlandı.

Türkiye Cumhuriyeti'ni kurdu. Ülkemizin gelişmesini sağlayacak yenilikleri gerçekleştirdi.

Türkiye Büyük Millet Meclisi ona "Atatürk" soyadını verdi.

Atatürk, 10 Kasım bin dokuz yüz otuz sekizde, Dolmabahçe Sarayı'nda öldü. Şimdi Ankara'da Anıtkabir'de yatıyor.

Enver Behnan ŞAPOLYO

(Düzenlenmiştir.)

TAVŞAN İLE KAPLUMBAĞA(토끼와 거북)

Tavşan hızlı koşmasıyla övünmeye başlamış. Kiminle yarışırsa yarışsın, kesinlikle kazanacağına emin bir şekilde:

- Eğer kuşkusu olan varsa istediği yarışa hazırım, diyormuş.

Bu sözler üzerine herkes birbirine bakarken kaplumbağa sakin bir sesle:

- Ben yarışmayı kabul ediyorum, demiş.

Tavşan bunu duyunca kahkahalarla gülüp:

- Bu güzel bir şaka. Bütün yol boyunca senin çevrende dans edeceğim.

Yine de yarışı kazanacağım, demiş.

Kaplumbağa onun sözünü kesmiş:

- Şimdi övünmeyi bırak. Yarışın sonunda görüşürüz, demiş.

Yarış yolu ve yarış günü belli olmuş. Yarış günü geldiğinde başlama işareti verilmiş.

Tavşan kazanacağından emin bir şekilde önce biraz ot yemiş. Yarış sonrası alay etmek için biraz yatıp uyumuş.

Kaplumbağa ise gayretli ve düzgün adımlarla yarışa başlamış. Tavşan alay etme düşüncesiyle sahiden uyuyup kalmış.

Aradan bir süre geçip tavşan derin uykusundan uyanıp gözlerini açınca şaşırıp kalmış. Kaplumbağa ise yarışın bitiş noktasına yaklaşmış. Uyku sersemliğiyle önce ne yapacağını şaşıran tavşan bütün gücüyle koşmaya başlamış. Fakat çok geç kalmış. Kaplumbağa yarışı bitirmek için son adımlarını atıyormuş.

Tavşan büyük bir gayretle ileri atılmış. Fakat kaplumbağa o anda yarışı bitirmiş.

Koşmaktan nefes nefese kalan ve utançtan kimseye bakacak yüzü olmayan tavşan yarışın bitiş yerinde perişan olmuş. Ona güzel bir ders veren kaplumbağa bağırmış:

- Nasılmış? Senin hızlı koşman neye yararmış? İşte gör bak!

La Fontaine (La Fonten)

(Düzenlenmiştir.)

* 출처: Hayati Akyol (ed.) (2010), *İlköğretim Türkçe 2*, İstanbul: Millî Eğitim Bakanlığı.

12 AY(12 달)

Yılın ilk ayı ocak,
Kar yağar kucak kucak.

Eylüle yoktur sözüm;
Getirir incir, üzüm.

İkinci ay şubattır;
Soğuğu pek berbattır.

Ekim ayı gelince
Kapılırız sevince.

Mart kapıdan baktırır,
Kazma, kürek yaktırır.

Kasımın yağmuru bol.
Üşüme, dikkatli ol!

Nisanda çiçek açar;
Sevinçle kuşlar uçar.

Aralık yılın sonu
Soğuktur eni konu.

Mayısta kiraz yeriz.
Kuzuları severiz.

Bu on iki arkadaş
Bizlere olur yoldaş.

Haziranda yaz başlar,
Dağılır arkadaşlar.

Hepsi güzel, sevimli,
Çalışana verimli.

Temmuz yakar, kavurur, Tembeller ay, gün seçer,

Ekinleri oldurur. Ömürleri boş geçer.

Ağustos harman ayı,

Sevinir köylü dayı.

Rakım ÇALAPALA

* 출처: Hayati Akyol (ed.) (2010), *İlköğretim Türkçe* 3,
İstanbul: Millî Eğitim Bakanlığı.

Millet Sistemi(밀레트 시스템)

Osmanlı toplumunun büyük bölümünü Türkler oluşturmasına rağmen toplumun diğer unsurları Rum, Ermeni, Yahudi, Rumen, Slav ve Araplardı. Devlet, toplum yapısını şekillendirirken din temeline dayalı bir model uyguladı. Osmanlı Devleti'nin ülkede yaşayan toplulukları din ya da mezhep esasına göre örgütleyerek yönetme biçimine "millet sistemi" deniliyordu. Devlet, her inanç topluluğunu kendi içinde serbest bırakarak onlara belirli bir özerklik tanımıştı. Osmanlı toplumunda Türk, Arap, Acem, Boşnak ve Arnavutlar, Müslüman çoğunluğu oluştururken Ortodoks, Ermeni ve Yahudiler diğer üç temel millet olarak kabul ediliyordu.

Sayı bakımından en kalabalık olan Ortodoksların dinî ve idari merkezleri Fener Patrikhanesi'ydi. Ortodoksların büyük kesimi Rum olduğu için bu patrikhaneye Rum Patrikhanesi de denirdi. Eflak-Boğdan halkı, Karadağ, Sırp ve Bulgarlar da bu kiliseye bağlıydı.

Osmanlı toplumu içinde ayrı bir statüsü olan diğer Hristiyan millet de Ermenilerdi. Bunlar Hz. İsa'nın tek bir doğası olduğunu savunan "monofizit" denilen bir öğretiye sahiptiler. Fatih, İstanbul'un fethinden sonra Bursa'daki başpiskoposu İstanbul'a getirdi. Onu Ermeni Kilisesi Patriği tayin ederek Rum Patriği ve Hahambaşı ile eşit yetkiler verdi.

XIX. yüzyılın ikinci yarısından itibaren Ermeniler arasında Katolik ve Protestanlığı benimseyenler de oldu.

Osmanlı toplumunda yer alan dinî gruplardan bir diğeri de Museviler olup daha çok İstanbul, İzmir, Selanik gibi liman şehirlerinde; Bağdat, Halep gibi nüfusu kalabalık olan yerlerde oturuyorlardı. Ayrıca İspanya, Polonya, Avusturya ve Bohemya'da karşılaştıkları kötü muamele nedeniyle Yahudiler Osmanlı ülkesine yerleşti. Bunun dışında sayıları az olmakla birlikte Süryani, Nasturi, Yakubi ve Maruni gibi Hristiyan kiliseleri de vardı.

Saray(궁전)

Osmanlı Devleti'nde Fatih Sultan Mehmet zamanından Sultan Abdülmecit'e kadar 380 yıl devletin idare merkezi ve padişahların resmi ikametgahı olan Topkapı Sarayı harem, birun ve enderun bölümlerinden oluşmaktaydı. Mütevazi bir yaşantının hüküm sürdüğü sarayda günlük hayatı İslam dininin kuralları ve sarayın kendi gelenekleri şekillendirmekteydi.

Padişahın ailesi ile birlikte özel hayatını yaşadığı bölüm haremdi. Padişahın annesi, eşleri, çocukları ve onların hizmetlerini yapacak dadı, sütanne, kalfa ve cariyeler bu bölümde yaşardı. Çocuklar okuma çağına gelince kendisine hoca atanır ve törenle derse başlanırdı. Bu çocuklara Kur'an, okuma yazma, Arapça, Farsça, Türkçe, matematik, tarih, coğrafya dersleri verilirdi.

Haremde padişah ve ailesi dışında beş altı yaşlarında iken buraya alınan cariyeler de yer alır ve eğitilirdi. Disipline dayalı temel değerleri esas alan eğitim veren haremde, cariyelere 6-20 kişilik gruplar hâlinde özel hocalar tarafından okuma yazma ve sarayın görgü kuralları öğretilirdi. Ayrıca kopuz, keman, kanun, ney, def, tambur, çalpare, çöğür, musikar gibi müzik aletlerini kullanma becerisine yönelik çalışmalar da yapılırdı. Dikiş dikmek, dantela ve örgü de günlük işler arasındaydı.

Sarayın bölümlerinden biri olan enderunda, devşirme yöntemiyle alınan çocuklar eğitilirdi. Birun ise sarayın çeşitli hizmetlerini gören görevlilerden oluşmaktaydı. Her iki bölümde de devletin resmî kurallarına uygun bir yaşantı vardı.

* 출처: Osman Köse (ed.) (2010), *Ortaöğretim Tarih 11. Sınıf*, İstanbul: Millî Eğitim Bakanlığı.

Karınca ile Kumru(개미와 산비둘기)

Karıncanın biri susamış, su içmeye bir dereye inmiş; ama tutunamamış, akıntıya kapılmış, az kalsın boğuluyormuş. Uzaktan onu bir kumru görmüş, haline acımış, ağaçtan küçük bir dal koparıp dereye atmış; karınca dala binmiş, canını kurtarmış. O sırada kuşçunun biri, ökselerini hazırlamış, kumruyu yakalamak istiyormuş. Karınca işi anlamış, gelip kuşçunun ayağını ısırmış. Kuşçu canının acısından ökselerini yere atmış, kumru da kaçıp kurtulmuş. Birinden bir iyilik gördük mü, biz de ona iyilik etmeye çalışmalıyız; bu masal onu gösteriyor.

Yolcu ile Ayı(나그네와 곰)

İki arkadaş yolda gidiyorlarmış, önlerine birdenbire bir ayı çıkmış. Biri hemen ağaca tırmanmış, dalların arasına saklanmış; öteki kendini yere atmış, ölü gibi öyle durmuş. Ayı burnunu uzatmış, adamın her yerini koklamış; ama adamcağız nefesini bile tutmuş. Ayı ölüye dokunmaz derler, bu söz doğru olacak ki, o ayı da yürümüş gitmiş. Hayvanın uzaklaştığını görünce, ağaçtaki adam da yere inmiş, ötekine: "Ayı senin kulağına bir şeyler söyledi, ne dedi?" diye sormuş. Arkadaşı: "Ne diyecek? Tehlikeyi görüverince seni bırakıp kaçan dostlarla sakın bir daha yola çıkma dedi!" demiş. Asıl dost, dar zamanda belli olur, bu masal onun için söylenmiş.

Şakacı Çoban(농담 잘하는 목동)

Çobanın biri davarlarını köyden hayli uzağa götürmüş. Âdet edinmiş, köylüleri korkutmak için ikide bir: "Kurt geldi, davarlara saldırıyor!" diye bağırırmış, köylüler de korkar, koşup gelirler, kurt murt olmadığını görünce kızıp dönerlermiş. Bir gün sahiden kurt gelmiş, hem de bir kurt değil, birkaç tanesi birden gelmiş. Çoban avazı çıktığı kadar bağırmış, bağırmış, ama gene oyun ediyorlar diye aldıran olmamış, kurtlar bütün sürüyü perişan etmişler.

Yalancı yalan söyler de ne kazanır? Bir daha doğruyu da söylese kimseyi inandıramaz. Bu masal onu gösteriyor.

* 출처: Nurullah Ataç (çeviren) (2010[6]), *Aisopos Masalları*, İstanbul: Yapı Kredi Yayınları.

İpe Un Sermek(줄에 밀가루 널기)

Komşulardan birisi Nasrettin Hocaya gelerek çamaşır ipini ister.

Nasrettin Hoca vermeye niyetli olmadığı için:

- Sen biraz bekle, karıma bir danışayım, diye yanıtlar.

İçeri girer. Az sonra döner:

- Bizim karı ipe un sermiş, der.

Adam şaşırır:

- Hocam, der, hiç ipe un serilir mi?

Nasrettin Hoca gülümseyerek:

- Vermeye gönlüm olmayınca, elbette serilir, diye yanıtlar.

---

52) Nasrettin Hoca(또는 Nareddin Hoca)는 수많은 만담의 주인공이다. 발칸 반도에서 신장위구르자치구 까지, 특히 튀르크족 사이에서 이 사람과 관련된 만담들이 널리 퍼져 있다. 위키백과 터키어판은 1208~1284년에 살았던 것으로 기술하고 있으나, 정확한 생몰년도는 알려져 있지 않다. 13-14 세기 에 셀주크튀르크 시대 또는 오스만튀르크제국 시대에 오늘날의 터키의 Akşehir와 Konya에서 살았 던 것으로 여겨진다. 나스렡틴 호자는 티무르보다 먼저 살았으므로, 티무르와 만나는 이야기들은 후대의 것임이 분명하다. 나스렡틴 호자는 여러 언어에서 다음과 같이 불린다.

(1) 터키어: Nasrettin Hoca 또는 Nareddin Hoca
(2) 아제르바이잔어: Molla Näsräddin
(3) 튀르크멘어: Ependi
(4) 우즈베크어: Nasriddin Afandi 또는 Afandi
(5) 위구르어: Näsirdin Äpändi
(6) 카자흐어: Qožanasïr
(7) 키르기스어: Apendi
(8) 카라차이-발카르어: Nasra Xodža
(9) 쿠므크어: Molla Nasürttün
(10) 타타르어: Xuža Nasrětdin
(11) 바시키르어: Xuža Näsrětdin
(12) 알바니아어: Nastradin Hoxha 또는 Nastradini
(13) 불가리아어: Nastradin Xodža
(14) 보스니아어: Nasruddin Hodža
(15) 루마니아어: Nastratin Hogea
(16) 그리스어: Nastrandín Xódzas
(17) 이탈리아어: Giufà 또는 Giucà
(18) 페르시아어: Mollā Nasraddīn
(19) 타지크어: Xoja Nasriddin 또는 Afandī
(20) 쿠르드어: Mella Nasredin
(21) 아랍어: Juḥā
(22) 레즈긴(Lezgin)어: Molla Nasretdin
(23) 체첸어: Molla Nesart
(24) 중국어: 阿凡提 (Āfántí) 및 阿方提 (Āfāngtí)

Kazan Doğurdu(솥이 낳았습니다)

Nasrettin Hocanın evinde çamaşır yıkanıyormuş o gün. Bir kazana gereksinim olmuş, hem de büyük bir kazana.

Yandaki komşularına gider Nasrettin Hoca, onların kazanlarını ister.

Çamaşır bitince, kazanın içine bir tencere koyarak komşularına götürür.

Bunu gören komşusu, merak edip sorar:

- Hocam, bu ne böyle, diye.

Nasrettin Hoca gayet ciddî bir biçimde:

- Kazanın doğurdu komşum, kazanın doğurdu······ der.

Adam şaşırır:

- Hiç kazan doğurur mu Hocam, diye sorar.

Nasrettin Hoca:

- Niçin doğurmasın, yanıtını verir.

Adam sevinir. Kazanını da, tencereyi de alır, içeri girer.

Aradan bir süre geçer······

Nasrettin Hoca, komşusundan gene kazanı almaya gelir. Adam, sevinçle verir kazanı······ Ama kazan geri gelmez······ Aradan günler, haftalar, aylar geçer. Kazan bir türlü gelmemektedir.

Sonunda komşusu, dayanamayıp Nasrettin Hocaya gider. Sorar:

- Hocam, bizim kazan ne oldu?

Nasrettin Hoca, üzgün üzgün başını sallar:

- Senin kazan sizlere ömür komşu, der.

Komşusu şaşırıp kalır:

- Aman Hocam, hiç kazan ölür mü, diye sorar.

Nasrettin Hoca yanıtlar:

- Neden ölmesin?

Bütün bu duydukları karşısında çok şaşırmıştır komşusu. Nasrettin Hocaya:

- Aman Hocam, ne saçma şeyler söylüyorsun sen, der.

Nasrettin Hoca, gülmeye başlar:

- Niçin saçma olsun, der. Sen, kazanın doğurduğuna inandın da, neden öldüğüne inanmıyorsun? ······

Bilenler ve Bilmeyenler(아는 사람들과 모르는 사람들)

Nasrettin Hoca, bir gün vaaz vermek için kürsüye çıkar. Halka döner. Bir süre ne söyleyeceğini düşünür, ama aklına hiçbir şey gelmez. Sonra da sorar halka, Nasrettin Hoca:

- Ey cemaat, bugün ben size ne söyleyeceğim, biliyor musunuz?

Camidekiler, hep bir ağızdan yanıtlarlar Nasrettin Hocayı:

- Hayır, bilmiyoruz······

Bunun üzerine Nasrettin Hoca şöyle der:

- Madem ki bilmiyorsunuz, öyleyse size ne söyleyeyim ben? ······

Bunları söyledikten sonra kürsüden iner, yerine oturur.

Aradan birkaç gün geçer. Nasrettin Hoca, gene camiye gelip kürsüye çıkar. Ve sorar halka:

- Hey cemaat, bugün ben size ne söyleyeceğim, biliyor musunuz?

Herkes, hep bir ağızdan yanıtlar Nasrettin Hocayı:

- Evet Hocam, biliyoruz······

Nasrettin Hoca, şöyle bir sıvazlar sakallarını, sonra gülümser:

- Madem ki söyleyeceklerimi biliyorsunuz, benim yinelememe ne gerek var, der.

İner kürsüden, yerine oturur······

Nasrettin Hoca, camiden çıktıktan sonra, orada bulunanlar, bir araya gelip, şöyle bir karara varırlar:

"Hoca bir daha böyle bir şey sorarsa, bir kısmımız, 'Biliyoruz' desin, diğerlerimiz de 'Bilmiyoruz' desin······"

Aradan birkaç gün geçer. Nasrettin Hoca gene camiye gelir. Kürsüye çıkar:

- Ey cemaat, der, Nasrettin Hoca. Bugün ben size ne söyleyeceğim, biliyor musunuz?

Halkın bir bölümü:

- Biliyoruz Hocam, der.

Diğerleri de:

- Bilmiyoruz Hocam, diye yanıtlar.

Bu yanıtlar üzerine Nasrettin Hoca tatlı tatlı güler:

- Öyleyse iş kolaylaştı, der.

Halk şaşırır:

- Nasıl kolaylaştı Hocam, diye sorar içlerinden biri.

Nasrettin Hoca:

- Tabii kolaylaştı, diye yanıtlar. Şimdi bilenler, bilmeyenlere öğretsin.

Timur'un Değeri(티무르의 가치)

Bir gün Nasrettin Hoca, Timur ile birlikte hamama gider. Göbek taşına otururlar······ Konuşma sırasında, bir ara, Timur gururlanarak sorar:

- Hoca, ben kul olsaydım, acaba kaç akçe ederdim?

Nasrettin Hoca şöyle bir bakar:

- Elli akçe, diye yanıtlar.

Timur kızar, sert bir sesle:

- Hey, insafsız adam! Elli akçe, yalnız belimdeki kuşağın değeridir.

Hoca, hiç çekinmeden yanıtını verir:

- Ben de zaten ona değer biçmiştim······

Ne Zamana Kadar(언제까지)

Gevezenin biri, Nasrettin Hocaya sorar:

- Hocam, sen bilirsin, ne zamana kadar insanlar böyle doğup ölecek?

Nasrettin Hoca şöyle bir bakar adama. Bir süre düşünür. Sonra yanıtlar adamı:

Cennet ile Cehennem doluncaya dek······

Size Müjdem Var(여러분에게 희소식이 있습니다.)

Timur, ordusundaki fillerden birini Nasrettin Hocanın köyüne göndermiş.
Fil, köyde ne kadar ot varsa, onları silip süpürüyormuş. Dayanamamış bu
duruma köylüler. Nasrettin Hocayı da önlerine katarak, Timur'a şikâyet
etmek için yola çıkmışlar.

Yolda köylüler, birer - ikişer sıvışmaya başlamışlar. Tek başına kalan
Nasrettin Hoca, Timur'un huzuruna alınmış:

- Köyümüze gönderdiğin[53] filden bütün köylüler çok memnun kaldılar.
Yalnız, zavallı hayvan tek başına yaşıyor. Lütfen, hayvancağızın
yalnız başına yaşamaması için bir de dişi fil gönderilmesini istiyoruz.

İşte bunu arz etmek için huzurunuza geldim, demiş······

Bu sözlere çok sevinmiş Timur. Hemen yanındakilere, Nasrettin
Hocanın köyüne bir dişi fil gönderilmesi için emir vermiş······

Nasrettin Hoca köye dönmüş. Tüm köylüler sevinçli bir haber
getirdiğini sanmışlar. Sormuşlar Nasrettin Hocaya, Timur'un fili ne zaman
geri alacağını.

Nasrettin Hoca gülümsemiş:

- Size bir müjdem var. Timur söz verdi, yakında bu filin dişisini de
gönderiyor köyümüze demiş.

---

53) gönderdiğin '네가 보낸'은 gönderdiğiniz '당신이 보낸'을 잘못 인쇄한 것임이 분명하다.

Cennet ve Cehennem(천국과 지옥)

Nasrettin Hoca camiye gider. Vaazını verir. Vaaz bittikten sonra cemaate:

- Cennete gitmek isteyenler ayağa kalksın, der.

Herkes ayağa kalkar. Yalnız adamın biri oturmaya devam eder.

Nasrettin Hoca, bu kez sorusunu değiştirir:

- Cehenneme gitmek isteyenler ayağa kalksın! ······

Hiç kimse ayağa kalkmaz.

O zaman Nasrettin Hoca, ayağa kalkmayan adama dönerek:

- Sen Cennete mi gitmek istiyorsun, yoksa Cehenneme mi? Hiçbirinde

  ayağa kalkmadın da, der.

Adam boynunu bükerek:

- Hiçbirine Hocam, der. Ben burada kalmak istiyorum······

* 출처: Erçağın Akbal (2009), *Nasrettin Hoca Fıkraları*,

İstanbul: Morpa.

터키 시인 Orhan Veli KANIK(1914~1950)의 시 İstanbul'u dinliyorum
'나는 이스탄불을 듣습니다'[54]

İstanbul'u Dinliyorum

İstanbul'u dinliyorum, gözlerim kapalı
Önce hafiften bir rüzgar esiyor;
Yavaş yavaş sallanıyor
Yapraklar, ağaçlarda;
Uzaklarda, çok uzaklarda,
Sucuların hiç durmayan çıngırakları
İstanbul'u dinliyorum, gözlerim kapalı.

İstanbul'u dinliyorum, gözlerim kapalı;
Kuşlar geçiyor, derken;
Yükseklerden, sürü sürü, çığlık çığlık.
Ağlar çekiliyor dalyanlarda;
Bir kadının suya değiyor ayakları;
İstanbul'u dinliyorum, gözlerim kapalı.

---

54) Orhan Veli KANIK의 시 174 편은 술탄 훼라 아크프나르 여 및 이현석이 한국어로 옮겨 2011년 11
월에 『이스탄불을 듣는다』라는 제목으로, 대산세계문학총서 106권으로 발간되었다.

İstanbul'u dinliyorum, gözlerim kapalı;
Serin serin Kapalıçarşı
Cıvıl cıvıl Mahmutpaşa
Güvercin dolu avlular
Çekiç sesleri geliyor doklardan
Güzelim bahar rüzgarında ter kokuları;
İstanbul'u dinliyorum, gözlerim kapalı.

İstanbul'u dinliyorum, gözlerim kapalı;
Başımda eski alemlerin sarhoşluğu
Loş kayıkhaneleriyle bir yalı;
Dinmiş lodosların uğultusu içinde
İstanbul'u dinliyorum, gözlerim kapalı.

İstanbul'u dinliyorum, gözlerim kapalı;
Bir yosma geçiyor kaldırımdan;
Küfürler, şarkılar, türküler, laf atmalar.
Birşey düşüyor elinden yere;
Bir gül olmalı;
İstanbul'u dinliyorum, gözlerim kapalı.

İstanbul'u dinliyorum, gözlerim kapalı;
Bir kuş çırpınıyor eteklerinde;
Alnın sıcak mı, değil mi, biliyorum;

Dudakların ıslak mı, değil mi, biliyorum;

Beyaz bir ay doğuyor fıstıkların arkasından

Kalbinin vuruşundan anlıyorum;

İstanbul'u dinliyorum.

Orhan Veli KANIK

* 출처: http://www.siir.gen.tr

THY'de sefer iptalleri(터키 항공에서 운항 취소들)

Türk Hava Yolları (THY), İstanbul'da etkili olan olumsuz hava şartları nedeniyle bugün ve yarın yapılacak bazı seferlerini iptal etti.

İstanbul- THY'nin resmi internet sitesinden yapılan duyuruda, olumsuz hava şartları(güneyli rüzgar) nedeniyle havayolu ulaşımında aksamalar olduğu, bugün ve yarın bazı seferlerin yapılamayacağı belirtildi.

Buna göre, THY'nin Atatürk Havalimanı'ndan yapılması planlanan Roma, Lefkoşa, Bakü, Beyrut ve Kuveyt dış hat seferleri ile İzmir, Elazığ, Sinop, Diyarbakır, Samsun, Kayseri ve Antalya'ya olan bazı iç hat seferleri iptal edildi.

Duyuruda, yolcuların havalimanına gelmeden önce uçuşlarını "444 0 849" numaralı çağrı merkezinden veya THY'nin internet sitesi üzerinden "kalkış-varış" uygulaması ile kontrol etmeleri istendi.

(2012년 5월 16일 자 기사)

İsrail'den KKTC hava sahasını ihlal
(이스라엘의 북 키프로스 튀르크 공화국 영공 침범)

İsrail'e ait tipi tespit edilemeyen bir uçağın, KKTC hava sahasını ihlal ettiği bildirildi.

Ankara- Genelkurmay Başkanlığı'nın internet sitesindeki bilgi notuna göre; söz konusu uçak, 14 mayıs günü 11.05-12.49 saatleri arasında, KKTC hava sahasını (karasuları üzerindeki), 5 defa ve toplam 8 dakika süreyle ihlal etti.

Bu durum üzerine, İncirlik'te konuşlu 2XF-16 uçağına, 12.43-14.28 saatleri arasında Hakiki Alarm (Scramble) verildi ve uçaklar, KKTC hava sahasında devriye uçuşu gerçekleştirerek, anılan uçağın KKTC hava sahasını ihlale devam etmesini önledi.

(2012년 5월 16일 자 기사)
* 출처: www.cumhuriyet.com.tr

Kaplan ve yunus soyu tehlikede
(호랑이와 돌고래종이 위험에 처해 있다)

Dünya Doğal Yaşamı Koruma Vakfi'nın açıkladığı son rapora göre, canlı popülasyonları 1970 ila 2008 arasında yüzde 30 azaldı. Rapor, en çok kaplanlarla yunusların soyunun tehlikede olduğunu ortaya koydu. Kaplan ve yunus sayısında azalma oranının yüzde 70'in üzerine çıktığını vurgulayan rapora göre, gerekli tedbirler alınmadığı takdirde, kaplan ve yunuslar tümüyle yok olacak.

(2012년 5월 16일 자 기사)

Minik rahipler hayvanat bahçesinde
(동자승들이 동물원에 있다)

Budizmin kurucusu Buda'nın 28 Mayıs'ta kutlanacak doğum günü öncesinde, Güney Kore'de yaşayan Budistler de renkli etkinliklerde bulunmaya devam ediyor. Başkent Seul'deki Jogye Tapınağı, kutlamalar çerçevesinde 9 çocuğu seçerek onları dini bir eğitim programına aldı.

"Küçük Buda Kampı" adı verilen programda, saçlarını tıraş ettirerek tapınak hayatına başlayan çocuklar, "Canları sıkılmasın" diye hayvanat bahçesine götürüldü.

(2012년 5월 15일 자 기사)

Sınırda askeri hareketlilik(국경에서 군사 활동)

Hakkari'nin Şemdinli ilçesinde gün boyu askeri hareketlilik yaşandı.

Sabah saatlerinden itibaren Hakkari ve Yüksekova'dan havalanan askeri helikopterler, Şemdinli ilçe merkezinde bulunan 3. Dağ Taktik Komutanlığı'na iniş yaptıktan kısa bir süre sonra Kuzey Irak sınırında bulunan Derecik beldesindeki askeri üs bölgelerine doğru yöneldi. Asker ve lojistik malzeme taşıdığı belirtilen helikopterler, gün boyu sevkiyat yaptı.

Öte yandan, Diyarbakır'dan kalkan savaş uçakları da Şemdinli semalarından geçerek Kuzey Irak'a yöneldi.

Bu arada, Irak Cumhurbaşkanı Celal Talabani'ye yakınlığıyla bilinen Kürdistan Yurtseverler Birliği'nin (KYB) resmi internet sitesinde ise 'son dakika' olarak yer verilen haberde, Türk savaş uçaklarının bugün yerel saat ile 11.15 sıralarında Hakurk bölgesini bombaladığı iddia edildi.

(2012년 5월 16일 자 기사)

* 출처: www.sabah.com.tr

McNaught Kuyrukluyıldızı[McNaught 혜성]

McNaught (C/2006 P1) Kuyrukluyıldızı, Güneş'e yaklaşırken, gözlemcileri şaşırtarak beklenmedik şekilde parlaklaştı. Kuyrukluyıldız, 9-12 Ocak 2007 tarihleri arasında gözlem için en iyi durumda olacak. Ne var ki, Güneş'e yakın görünür konumda olması, gözlem süresini çok kısalttığı gibi, ufkun açık havanın temiz olmaması durumunda henüz alacakaranlık bitmeden batan kuyrukluyıldızın görülmesini zorlaştıracak.

Kuyrukluyıldız, 12 Ocak'ta Güneş'e en yakın konumuna ulaşacak ve bu tarihten sonra kuzey yarıküreden görülmesi iyice zorlaşacak.

Kuyrukluyıldızı görebilmek için, Güneş battıktan yaklaşık 20 dakika sonra batı-güneybatı ufku üzerine bakmak gerekiyor. Hava henüz kararmamış olacağından, kuyrukluyıldızı bulmak için bir dürbünün büyük yararı olacaktır.

McNaught kuyrukluyıldızı, 1997'de gözlenen Hale-Bopp'tan sonra en

iyi görünen kuyrukluyıldız. Bunun yanı sıra, son 30 yılın en parlak
kuyrukluyıldızı.

* 출처: www.biltek.tubitak.gov.tr

Tarihte Bu Ay(역사에서 이달)[55]

26Aralık 1530(1530년 12월 26일)

Babür Şah ismiyle tanınan meşhur Türk hükümdarı Gazi Zahirüddin Muhammed Babür vefat etti. 14 Şubat 1483'te Fergana'da doğan Babür Şah Hindistan'da hüküm süren Babürlü Devleti'nin kurucusudur. Hayatının 37 yılını savaş meydanlarında geçirmiş, cesaret ve kahramanlığı ile devrinin en güçlü devletlerinden birini kurmuş, fethettiği ülkelerde camiler, hanlar, medreseler ve su yolları inşa ettirmiştir. Babür Şah aynı zamanda 16. asırda Çağatay Türkçesini kullanan en büyük edip ve şairlerindendir.

(제40호 (2011년 12월호) 기사 http://www.yedikita.org/sayi/40/)

Tarihte Bu Ay(역사에서 이달)

13Şubat 1878(1878년 2월 13일)

Meclis-i Mebusan kapatıldı. Sultan Abdülhamid Han padişahlığının ilk

---

55) 이 제목은 녹음 과정에서 Tarihte Bugün[역사에서 오늘]로 바뀌었다.

günlerinde devlet adamlarının ısrarlı baskıları üzerine Meşrutiyet'i ilan etmiş ve Meclis-i Mebusan'ı açmıştı. Ancak, meşrutî idarenin henüz bu memlekete faydalı olamayacağını söylüyordu. Nitekim milletvekillerinin her birinin kendi milletlerini ve topraklarını savunmaya başlamasıyla Osmanlı Devleti parçalanmanın eşiğine gelmişti. Sultan Abdülhamid Han bu tehlikeli gidişe bir dur demek için 13 Şubat 1878'de Meclis-i Mebusan'ı süresiz tatil etti.

(제42호 (2012년 2월호) 기사 http://www.yedikita.org/sayi/42/)

Türkiye-Güney Kore Siyasi İlişkileri
(터키-한국 정치 관계)

Türkiye ile G. Kore arasındaki siyasi ilişkiler 11 Ağustos 1949'da ülkemizin Kore Cumhuriyeti'ni bağımsız bir devlet olarak tanımasıyla başlamıştır. Kore Savaşı'na bir tugayla katılmamız ikili ilişkilerimize olumlu bir hava getirmiş ve Mart 1957'de diplomatik ilişkiler kurulmuştur.

G. Kore ile Türkiye arasında siyasi alanda herhangi bir sorun bulunmamakla birlikte, 2000'li yıllara kadar üst düzey temaslarda eksiklik yaşanmıştır.

Sayın Başbakanımızın Şubat 2004'te gerçekleştirdiği G. Kore ziyareti iki ülke arasındaki üst düzey temaslarda yaşanan durgunluğu ortadan kaldırmıştır. Cumhurbaşkanı Roh Moo-hyun'un Nisan 2005'teki ziyareti G. Kore'den ülkemize diplomatik ilişkilerin kurulduğu 1957 yılından bu yana Cumhurbaşkanı düzeyinde gerçekleştirilen ilk ziyaret olmuştur. G. Kore Başbakanı Han Seung-soo'nun Aralık 2008'de ülkemizi ziyareti de ilişkilere ivme kazandırmıştır. 2010 yılı siyasi diyalogun güçlendirilmesi açısından anlamlı bir dönem olmuştur. Sayın Cumhurbaşkanımız 14-16

Haziran 2010 tarihlerinde G. Kore'ye resmi bir ziyarette bulunmuştur. Sayın Başbakanımız, 11-12 Kasım 2010 tarihlerinde Seul'de yapılan G-20 Zirvesi için gittiği Seul'de 13 Kasım günü G. Kore Cumhurbaşkanı Lee Myung-bak ile ikili bir görüşme gerçekleştirmiştir.

Siyasi ilişkilerde yakalanan ivmeye karşın, ekonomik ve ticari alanda halen arzu edilen ilişkinin tesis edildiğini söylemek güçtür. İkili ticaret hacmi potansiyelinin gerisindedir ve büyük oranda ülkemiz aleyhine olan ticaret açığı devam etmektedir.

Ticaret verileri: (milyon Dolar)

	2006	2007	2008	2009	2010
İhracatımız	155,9	152,3	271,2	234,8	304,8
İthalatımız	3.556,2	4.369,9	4.091,7	3.118,2	4.764,0
Toplam	3.712,2	4.522,2	4.362,9	3.353,0	5.068,8
Denge	-3.400,3	-4.217,5	-3.820,4	-2.883,3	-4.459,2

2010 yılında, iki ülke arasında Serbest Ticaret Anlaşması imzalanması için müzakerelere başlanmış olup, müzakerelerin en kısa zamanda sonuçlandırılması amaçlanmaktadır.

Aralarında Hyundai, LG, KT&G gibi şirketlerin de yer aldığı 161 Koreli firmanın ülkemizde başta otomotiv, bilişim ve elektronik, madencilik, turizm ve imalat sanayi olmak üzere çeşitli alanlarındaki kümülatif yatırım toplamı 550 milyon Dolar'dır.

İki ülke ekonomik ve ticari ilişkilerinin ele alındığı Karma Ekonomik Komisyon (KEK) ile İş Konseyi mekanizmaları bulunmaktadır. KEK toplantısı son olarak 25 Eylül 2009 tarihinde Ankara'da, İş Konseyi'nin son toplantısı da 15 Haziran 2010 tarihinde Seul'de yapılmıştır.

Ülkemizi 2010 yılında yaklaşık 120 bin G. Koreli turist ziyaret etmiştir.

* 출처: 터키 외무부 www.mfa.gov.tr

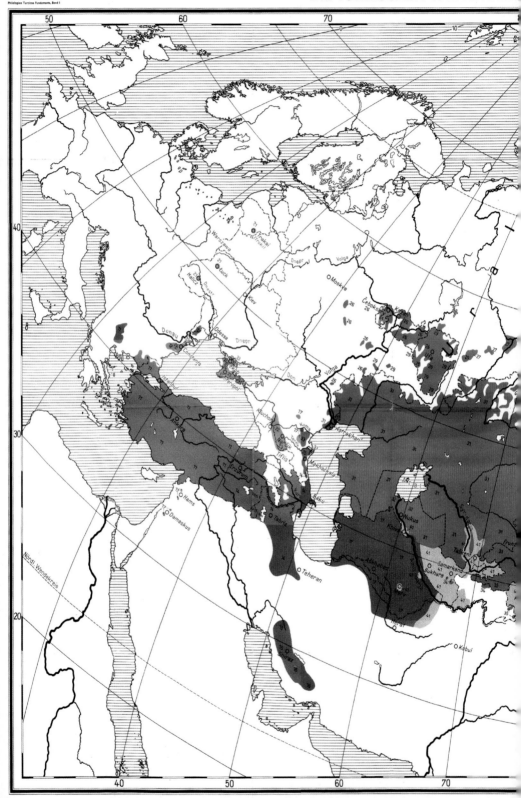

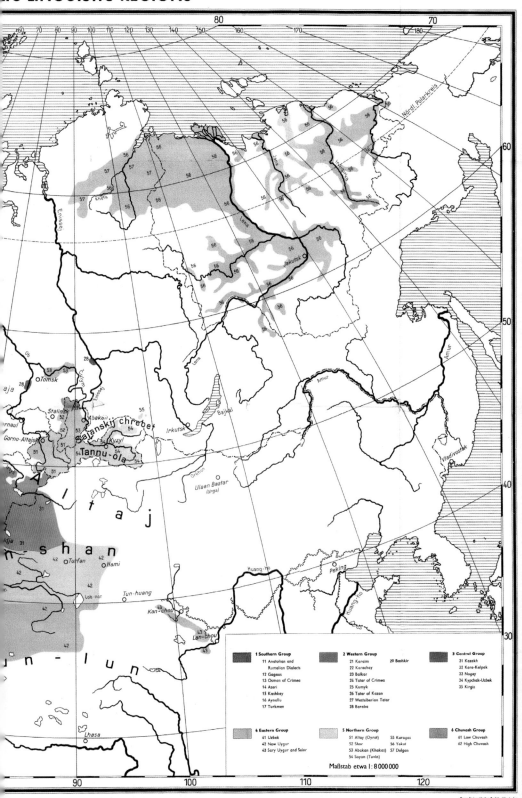

1 Southern Group
11 Anatolian and Rumelian Dialects
12 Gagaus
13 Osman of Crimea
14 Azeri
15 Kashkay
16 Aynallu
17 Turkmen

2 Western Group
21 Karaim
22 Karachay
23 Balkar
24 Tatar of Crimea
25 Kumyk
26 Tatar of Kazan
27 Westsiberian Tatar
28 Baraba
29 Bashkir

3 Central Group
31 Kazakh
32 Kara-Kalpak
33 Nogay
34 Kypchak-Uzbek
35 Kirgiz

4 Eastern Group
41 Uzbek
42 New Uygur
43 Sary Uygur and Salar

5 Northern Group
51 Altay (Oyrot)
52 Shor
53 Abakan (Khakas)
54 Soyon (Tuvin)
55 Karagas
56 Yakut
57 Dolgan

6 Chuvash Group
61 Low Chuvash
62 High Chuvash

Maßstab etwa 1 : 8 000 000

Franz Steiner Verlag GmbH · Wiesbaden

〈튀르크어 분포 지도〉 설명

출처: Jean Deny et al. (eds.), *Philologiae Turcicae Fundamenta* I, Wiesbaden 1959.

1. 남부 그룹 (서남 그룹, 오구즈 그룹)

   11. 아나톨리아 및 루멜리 방언들 (터키어)

   12. 가가우즈어

   13. 크림 오스만 방언

   14. 아제르바이잔어

   15. 카시카이어

   16. 아이날루어

   17. 튀르크멘어

2. 서부 그룹 (3 중부 그룹과 함께 '서북 그룹', '큽차크 그룹')

   21. 카라임어

   22. 카라차이어

   23. 발카르어

   24. 크림 타타르어

   25. 쿠므크어

   26. 카잔 타타르어(타타르어)

   27. 서부 시베리아 타타르 방언들

   28. 바라바 타타르어

   29. 바시키르어

3. 중앙 그룹 (2 서부 그룹과 함께 '서북 그룹', '큽차크 그룹')

    31. 카자흐어

    32. 카라칼파크어

    33. 노가이어

    34. 우즈베크어 큽차크 방언

    35. 키르기스어

4. 동부 그룹 ('동남 그룹', '차가타이 그룹')

    41. 우즈베크어

    42. 현대 위구르어

    43. 서부 유구르어(왼쪽 위) 및 살라르어 (오른 쪽 아래)

5. 북부 그룹 ('동북 그룹')

    51. 알타이어 (오이로트어)

    52. 쇼르어

    53. 하카스어

    54. 투바어

    55. 토파어 (카라가스어)

    56. 야쿠트어 (사하어)

    57. 돌간어

6. 추바시 그룹

    61. 저지 추바시어 (Anatri 방언)

    62. 고지 추바시어 (Viryal 방언)

참고문헌

Aytaç, Hüseyin & M. Agâh Önen (1972), *Yabancılar İçin Açıklamalı — Uygulamalı Türkçe, (A) grubu 24 ders (1)*, Ankara: Ayyıldız Matbaası A. Ş.

Brendemoen, Bernt (1998), "Turkish Dialects", in Lars Johanson and Éva Á. Csató (eds.), *The Turkic Languages*, London & New York: Routledge, pp. 236-241.

Csató, Éva Á. & Lars Johanson (1998), "Turkish", in Lars Johanson and Éva Á. Csató (eds.), *The Turkic Languages*, London & New York: Routledge, pp. 203-235.

Hengirmen, Mehmet (1988), *Turkish for Travellers*, translated by Sabri Koç, Ankara: Engin.

Johanson, Lars (1998), "The History of Turkic", in Lars Johanson & Éva Á. Csató (eds.), *The Turkic Languages*, London & New York: Routledge, pp. 81-125.

Kreiser, Klaus (1991), *Kleines Türkei-Lexikon: Wissenswertes über Land und Leute*, München: Verlag C. H. Beck.

Langenscheidt-Redaktion (1992[9]), *Langenscheidts Sprachführer Türkisch*, Berlin & München & Wien & Zürich & New York: Langenscheidt.

Lewis, G. L. (1955), *Teach Yourself Turkish*, London: English Universities Press LTD.

_____(1975[2]), *Turkish Grammar*, Oxford: The Clarendon Press.

Li, Yong-Söng (1999), *Türk Dillerinde Akrabalık Adları*, Türk Dilleri Araştırmaları Dizisi: 15, İstanbul: Simurg.

_____(2004), *Türk Dillerinde Sontakılar*, Türk Dilleri Araştırmaları Dizisi: 40, İstanbul: Kitap Matbaası.

Önen, Akın (2004), *Türkçeyi Türkçe Konuşmak (Diksiyon, Spikerlik, Etkili Konuşma)*, İstanbul: İnkılâp.

Öztopçu, Kurtuluş (2009[2]), *Elementary Turkish, A Complete Course for Beginners*, Volume 1, Türk Dilleri Araştırmaları Dizisi: 43, Santa Monica & İstanbul: Kitap Matbaası.

_____(2009²), *Elementary Turkish, A Complete Course for Beginners*, Volume 2, Türk Dilleri Araştırmaları Dizisi: 44, Santa Monica & İstanbul: Kitap Matbaası.

Polat, Yusuf (2010), *Yabancılar İçin Türkçe, Türkçenin Kapıları, 1. Kapı*, Ankara: Kurmay Kitap Yayın Dağıtım.

Poppe, Nicholas (1965), *Introduction to Altaic Linguistics*, Ural-Altaische Bibliothek XIV, Wiesbaden: Otto Harrassowitz.

Swift, Lloyd B. (1963), *A Reference Grammar of Modern Turkish*, Indiana University Publications, Uralic and Altaic Series, Vol. 19, Bloomington: Indiana University; The Hague: Mouton & Co.

Tekin, Talat (1991), "A New Classification of the Turkic Languages", *Türk Dilleri Araştırmaları* I: 5-18.

_____(1994), "Turkey: Language Situation", in R. E. Asher & J. M. Y. Simpson (eds.), *The Encyclopedia of Language and Linguistics*, Volume 9, Oxford & New York & Seoul & Tokyo: Pergamon Press, p. 4,780.

_____(1994), "Turkic Languages", in R. E. Asher & J. M. Y. Simpson (eds.), *The Encyclopedia of Language and Linguistics*, Volume 9, Oxford & New York & Seoul & Tokyo: Pergamon Press, pp. 4,780-4,785.

_____(1994), "Turkish", in R. E. Asher & J. M. Y. Simpson (eds.), *The Encyclopedia of Language and Linguistics*, Volume 9, Oxford & New York & Seoul & Tokyo: Pergamon Press, pp. 4,785-4,787.

_____(2003), 이용성 번역/주해, "터키어의 연결음들", 알타이학보 13, pp.159-167. (원저: Tekin, Talat, (2000), "Türkçe'de kaynaştırma sesleri", XIII. Dilbilim Kurultay Bildirileri, 13.~15. Mayıs 1999, Boğaziçi Üniversitesi, Istanbul, pp. 109-112.)

_____(2008), 이용성 번역, 돌궐 비문 연구: 퀼 티긴 비문, 빌개 카간 비문, 투뉴쿠크 비문, 서울: 제이앤씨. (원저: Talat Tekin (1988), *Orhon Yazıtları*, Ankara: Türk Dil Kurumu 및 Talat Tekin (1994), *Tunyukuk Yazıtı*, Ankara: Simurg; 이 두 책을 합하여 다시 번역한 것임)

Tekin, Talat & Mehmet Ölmez (1999), *Türk Dilleri -Giriş-*, İstanbul: Simurg.

Thomas, Lewis V. (1967), *Elementary Turkish*, Revised and Edited by Norman Itzkowitz, Cambridge: Harvard University Press.

TÖMER (2002), *Hitit 1: Yabancılar İçin Türkçe*, Ankara: Ankara Üniversitesi Basımevi.

_____(2002), *Hitit 1: Çalışma Kitabı*, Ankara: Ankara Üniversitesi Basımevi.

Türk Dil Kurumu (1988), *Türkçe Sözlük* 1, Ankara: Türk Tarih Kurumu Basımevi.

_____(1988), *Türkçe Sözlük* 2, Ankara: Türk Tarih Kurumu Basımevi.

김주원 외(2008), 『사라져 가는 알타이언어를 찾아서』, 파주: 태학사.

http://commons.wikimedia.org/wiki/File:Ethnic_Groups_Turkey_Dutch.jpg

http://de.wikipedia.org/wiki/Türkische_Sprache

http://ec.europa.eu/public_opinion/archives/ebs/ebs_243_en.pdf

http://ekitap.kulturturizm.gov.tr/belge/1-18444/turk-yurdunun-genel-durumu.html

http://en.wikipedia.org/wiki/File:Turkey_(orthographic_projection).svg

http://en.wikipedia.org/wiki/File:Turkey_regions.png

http://en.wikipedia.org/wiki/Foreign_relations_of_North_Korea

http://en.wikipedia.org/wiki/Traditional_Turkish_units_of_measurement

http://en.wikipedia.org/wiki/Turkish_language

http://en.wikipedia.org/wiki/Turkish_phonology

http://tr.wikipedia.org/wiki/Türkçe

http://tr.wikipedia.org/wiki/Türkiye'de_konuşulan_diller#cite_note-KONDA-6

http://tur-ankara.mofat.go.kr/korean/eu/tur-ankara/main/index.jsp

http://turksiyer.com/turkiyenin-etnik-yapisi/34-konular/152-turkiyedeki-etnik-nufusun
    -dagilimi.html

http://upload.wikimedia.org/wikipedia/commons/d/db/Turkey_topo.jpg

http://www.batmanuniversitesi.com/showthread.php?p=97&langid=1

http://www.eksisozluk.com/show.asp?t=üsküdar'a+gider+iken

http://www.kocaeliaydinlarocagi.org.tr/Yazi.aspx?ID=3188

http://www.mfa.gov.tr/turkiye-guney-kore-siyasi-iliskileri.tr.mfa

http://www.milliyet.com.tr/default.aspx?aType=SonDakika&ArticleID=873452&Date
    =06.06.2008&Kategori=yasam

http://www.milliyet.com.tr/2007/03/22/guncel/agun.html

http://www.seslisozluk.net/ (터키어 사전)

http://www.tbmm.gov.tr/anayasa.htm

http://www.tdk.gov.tr/index.php?option=com_content&view=category&id=50

http://www.turkucu.net/turku-hikayesi.asp?turku=995

http://www.turkudostlari.net/nota.asp?turku=995

https://www.cia.gov/library/publications/the-world-factbook/geos/tu.html

이용성

서울대학교 사범대학 지리교육과를 졸업하였다. 터키 앙카라의 하젤테페(Hacettepe) 대학교 터키어문학과에서 「Türk Dillerinde Akrabalık Adları」(튀르크 언어들에서 친족용어들)(1993)로 석사학위, 「Türk Dillerinde Sontakılar」(튀르크 언어들에서 후치사들)(1998)로 박사학위를 받았다. 2000~2001년에는 북 키프로스 가지마우사(Gazimağusa)에 있는 동 지중해 대학교(Doğu Akdeniz Üniversitesi, Eastern Mediterranean University) 터키어문학과에서 조교수로 일했다. 2003년부터 서울대 인문학연구원에서 연구원으로 일하며 한국학술진흥재단이 후원하는 알타이어 현지조사 프로젝트에 참여하여 중국, 러시아, 몽골, 우크라이나, 키르기스스탄, 리투아니아에서 여러 튀르크어를 조사하였다.
서울대학교에서 강의하고 있으며 고려대학교와 단국대학교에 출강하기도 하였다. 개정·증보한 석사학위논문과 박사학위논문은 각각 1999년과 2004년에 이스탄불에서 발간되었다.
서울대학교와 고려대학교에서 강의하고 있으며 단국대학교에 출강하기도 하였다. 정정·확대한 석사학위논문과 박사학위논문은 각각 1999년과 2004년에 이스탄불에서 발간되었다. 저서로는 『A Study of the Middle Chulym Dialect of the Chulym Language』(2008)와 『A Study of Dolgan』(2011), 역서로는 『돌궐비문연구』(2008)가 있다. Marquis Who's Who in the World 2016 (33rd Edition)에 등재되었다.

터키와 점점 친해지는
샤크르 샤크르 터키어

초판인쇄 | 2012년 9월 3일
초판발행 | 2012년 9월 3일

지 은 이 | 이용성
펴 낸 이 | 채종준
펴 낸 곳 | 한국학술정보㈜
주   소 | 경기도 파주시 문발동 파주출판문화정보산업단지 513-5
전   화 | 031) 908-3181(대표)
팩   스 | 031) 908-3189
홈페이지 | http://ebook.kstudy.com
E-mail | 출판사업부 publish@kstudy.com
등   록 | 제일산-115호(2000. 6. 19)

ISBN   978-89-268-3747-4 93790 (Paper Book)
        978-89-268-3748-1 95790 (e-Book)

이담
Books 는 한국학술정보(주)의 지식실용서 브랜드입니다.